„Die meisten, die überlebten, haben zwar das Lager verlassen, aber das Lager hat sie nicht verlassen. Die Erinnerungen haben sie ihr ganzes Leben begleitet und lassen sie nicht ruhen. Die Alpträume der Vergangenheit sind für sie ständige Begleiter in der Gegenwart. Auch das dürfen wir heute nicht vergessen."

Roman Herzog

„Dieses Heft hat die Schwierigkeiten des Überlebens zum Thema. Die Spätfolgen von KZ-Haft und Zwangsarbeit, von Flucht und Exil. Medizinische und psychische Auswirkungen der Haft, die sozialen Traumata Israels, individuelle Katastrophen sowjetischer Gefangener, Berichte vom mühevollen Weiterleben geretteter Juden im Lager für ‚Displaced Persons' in Föhrenwald in den Jahren nach 1945, von der Internierung aus Auschwitz geflohener Frauen in der Schweiz, vom Untertauchen einer ‚Halbjüdin' im Allgäu, schließlich von den Problemen zweier Institutionen, der Wannseevilla in Berlin und dem Jüdischen Historischen Institut in Warschau – die Beiträge sollen deutlich machen, daß es keinen Schlußstrich geben kann."

Wolfgang Benz

Dachauer Hefte
Studien und Dokumente zur Geschichte der nationalsozialistischen Konzentrationslager

Im Auftrag des Comité International de Dachau, Brüssel, herausgegeben von Wolfgang Benz und Barbara Distel

Dachauer Hefte

Heft 8
Überleben und Spätfolgen

Deutscher
Taschenbuch
Verlag

dtv

Von den Dachauer Heften sind im Deutschen Taschenbuch Verlag bisher erschienen:

Heft 1: Die Befreiung (dtv 4606)
Heft 2: Sklavenarbeit im KZ (dtv 4607)
Heft 3: Frauen. Verfolgung und Widerstand (dtv 4608)
Heft 4: Medizin im NS-Staat. Täter, Opfer, Handlanger (dtv 4609)
Heft 5: Die vergessenen Lager (dtv 4634)
Heft 6: Erinnern oder Verweigern. Das schwierige Thema Nationalsozialismus (dtv 4635)
Heft 7: Solidarität und Widerstand (dtv 4667)

Oktober 1996
Deutscher Taschenbuch Verlag GmbH & Co. KG,
München

Umschlaggestaltung: Dieter Brumshagen
Umschlagbild: Archiv der KZ-Gedenkstätte Dachau
Satz: Appl, Wemding
Druck und Bindung: C. H. Beck'sche Buchdruckerei,
Nördlingen
Printed in Germany · ISBN 3-423-04705-4

Editorial

Fast ein halbes Jahrhundert verging seit der Befreiung der Verfolgten des nationalsozialistischen Regimes. Um die Überlebenden von Auschwitz und Bergen-Belsen, von Dachau und Buchenwald ist es still geworden. Erstaunt nimmt mancher wohl zur Kenntnis, daß es sie überhaupt noch gibt. Die materiellen Überreste der Schreckensherrschaft zu beseitigen, wird immer wieder verlangt, nicht nur an Stammtischen oder, wie im September 1992 im Brandanschlag gegen die Gedenkstätte Sachsenhausen, gar brachial praktiziert. Selbst wenn es um die Bewahrung und Gestaltung der Stätten der Verfolgung geht, lautet das Argument, die Totenruhe dürfe nicht gestört werden, plädiert wird dann für „Haine des Gedenkens" anstelle konkreter Zeugnisse am Erinnerungsort. Für die Begegnung mit den Überlebenden bleibt aber dann kaum Raum, wenn das Erinnern auf Bäume und Bronzeplatten reduziert wird. Würdiger im dekorativen Sinne mag solches Gedenken sein, abstrakter und esoterischer als die Auseinandersetzung mit Menschen ist es gewiß.
Solches Gedenken grenzt nicht nur die Überlebenden aus, solches Gedenken verneint auch die Schrecken des Überlebens. Und alle, die meinen, es müsse nun endlich Schluß sein mit dem bedrückenden Erinnern an „längst vergangenes" Unrecht, erliegen dem Irrtum, man könne nach den Erfahrungen der Verfolgung, nach der Zerstörung des Lebensglücks und dem Mord an Angehörigen, nach vielfältiger eigener Beschädigung wieder in einen gewöhnlichen Alltag eintreten.
Dieses Heft hat die Schwierigkeiten des Überlebens zum Thema. Die Spätfolgen von KZ-Haft und Zwangsarbeit, von Flucht und Exil. Medizinische und psychische Auswirkungen der Haft, die sozialen Traumata Israels, individuelle Katastrophen überlebender sowjetischer Gefangener, Berichte vom mühevollen Weiterleben geretteter Juden im DP-Camp Föhrenwald in den Jahren nach 1945, von der Internierung aus Auschwitz geflohener Frauen in der Schweiz, vom Untertauchen einer „Halbjüdin" im Allgäu, schließlich von den Problemen zweier Institutionen, der Wannseevilla in Berlin und dem Jüdischen Historischen Institut in Warschau – die Beiträge sollen deutlich machen, daß es keinen Schlußstrich geben kann.
In einer Zeit, in der feindselige Parolen auf der Straße gegen die schutzlose Minderheit ausländischer Flüchtlinge und Asylbewerber gewaltsam – unter dem Beifall heiterer Gaffer – agiert werden, scheint der Appell an Sensibilität und Verständnis für die Opfer staatlich verübter Exzesse so notwendig wie diese Notwendigkeit betrübend.
Mit der Gewalt auf den Straßen geht die Verleugnung historischer Realität einher. Das zeigen die Anschläge auf Mahnmale und Friedhöfe, auf KZ-Gedenkstätten, das zeigen die Zuschriften an Redaktionen und Autoren, wenn

sie sich mit Folgen des leidigen Themas befaßt haben: Trotzig und zunehmend dreister behaupten die einen, die Schrecken der Verfolgung von Dachau bis Ausschwitz hätte es gar nicht gegeben, andere bezweifeln den Umfang der Verbrechen, oder wollen sie mit Grausamkeiten alliierter Kriegsführung gegen Deutschland aufrechnen. Wehleidig geheuchelt ist auch das Verlangen nach „naturwissenschaftlichen Beweisen" für das, was historisch und juristisch bis in die letzten Details immer und immer wieder bewiesen wurde, durch Geständnisse der Täter und Berichte der Opfer.
Die Dachauer Hefte werden im November 1992 mit dem Geschwister Scholl Preis ausgezeichnet. In der Begründung heißt es, man wolle damit „gerade in der gegenwärtigen Situation ein Zeichen setzen. Ein Zeichen der Ermutigung für alle, die bereit sind, sich auch da einzusetzen, wo es unbequem ist."
Im Namen aller, denen die Arbeit der Dachauer Hefte gilt und die sie fördern, nehmen wir die Auszeichnung dankbar an.

Wolfgang Benz Barbara Distel

Inhalt

Leo Eitinger

Die Jahre danach

Folgen und Spätfolgen der KZ-Haft

1. Die ersten Reaktionen unmittelbar nach dem Krieg

Heute, beinahe 50 Jahre nach der Befreiung der Konzentrationslager, läßt sich die Atmosphäre, die die befreiten Gefangenen geprägt hatte, nur schwer wiedergeben. Auf der einen Seite waren da tiefe Dankbarkeit, weil man zu den wenigen gehörte, denen es vergönnt war zu überleben, und unbeschreibliche Freude, weil die Sklaverei überwunden und das Verbrecherregime in Deutschland endlich geschlagen war. Auf der anderen Seite herrschte unbeschreibliche Trauer und Verzweiflung über alle die Menschen, die in den unendlich langen, dunklen Kriegsjahren umgekommen waren: Verwandte, Freunde, Mitgefangene, Lebensgefährten usw.

Die meisten waren wohl mit ihren Gedanken auch zu Hause bei der engsten Familie. Bei einigen wenigen reichte die Energie noch aus, um sich Gedanken über die Entwicklung der Welt zu machen, obwohl ihre Ideen mehrheitlich vielleicht etwas unrealistisch und überoptimistisch waren. Während des Lageraufenthalts war das Leben außerhalb des Stacheldrahtes idealisiert worden, und viele Gefangene hatten wohl illusionsgeprägte Vorstellungen darüber, wie die Welt sich nach dem Krieg entwickeln würde und wie alle Ungerechtigkeit und alles Schlechte daraus verschwinden sollten. Man konnte ja nicht glauben, daß die Welt nach so viel Ungerechtigkeit, Terror und Gewalt nicht besser werden würde. Die Menschheit „mußte ja" *etwas* nach dieser Katastrophe gelernt haben. Aber es gab auch Gefangene, die viel zu schwach und apathisch waren, um vollkommen verstehen zu können, was geschehen war. Gefangene, für die das Aufwachen aus der Apathie, die das Lagerdasein verursacht hatte, beinahe noch schlimmer wurde als das Lagerdasein selbst. Plötzlich mußten sie der Wahrheit in die Augen blicken, mußten erkennen, daß sie in dieser Welt vollständig isoliert waren, daß ihre Familien, Verwandten und Freunde umgebracht worden waren, ihr Zuhause vernichtet, daß sie ganz allein in dieser Welt standen, allein mit einem Leben, das ihnen ganz unerwartet zurückgegeben wurde – und sie wußten nicht, was sie damit anfangen sollten.

2. Untersuchungen ehemaliger Häftlinge

Die ersten Ergebnisse

Wie erging es also den befreiten Häftlingen der vielen unterschiedlichen Gruppen?
Alle, die von Ärzten untersucht worden waren, gleichgültig in welchem Land, zeichneten sich durch einen auffallend schlechten körperlichen Allgemeinzustand aus. Sie wurden schnell müde, hatten ein schlechtes Gedächtnis und Konzentrationsschwierigkeiten, waren oft ruhelos, reizbar, labil, beklagten sich über schlechten Schlaf und Kopfschmerzen, bekamen schnell schwitzende Hände usw. Viele klagten auch über Angstgefühle, und bei einer nicht geringen Anzahl waren nächtliche Alpträume mit einem erneuten Erleben furchterregender Situationen im Lager relativ häufig. In Frankreich legte man das Augenmerk vor allem auf die Schwäche, das sogenannte asthenische Syndrom, während man sich in den osteuropäischen Ländern mehr mit den körperlichen Krankheiten befaßte, insbesondere mit Tuberkulose und anderen langwierigen Krankheitszuständen, die sich die Gefangenen während des Lageraufenthaltes zugezogen hatten und die nun behandelt und geheilt werden mußten. Angesichts der außerordentlich schwierigen ökonomischen Verhältnisse – zerbombte Städte, zerstörte Fabriken und ein Mangel an allem – war das Interesse für die psychischen Probleme der Überlebenden nicht gerade groß.

Das KZ-Syndrom

Dänemark war das Land, das in der Besatzungszeit am wenigsten zerstört worden war, und es ist bestimmt kein Zufall, daß gerade in diesem Land die ersten großen, umfassenden und vielseitigen Untersuchungen ehemaliger KZ-Häftlinge vorgenommen wurden. Viele führende dänische Ärzte waren selbst in Buchenwald und anderen deutschen Konzentrationslagern gewesen, und sie benutzten ihre persönlichen Erfahrungen zu einer umfassenden und gründlichen Beurteilung ihrer Mitgefangenen bereits anfangs der 50er Jahre. Sie konnten auch zeigen, daß Gefangene, die langandauernden und extremen Belastungen ausgesetzt worden waren, von einer gewissen Abgestumpftheit oder Gleichgültigkeit der Gefühle bestimmt waren, die „psychische Anästhesie" genannt wurde. Dies war ein psychischer Schutzmechanismus gegen all die entsetzlichen Erlebnisse, denen die Gefangenen ausgesetzt gewesen waren oder von denen sie Zeugen sein mußten. Diese „Gefühllosigkeit" war in allen Fällen vorübergehend. Viele ehemalige Gefangene waren dennoch über lange Zeit von der Tatsache geprägt, daß sie während des Krieges so viel, so ernsthaftes und so unterschiedliches Unrecht gesehen und erlebt hatten, – so daß ihnen alles, was man in freien Ländern und unter demokratischen Verhältnissen beobachten und erleben konnte, als beinahe bedeutungslos und von wenig Interesse erscheinen mußte.

Im Laufe der 50er Jahre stieg das Interesse für die ehemaligen KZ-Häftlinge. Es wurde eine lange Reihe von Arbeiten in verschiedensten Ländern publiziert, die sich auf unterschiedliche Aspekte der Spätfolgen von KZ-Häftlingen konzentrierten. Der niederländische Psychiater Bastiaans behandelte eingehend die sogenannten psychosomatischen Leiden, d.h. körperliche Krankheiten, von denen man annimmt, daß sie hauptsächlich durch psychische Belastungen verursacht werden. Die internationale Vereinigung der Widerstandskämpfer (Fédération Internationale de Résistance, FIR) gründete eine spezielle medizinische Gruppe, die regelmäßige Kongresse organisierte, wo Erfahrungen über die unterschiedlichen Studien ausgetauscht wurden. Mit der Zeit entstand ein fundiertes und umfassendes Material, nicht zuletzt aus der *Tschechoslowakei* und *Polen.* Studien aus diesen Ländern zeigten auf überzeugende Art und Weise, daß Personen, die in Konzentrationslagern gewesen waren und die eine Wiedergutmachung beantragten oder sich einer ärztlichen Untersuchung unterzogen, unter einer langen Reihe ernsthafter Krankheiten litten – insbesondere an Herz- und Kreislauferkrankungen, Krankheiten des Verdauungsapparats, chronischer Bronchitis und Lungenleiden, neben den bereits beschriebenen Schwächezeichen.

Die dänischen Autoren, die sich eingehend mit diesen Fragen beschäftigt hatten, kamen zu dem Schluß, daß ein spezifisches Krankheitsbild vorlag, das durch den Konzentrationslageraufenthalt verursacht worden war, und sie schlugen den Ausdruck „KZ-Syndrom" vor. Dieser Begriff wurde im großen und ganzen von der internationalen medizinischen Welt akzeptiert. *Französische* Untersuchungen legten großes Gewicht auf die Beweisführung, daß ehemalige Gefangene der Konzentrationslager durch einen äußerst frühzeitigen Alterungsprozeß gekennzeichnet waren. Das heißt, nicht nur ihr Aussehen wirkte viel älter als ihr biologisches Alter, sondern sie starben auch viel jünger als die Durchschnittsbevölkerung der gleichen Altersklasse.

Die norwegischen Untersuchungen

Dank des Schwedischen Roten Kreuzes wurden die norwegischen wie auch die dänischen KZ-Häftlinge bereits vor Kriegsende befreit und nach Schweden gebracht, wo sie sich in Sanatorien aufhielten und unter für sie äußerst luxuriösen Verhältnissen die schlimmsten Krankheiten behandelt wurden. Als sie nach der Kapitulation Deutschlands nach Norwegen zurückkamen, waren viele von ihnen verhältnismäßig gut wiederhergestellt, die meisten waren von einer gewissen Euphorie und großem Optimismus geprägt. Sie wurden wie Kriegshelden empfangen und behandelt. Alle, die zuvor eine Arbeitsstelle hatten, bekamen sie zurück, Studenten konnten ihr Studium fortsetzen, und man glaubte anfangs , der Aufenthalt im Konzentrationslager habe keine tiefergreifende Wirkung auf sie gehabt. Die meisten Ärzte, die einen eventuellen Invaliditätsgrad von Ex-Häftlingen beurteilen sollten, waren nicht in Konzentrationslagern gewesen und wußten wenig oder gar nichts von dem, was dort vorgegangen war. Sie waren – wie die meisten überoptimistischen Überlebenden – der Auffassung, daß alle nach einer kurzen Zeit der Rekreation wieder vollständig arbeitsfähig sein würden. Zu Beginn sah es so aus, als hätten sie recht; es waren sehr wenige, die aufgrund von möglicherweise kriegsbedingter Invalidität um irgendeine Form von Wiedergutmachung ersuchten.

Diese Idylle hatte jedoch keinen Bestand. Bald meldeten sich die ehemaligen Häftlinge mit einer Reihe von Beschwerden und Leiden, doch den Ärzten fiel es schwer, diese als Folgezustände eines KZ-Aufenthalts anzuerkennen. Angesichts der Tatsache, daß die Betroffenen sich nach dem Krieg erholt hatten und praktisch über Monate oder sogar Jahre hinweg symptomfrei und arbeitsfähig gewesen waren, gingen die medizinischen Überlegungen davon aus, daß eine später auftretende Krankheit nichts mit den Kriegsbelastungen zu tun haben könnte. Ihr Antrag auf Kriegsrente wurde abgeschlagen, da man keinen ursächlichen Zusammenhang nachweisen konnte. Die Kriegsinvaliden selbst waren anderer Meinung. Die norwegischen Behörden setzten eine Ärztegruppe ein, die so genau wie möglich untersuchen sollte, worunter frühere KZ-Häftlinge eigentlich litten und ob deren Leiden und Krankheiten durch die Belastungen während des Krieges verursacht sein konnten oder nicht. Alle Patienten, um die es dabei ging, waren in irgendeiner Weise Zweifelsfälle. Die Untersuchung mußte deshalb besonders sorgsam und genau sein. Die Patienten wurden ins Universitätskrankenhaus eingewiesen und von allen Spezialisten untersucht, außerdem wurden sowohl eine psychiatrische Untersuchung als auch umfassende psychologische Tests vorgenommen, neben allen in Frage kommenden Laboruntersuchungen. Zusätzlich wurden beinahe alle Patienten mit einer sogenannten Luftenzephalographie untersucht, d.h. einer Zuführung von Luft ins Gehirn mit darauffolgender Ablichtung der Hohlräume des Gehirns. Diese Untersuchung, die heute nicht mehr durchgeführt wird, war für die Patienten äußerst mühevoll und für das Krankenhaus belastend und wurde selbstverständlich ausschließlich nach Einwilligung der Patienten vorgenommen. Es ist jedoch beachtenswert, daß die allermeisten diese Untersuchung wünschten, um Klarheit über die Gründe ihrer gesundheitlichen Schwächen zu bekommen.

Es würde zu weit führen, auf alle Details der Untersuchungen und alle Entdeckungen, die dabei gemacht wurden, näher einzugehen. Zusammenfassend läßt sich jedoch folgendes aussagen: Die ehemaligen Gefangenen, die wir untersucht hatten, waren während des KZ-Aufenthalts extremen Belastungen ausgesetzt gewesen und hatten eine lange Reihe von Krankheiten sowohl der Verdauungsorgane, des Herz- und Kreislaufsystems als auch der Atmungsorgane. Außerdem litten sie unter Gedächtnisstörungen, Konzentrationsschwierigkeiten, Nervosität, Erregbarkeit, Angst, Schlafstörungen, Alpträumen, Kopfschmerzen, Schwitzen usw., usw. Rückenleiden wie Lum-

bago, Ischias u. v. m. traten ebenfalls besonders häufig auf. Man kann *nicht* sagen, daß die ehemaligen Häftlinge, die in dieser ersten umfassenden Serie untersucht wurden, repräsentativ für alle ehemaligen Gefangenen waren. Sie zeigten indessen, daß es äußerst viele und unterschiedliche Krankheiten waren, die als Folge eines KZ-Aufenthalts betrachtet werden mußten.
Ähnliche Untersuchungen wurden, wie bereits erwähnt, auch in anderen Ländern durchgeführt, in Norwegen hatten wir jedoch den besonderen Vorteil, daß wir von *allen* Untersuchten Lebenslauf, Arbeitsverhältnisse und Anpassungsfähigkeit aus der Zeit vor ihrer Verhaftung genau verfolgen konnten. Wir konnten nachweisen, daß nicht der geringste Zusammenhang zwischen den Verhältnissen vor der Verhaftung, wie Kindheit, Schulzeit, Ausbildung, frühere Krankheiten, sozialer Status usw. und den späteren Leiden der Untersuchten bestand. Gleichfalls bestand kein Zusammenhang zwischen den Verhältnissen nach der Befreiung und den festgestellten Beschwerden. Der einzige Zusammenhang, der – über alle Zweifel erhaben – nachgewiesen werden konnte, war der Zusammenhang zwischen den aktuellen Beschwerden und der Schwere der Verhältnisse in den Konzentrationslagern.
Eine einzelne Untersuchung sagt indessen auch wieder nicht so viel aus. Wir kennen den Zustand all der ehemaligen Häftlinge nicht, die keinen Arzt aufgesucht hatten, obschon sie möglicherweise vermindert arbeitsfähig waren, sich krank gefühlt hatten oder auch nicht. Alle diese Gefangenen sind also in der Untersuchung nicht berücksichtigt. Ebenso weiß man nicht genau, welche Ergebnisse man bekommen hätte, wenn eine Gruppe ‚gewöhnlicher' Menschen der gleichen Alters- und Berufszusammensetzung gleichermaßen detaillierten, intensiven und exakten Untersuchungen unterworfen worden wäre.
Eine Untersuchung der gesamten Gefangenengruppe, verglichen mit einer Kontrollgruppe der gleichen demographischen Zusammensetzung zeigte, daß mehr Gefangene starben, als man aufgrund von statistischen Berechnungen in einer vergleichbaren Gruppe aus der Gesamtbevölkerung Norwegens annehmen konnte. In jeder Fünfjahresperiode gab es mehr Todesfälle unter den Gefangenen, als es den statistischen Erwartungen entsprach. Das letzte untersuchte Jahr war 1975, und die erhöhte Sterblichkeit hielt noch immer an. ‚Eigentlich' hört es sich ja vollkommen absurd an, daß man 30 Jahre nach einer Gefangenschaft, selbst wenn sie sehr schlimm war, weiterhin – als Gruppe – eine höhere Sterblichkeitsrate haben sollte als die Normalbevölkerung. Eine Reihe von Experimenten, u. a. Untersuchungen an Tieren, zeigen jedoch, daß diese Ergebnisse ihre physiologische Erklärung haben.
Schwieriger als die Sterblichkeitsrate in einer großen Bevölkerungsgruppe exakt zu registrieren ist eine Ermittlung des Krankheitsstandes derselben, aber dank der besonderen Verhältnisse in Norwegen ist dies möglich gewesen. Es zeigte sich dabei auch, daß ehemalige Gefangene häufiger und

ernsthafter erkrankt waren als die Kontrollgruppe. Ex-Häftlinge hatten zudem mehr Arbeitsplätze und mehr Wohnorte gehabt als ihre statistischen Zwillinge. Die Ursache dafür konnten innere Ruhelosigkeit und/oder unzureichende Fähigkeit sein, einen Arbeitsplatz auszufüllen, und die daraus folgende Notwendigkeit, eine andere Stellung oder einen anderen Beruf zu finden. Auch mußten sich ehemalige Gefangene in einem weit höheren Grad mit dem Sinken ihres gesamten sozialen Status abfinden. Dies unterstützt die Vermutung, daß sie ein Gefühl der Unzulänglichkeit hatten gegenüber der Arbeit, die sie ausführen sollten. Bis zum Rentenalter mußten sie sich mit immer schlechter qualifizierter Arbeit begnügen.

Die Situation in Deutschland

Am schwierigsten war wohl die Situation der ehemaligen Gefangenen in Deutschland selbst. Dort war der Bevölkerung während vieler Jahre die Auffassung eingeimpft worden, KZ-Häftlinge seien Landesverräter und Verbrecher der schlimmsten Sorte. Eine rasche und vollständige Gesinnungsänderung diesen Gefangenen gegenüber konnte man unmittelbar nach dem Krieg schwerlich erwarten. Außerdem fühlte die deutsche Bevölkerung sich aufgrund der alliierten Angriffe ungerecht behandelt und verfolgt und verspürte vielleicht weder Mitleid noch hatte sie Verständnis für die erduldeten Leiden der ehemaligen Häftlinge. Dazu kam, daß die deutsche Psychiatrie während vieler Jahre von der Auffassung geprägt war, daß gesunde Menschen beinahe alle psychischen Belastungen ertragen konnten und sofort wieder gesund würden, wenn diese Belastungen nicht mehr bestanden. Von Menschen, die weiterhin unter psychischen Beschwerden litten, obwohl die Belastungen aufgehört hatten, „mußte deshalb angenommen werden“, daß sie bereits psychisch abweichend waren, bevor sie diesen, selbst äußerst extremen Belastungen ausgesetzt gewesen waren.
Diese Haltung der Sachkundigen, die von den Gerichten übernommen wurde, war von großer Bedeutung, nicht allein für die deutschen Ex-Häftlinge. Abgesehen davon, daß sehr viele Kriegsbeschädigte, die von den Behörden ihrer eigenen Länder keine Wiedergutmachung bekommen hatten, an die westdeutschen Wiedergutmachungsstellen weiterverwiesen wurden, war die dortige Entscheidung von allergrößter Bedeutung für die emigrierten Ex-Häftlinge in der ganzen Welt. In Deutschland wurde die Behauptung, tiefgreifende Erlebnisse könnten fortdauernde Veränderungen und mentale Leiden hervorrufen, als höchst revolutionär angesehen. Es waren nur ganz wenige Psychiater, die sich von den Patienten, die sie untersuchten und beurteilen sollten, mehr überzeugen ließen als von dem, was sie in den Lehrbüchern gelesen hatten, und die sich dafür einsetzten, daß die vielen durch den Krieg psychisch Geschädigten entschädigungsberechtigt waren.

3. Kinder als Kriegsopfer

Besonders empörend war die Tatsache, daß die westdeutschen Wiedergutmachungsgerichte die meisten Verfahren, die im Namen der verfolgten Kinder angestrengt worden waren, abwiesen, weil, wie es hieß, die Verfolgung zu einer Zeit geschehen sei, da die Kinder so klein waren, daß sie sich nicht mehr an das erinnern könnten, was während der Verfolgungszeit geschah. 1942 wurde ein Lager für polnische Kinder errichtet, das offiziell den Namen „Jugendverwahrungslager" bekam, in Wirklichkeit aber ein Konzentrationslager der allerschlimmsten Art für „politische Gefangene" im Alter von 2 bis 16 Jahren war. Alle Kinder ab acht Jahren mußten sich an der täglichen, äußerst Kräfte zehrenden Zwangsarbeit beteiligen. Zusammen mit der brutalen Behandlung, der höchst unzureichenden Verpflegung und den grausamen Bestrafungen führte dies zu einer Sterblichkeitsrate, die noch diejenige in den schlimmsten Nacht- und Nebel-Lagern übertraf. Der Zynismus, der aus den publizierten Nazidokumenten hervorgeht, ist trotz allem, was man über die Kriegsverbrechen weiß, unglaublich.
Es soll hier nur ein Beispiel genannt werden: In einem Bericht, datiert mit dem 1. September 1943, heißt es, daß im Lager 41 Fälle von Infektionskrankheiten (Kinderlähmung, Scharlach, Diphtherie und Gehirnhautentzündung), 280 Fälle verschiedener Wunden, 60 Arbeitsschäden, 82 Fälle von Skorbut, registriert seien. Der Bericht schließt mit dem beinahe unglaublichen Satz: „Der allgemeine Gesundheitszustand im Lager muß als zufriedenstellend angesehen werden." Aus den Dokumenten über dieses Lager geht weiter hervor, daß von September 1942 bis Januar 1945 über 13 000 Kinder in dieses Lager geschickt worden waren, und daß von diesen bei der Befreiung nicht einmal mehr 1000 am Leben waren. Mehr als 10 % der Befreiten waren dabei in einem solchen Maße geschwächt, daß sie nicht mehr im Stande waren, das Lager mit eigener Hilfe zu verlassen und dort starben. 25 Jahre nach der Befreiung waren nur noch etwa 300 der befreiten Kinder am Leben, und alle waren, ohne Ausnahme, ernsthaft invalidisiert und benötigten ständige medizinische Pflege und Behandlung. Die Kinder, die während der Haft im Alter zwischen zwei und acht Jahren gewesen waren, litten unter den schlimmsten Spätfolgen.

4. Das Problem der jüdischen Überlebenden

Die jüdischen Überlebenden der Konzentrationslager waren die Gruppe, die nach der Befreiung mit den gravierendsten Problemen konfrontiert wurde. Zwar waren Zwangsarbeit, erniedrigende Behandlung und ständige Folter vorbei, doch die Gewißheit, daß ihr früheres Leben absolut und unwiederbringlich zerstört war, daß sie kein Zuhause mehr hatten, wohin sie gehen konnten, daß ihre Verankerung in dieser Welt, ihre Familie, ihre Heimat, ihr

Lebensmilieu vollständig vernichtet waren, diese Gewißheit war schwierig zu ertragen. Das Gefühl der vollständigen Isolation war überwältigend und konnte von Untersuchungen, die ich in den 60er Jahren in Israel vorgenommen habe, bestätigt werden. An die 90 % der Untersuchten hatten die Mehrzahl ihrer Nächsten verloren, d.h. Eltern, Geschwister, Ehegefährten und/oder Kinder. Jeder einzelne der Untersuchten hatte mindestens einen seiner Nächsten verloren, und drei von vier waren die einzigen Überlebenden ihrer Familien. Niemand kann wohl die psychotraumatische Bedeutung, die gravierende Verluste dieser Größenordnung haben müssen, verstehen. Die Ergebnisse in Israel waren weder zufällig noch einzigartig. Andere Untersuchungen kamen zu den selben Resultaten. In Norwegen, von wo aus ca. 700 Juden im Alter zwischen einem halben und 80 Jahren deportiert worden waren (dies war ungefähr die Hälfte der jüdischen Bevölkerung in Norwegen, der anderen Hälfte gelang die Flucht nach Schweden), waren es 11 Überlebende, die aus Deutschland zurückkehrten. Sechs dieser elf waren die einzigen Überlebenden ihrer Familien, der extremste Fall war ein Mann, der seine Eltern, vier Brüder und drei Schwestern verloren hatte.

Die überwältigende Unsicherheit, zu der Verluste in diesem Ausmaß notwendigerweise führen mußten, hatte zur Folge, daß alle jüdischen Überlebenden versuchten, jemanden aus dem Kreis ihrer Nächsten zu finden, doch die hoffnungslosen Versuche mußten bald aufgegeben werden, alle Anstrengungen waren vergeblich gewesen. Die heimatlosen Bruchstücke der zerstörten Familien wurden in sogenannten „Displaced persons“-Lagern gesammelt, wo sich die Hilfsorganisationen ihrer annehmen sollten. Dies erhöhte zu einem gewissen Grad ihr Abhängigkeitsgefühl und damit ebenfalls ihre Apathie und Demoralisierung. Sie konnten nichts selbst bestimmen, wurden von ständig neuen Auswahlkommissionen beurteilt und für „wert oder nicht wert“ befunden, in dieses oder jenes Land zu emigrieren.

Eine große Gruppe versuchte, diese Behandlung zu umgehen, für die sie wohl dankbar waren, die sie aber gleichwohl als menschenunwürdig empfanden. Sie unternahmen den Versuch, nach Israel zu kommen, damals noch Palästina. Viele wurden unterwegs von den Briten arretiert und in neue Konzentrationslager auf Zypern eingesperrt, bis 1948 der Staat Israel errichtet wurde und sie endlich an einen Ort gelangen konnten, wo es möglich wäre, ein neues Zuhause aufzubauen. Nach Israel kamen – ebenfalls nach 1948 – alle, die kein anderer Staat aufnehmen wollte, besonders die geistig Erkrankten, und auch solche, die sich überhaupt nicht mehr zurechtfinden konnten. Viele kamen nur mit einem Zettel um den Hals, mit den wenigen Angaben darauf, die man über sie herausbekommen hatte.

In den ersten Jahren nach der Errichtung des Staates Israel waren die Ansprüche an alle Neuankömmlinge gewaltig, und niemand hatte Zeit oder Interesse, sich damit zu beschäftigen, was die ehemaligen KZ-Häftlinge durchgemacht hatten. Erst viele Jahre nach der Gründung des Staates wur-

den die Probleme dieser Bevölkerungsgruppe näheren Untersuchungen unterzogen.
Der andere große Teil der jüdischen Überlebenden emigrierte in die Vereinigten Staaten, nach Kanada und Australien. Die Ärzte, die die Überlebenden in diesen Ländern untersuchten, waren sich wohl im klaren darüber, daß ihre neuen Patienten massive körperliche Schäden, Überanstrengung, chronischen Hunger und physische Mißhandlung durchlitten hatten, dennoch wurden als Ergebnis dieser Untersuchungen nicht so viele körperliche Krankheiten nachgewiesen, sondern hauptsächlich psychische Störungen. Dies stand im Gegensatz zu den Ergebnissen in den europäischen Ländern, wo sowohl psychische als auch körperliche Schäden in sehr großem Umfang konstatiert worden waren.
Selbstverständlich verhielt es sich nicht so, daß die nichtjüdischen Gefangenen in den Lagern und nach der Befreiung häufiger unter körperlichen Krankheiten und Schäden litten als die jüdischen. Das Verhältnis war eher umgekehrt. Der Hauptgrund lag darin, daß alle jüdischen Häftlinge ursprünglich zum Tode verurteilt waren, zuerst jedoch die letzten Reste ihrer Arbeitskraft ausgenützt werden sollten. Sie wurden wiederholten Selektionen unterworfen, wo nur die arbeitsfähigsten überlebten und alle anderen umgebracht wurden. Solche Selektionen wurden bereits in den Ghettos vorgenommen, später bei der Ankunft im Lager, dann bei jedem Besuch beim Lagerarzt oder bei jeder Einlieferung ins Krankenzimmer, beim Transport von einem Lager in ein anderes usw. Schließlich kamen die entsetzlichen Todesmärsche am Ende des Krieges, als das Dritte Reich am Zusammenbrechen war und die Gefangenen von Lager zu Lager geschickt wurden. Wer es nicht schaffte weiterzumarschieren, wurde auf der Stelle erschossen.
Und selbst nach der Befreiung war die Sterblichkeit aufgrund des schlechten Allgemeinzustands der Häftlinge in allen Lagern erschreckend hoch. Die Zahl derer war groß, die die Freiheit, auf die sie so inständig gehofft und nach der sie sich gesehnt hatten, nicht lange überlebten. Die jüdischen Häftlinge, die trotz aller Hindernisse und wider Erwarten den Krieg und die Befreiung überlebt hatten und die mehrere Jahre später von Ärzten in Amerika, Kanada und Australien untersucht wurden, waren folglich eine extrem ausgewählte Gruppe, und sie sind nicht repräsentativ für den Durchschnitt der Konzentrationslagerhäftlinge.
Die amerikanischen Psychiater fanden als passende Bezeichnung für die Krankheitsbilder ihrer Patienten den Ausdruck „Survivor Syndrom“, ein Zustand, der geprägt war von Angst und Depression, Unsicherheit, Argwohn und Mißtrauen der Umwelt gegenüber. Die in den USA Untersuchten litten, der Untersuchung zufolge, sehr häufig unter dem, was „survivor guilt“ genannt wurde, d.h. ernsthaften Schuldgefühlen, weil sie im Gegensatz zu so vielen anderen überlebt hatten. Diese „Schuldgefühle“ konnten bei den skandinavischen Überlebenden nur in geringem Ausmaß nachgewiesen werden.

5. *„Negative" Spätfolgen*

Wem gelang es zu überleben?
Dahingegen konnte man beobachten, daß die höhere Sterblichkeitsrate unter den norwegischen Ex-Häftlingen zu einem großen Teil durch häufigere selbstzerstörerische Todesursachen bedingt war, wie z.B. Selbstmord, Verletzungen und Unglücksfälle, als bei vergleichbaren Gruppen. Diese und andere Formen der Selbstzerstörung wurden von Fachkreisen weltweit als ein Ausdruck der Verzweiflung bewertet. Das Leid, das die Gefangenen erlebt hatten, schwächte oft ihren Mut, weiterzuleben. Alles erschien gleichsam ohne Sinn und Hoffnung, und man war schnell bereit, alle Versuche aufzugeben, mit dem Leben zurechtzukommen, oder besser gesagt, mit dem Sinn des Lebens und mit den Leiden und Qualen, die man erlebt hatte. Der italienische Schriftsteller Primo Levi, selbst ein Auschwitz-Buna-Gefangener, hat dieses Thema in mehreren seiner Bücher aufgenommen. In dem Buch „Die Untergegangenen und die Geretteten" stellt er folgende Frage im Namen aller und an alle einzelnen Überlebenden: „Kommt deine Scham daher, daß du an Stelle eines anderen lebst? Und vor allem an Stelle eines großherzigeren, sensibleren, verständigeren, nützlicheren, des Lebens würdigeren Menschen als du? Du kannst es nicht ausschließen: du erforschst dich, läßt deine Erinnerungen an dir vorüberziehen und hoffst, sie alle wiederzufinden und daß sich keine von ihnen eine Maske aufgesetzt oder sich verkleidet hat. Nein, du findest keine offenkundigen Übertretungen, du hast niemanden verdrängt, du hast niemanden geprügelt (aber hättest du die Kraft dazu gehabt?), du hast kein Amt angenommen (aber es ist dir auch keins angeboten worden . . .), du hast niemandem das Brot gestohlen. Und doch kannst du es nicht ausschließen. Es ist nur eine Vermutung, ja eigentlich nur der Schatten eines Verdachts: daß jeder der Kain seines Bruders ist, daß jeder von uns (und dieses Mal gebrauche ich das Wort „uns" in einem sehr umfassenden, geradezu universalen Sinn) seinen Nächsten verdrängt hat und an seiner Statt lebt. Es handelt sich nur um eine Vermutung, aber sie nagt an dir; sie hat sich in deinem tiefsten Inneren eingenistet wie ein Holzwurm. Von außen kann man sie nicht erkennen, aber sie nagt und bohrt."*
In vielen verschiedenen Zusammenhängen kommt Primo Levi zum gleichen Problem zurück: Daß es vielleicht *nicht* die *besten* waren, die gerettet wurden, sondern daß möglicherweise das Gegenteil der Fall war: Es waren die Schlimmsten, die überlebten, die Egoistischsten, die Gewalttätigen, die Gefühllosen, die Spione und Nazi-Mitläufer. Andere Male unternimmt er den Versuch, sich selbst zu korrigieren, und sagt, daß es unmöglich sei, in dem Ganzen eine Regel zu finden. Die Zufälle entschieden womöglich

* Primo Levi, Die Untergegangenen und die Geretteten, München 1990, S.81.

alles. In Wirklichkeit fühlte er sich unschuldig, doch da er auf Seiten der Geretteten stand, suchte er ununterbrochen nach einer Rechtfertigung für seine Existenz und glaubte, alle anderen würden ihn auf die gleiche Weise betrachten. Schließlich übermannten ihn die grundlosen Schuldgefühle zusammen mit Gefühlen der Hoffnungslosigkeit, und seine Schwermut nahm bis zu einem solchen Grad zu, daß er viele Jahre, nachdem er befreit worden war, Selbstmord beging.

Man kann sich die Frage stellen, ob er – ob alle Überlebenden – wirklich und vollständig befreit wurden – irgendwann. Er beging Selbstmord wie Jean Améry, der österreichische Schriftsteller und Philosoph, der nach Belgien floh, dort gefangen genommen und als Widerstandskämpfer von der Gestapo gefoltert wurde, als Jude nach Auschwitz geschickt und 1945 befreit wurde. Er beging Selbstmord wie Paul Célan, der rumänisch-gebürtige Dichter, der nach dem Krieg in Frankreich lebte und seine schönen mystischen Gedichte auf Deutsch schrieb. Er beging Selbstmord wie Jerzy Korsinzky, der polnisch-gebürtige Holocaust-Überlebende, der in den Vereinigten Staaten ein gefeierter Schriftsteller wurde. Diese und viele, viele mehr konnten es nicht ertragen, am Leben zu sein. Alles, was sie durchgemacht hatten, war sinnlos geworden. Sie starben an dem, was Primo Levi die „Krankheit der Überlebenden" genannt hatte. Er beschrieb dieses Phänomen auf beinahe poetische Art in seiner knappen Kurzgeschichte: „Lorenzos Heimkunft". Lorenzo war ein bescheidener Maurer, kein KZ-Häftling. Er war Zivildienstleistender in Buna-Auschwitz und versuchte dort vielen Häftlingen unter Lebensgefahr zu helfen. Nach dem Krieg war er nicht mehr imstande, sein früheres Leben wieder aufzunehmen. Obwohl er selbst kein KZ-Gefangener war, starb er an der „Krankheit der Überlebenden".

Die „Krankheit der Überlebenden"

Was bedeutet diese Krankheit? Auf einen einfachen Nenner gebracht, meint sie: Die Überlebenden, die Selbstmord begingen, taten dies, weil sie nicht verstehen oder akzeptieren konnten, daß die Welt so leicht vergessen hatte, was während des Zweiten Weltkriegs und speziell in den Lagern geschehen war. Im Jahre 1945 fragte sich der berühmte Philosoph Theodor W. Adorno, ob es noch einmal möglich sein würde, nach Auschwitz Gedichte zu schreiben und nach Treblinka zu philosophieren. Er und all die anderen, die glaubten, daß der Holocaust die Welt und die Menschheit verändert hatte, mußte sehr schnell umlernen. Nichts und niemand hatte sich verändert. Das Leben ging weiter, als ob während des Krieges nicht 50 Millionen Menschen umgebracht worden wären, als ob die industrielle Abschlachtung von sechs Millionen Menschen, von zwei Millionen Kindern, nie stattgefunden hätte. Die Häftlinge, die hauptsächlich überlebt hatten, weil sie hofften, der Welt erzählen zu können, was in den Lagern vor sich gegangen war, die gehofft hatten, dadurch die Welt aus ihrer Lethargie und Gleichgültigkeit aufrütteln zu können, fühlten sich verraten und hintergangen von der gleichen Welt. Eine Welt, die nicht wollte, daß man erzählte, eine Welt, die nicht hören wollte, die nicht verstehen wollte. Nach vielen Jahren vergeblicher Mühe gaben sie auf, beendeten ihre Versuche, begingen Selbstmord. Solche Reaktionsweisen kann man sicher verstehen, doch sie führen – und wenn ihnen noch so viele Tragödien zugrundeliegen, wie es fast immer der Fall ist – zu keiner Lösung, sie erreichen keine Öffnung für ein weiteres Leben.

„Gleiches mit Gleichem"
Unter den Überlebenden gibt es auch noch andere Reaktionsmuster, einige vielleicht nicht minder negativ als Selbstmord. Es sind Menschen, die meinen, in den Lagern gelernt zu haben, wie man Menschen behandeln soll, die anders denken als sie selbst. Sie sind selbst der Ansicht, zu wissen, daß nicht gerechte Strafe und Wiedergutmachung, sondern ewigwährender Haß und Vergeltung, „Gleiches mit Gleichem", den zukünftigen Weg der Menschheit bestimmen solle. Sie vergessen, gerne und mit Leichtigkeit, daß der Zweck nicht die Mittel heiligt, sondern daß die Mittel in der Regel auf das Ziel abfärben und es verfälschen, daß man niemals Liebe durch Haß erreichen kann, oder Zusammenarbeit durch Verfolgung. Man ist in Gefahr, beim gleichen Ziel zu landen, wenn man sich der gleichen Mittel bedient. Es ist nicht der Inhalt, der verändert wird, sondern es sind nur die Vorzeichen, die gewechselt werden. Sie vergessen auch, daß der Haß gefährlich ist, nicht nur für die, die Gegenstand des Hasses sind, sondern auch für die, die hassen, Haß gleicht einer bösartigen Geschwulst, die unkontrolliert wächst, Körper und Seele vergiftet und schließlich alles dominiert. Haß nährt sich von weiterem Haß und findet ständig neue Opfer.

6. „Positive" Spätfolgen

Elie Wiesels Maxime
Glücklicherweise haben viele Überlebende andere und positivere Reaktionsmuster gefunden, vielleicht am besten formuliert von Elie Wiesel: „Es gab niemanden, der hören wollte, als wir um Hilfe riefen, deshalb ist es unsere Pflicht, jedem einzelnen Menschen, der um Hilfe bittet, oder der Unrecht und Schaden erleidet, beizustehen." Eine solche Äußerung muß wohl eher als Wunschtraum oder poetische Übertreibung denn als konkrete programmatische Erklärung, die alle verwirklichen können, angesehen werden. Prinzipiell ist der Unterschied indessen unwesentlich. Der springende Punkt ist, daß hier auf jeglichen Gedanken an Vergeltung und Rache und jegliches Gefühl von Haß vollkommen verzichtet wird, – ja, daß sie nicht einmal erwähnt werden. Dazu kommt, daß eine solche Haltung mit einer offensichtlich wohlbegründeten Motivation für Mitgefühl, Mitleid und dem Willen, Hilfe zu leisten, verbunden ist. Auf der anderen Seite wissen wir je-

doch, daß Handlungen, die Leiden und Unrecht verursachen, oft eine Wiederholung gleicher oder ähnlicher Handlungen andern gegenüber hervorrufen. Es scheint sich hier nicht um Vergeltung zu handeln, sondern eher um unbewußte Wiederholung von Handlungsmustern, die vielleicht als normal angesehen werden und deshalb automatisch reproduziert werden.
Am deutlichsten wurde dies durch die umfassenden Untersuchungen über „geschlagene Kinder" demonstriert. Aus diesen Studien geht hervor, daß Personen, die in ihrer frühen Kindheit sinnlos von ihren Eltern geschlagen worden waren, später dann – selbst Eltern – ihre eigenen kleinen Kinder grundlos prügeln. Dies geschieht auch, wenn sie sich nicht mehr bewußt erinnern können, von den Eltern mißhandelt worden zu sein. Das Schlechte zeigt hier also eine deutliche Tendenz, sich zu reproduzieren und nicht, in sein Gegenteil umzuschlagen. Auf diesem Hintergrund kann es den Anschein machen, daß es eines bewußten mentalen Einsatzes bedarf, um die Tendenzen zu Vergeltung oder Wiederholung von Grund auf zu verändern. Im täglichen Sprachgebrauch heißt dies, durch das Leid geläutert zu werden.

Werden alle „durch das Leid geläutert"?
Dieser seelische Prozeß, der uns das Böse verzeihen und andern gegenüber Gutes tun läßt, ist ohne Zweifel weniger verbreitet, als man wünschen und hoffen könnte nach 2000 Jahren, in denen diese Forderung stets wiederholt wurde. Nichtdestoweniger scheint dies die einzige Reaktionsform zu sein, die Aussicht hat, uns auf dem Weg zu Menschlichkeit und Humanität weiterzuführen.
Was uns selbst angeht, wird es uns stets leicht fallen, von andern zu fordern, daß *sie* durch das Leid, das sie durchgemacht haben, geläutert werden sollten, oder daß sie, um mich nun sehr vereinfacht auszudrücken, sich besser benehmen sollten als die, die es ihnen angetan haben. Es liegt mir wirklich äußerst fern zu behaupten, jemand hätte ein moralisches Recht zu sagen: „Wir haben Dir Leid zugefügt, und *deshalb* darfst Du nicht das Gleiche uns oder anderen gegenüber tun." Eine selbstentschuldigende Haltung, die dermaßen an Heuchelei grenzt, wird man einem einzelnen gegenüber, der leidet oder gelitten hat, selten so klar ausgesprochen finden, auch wenn sie vorkommt. Indessen ist sie ziemlich normal gegenüber Volksgruppen, besonders Minoritäten, von denen man ständig erwartet, daß sie besser seien als andere, gerade *weil* sie so viel durchgemacht haben. Müßte man nicht eher Wert darauf legen, daß jede Minorität aus verständlichen Gründen mit größerer Empfindlichkeit reagieren wird, und daß die Majorität auf diese Empfindlichkeit Rücksicht nehmen müßte?
Auf der anderen Seite muß ebenfalls nachdrücklich hervorgehoben werden, daß jeder einzelne Mensch und jede einzelne Volksgruppe, ob Minderheit oder Mehrheit, sich selbst die Frage stellen muß, ob es für Menschen verantwortbar sein kann, bis ins Unendliche weiter Leid anzuhäufen. Ist ei-

ne Veränderung im zwischenmenschlichen Verhalten überhaupt möglich, wenn wir nicht versuchen, das Leid zu lindern, anstatt anderen Leid zuzufügen?
Nimmt man seine eigenen moralischen Verpflichtungen ernst und versucht das Leid, das man selbst durchgemacht hat, in etwas Positives umzuwandeln, zum Beispiel indem man anderen hilft, Mitgefühl und Mitleid zeigt, hat man die scheinbare Unbegreiflichkeit und Sinnlosigkeit in dem selbst erfahrenen Leid überwunden und dazu beigetragen, dem Leiden allgemein einen Sinn zu verleihen.

7. Die Anpassung der letzten Jahre

Es macht den Anschein, als hätten es die allermeisten KZ-Überlebenden geschafft, trotz aller Schwierigkeiten und Folgeerscheinungen brauchbare Bewältigungsmechanismen in der neuen Welt zu finden. Auch sind die meisten in fremde Kontinente emigriert, haben in dem neuen Land einen neuen Platz gefunden, oder im anderen Fall eine kleine Nische. Ihre oft beeindruckenden regenerativen Kräfte scheinen vielen geholfen zu haben. Der Wunsch, erneut ein aktives Mitglied der Gesellschaft zu sein, eine Familie zu haben, zu den Schaffenden zu gehören, war für viele eine wichtige Triebkraft.
Gleichwohl hat man erkennen müssen, daß die innerpersönlichen Schwierigkeiten in der Regel bloß unterdrückt, jedoch nicht immer gelöst waren. Studien, die sich eingehend mit ehemaligen KZ-Häftlingen beschäftigt haben, haben gezeigt, daß selbst nach 40 Jahren und mehr die psychischen Wunden nicht immer verheilt waren. Die extreme Traumatisierung in den Lagern hat tiefe Wunden hervorgebracht, die nur sehr langsam, unvollständig und schwierig vernarbt sind. Die Narben sind da, selbst heute noch. Sie können schmerzen und öffnen sich leicht wieder in schwierigen psychischen Situationen, oder wenn Krankheit die Widerstandskraft verringert oder das Alter seinen Einfluß auf den Allgemeinzustand und die psychische Gesundheit geltend macht. Lange Reihen von Untersuchungen machen deutlich, daß Depression und Schlafstörungen, Einsamkeitsgefühle und Isolation bei ehemaligen Konzentrationslager-Insassen noch immer häufiger vorkommen als in der Durchschnittsbevölkerung.
Von besonderem Interesse ist eine Studie aus Jerusalem, wo eine Gruppe von Psychiatern sogenanntes nicht-klinisches Material untersucht hat, d.h. Menschen, die wegen ihrer psychischen Schwierigkeiten nie einen Arzt aufgesucht haben. Das sind ehemalige KZ-Insassen, denen es gelungen ist, sich scheinbar problemlos anzupassen, die in ihrem Berufsleben gute Stellungen erreicht, Kinder aufgezogen und ein glückliches Familienleben haben. Dennoch leiden alle unter deutlichen Beschwerden, die ohne Zweifel eine Folge der Belastungen während des Krieges sind. Es existiert auch eine sehr klare

und statistisch überzeugende Differenz zwischen Überlebenden, die in den Vernichtungslagern gewesen waren, und solchen, die versteckt gewesen sind oder aktiv in Untergrundbewegungen wirken konnten. Viele andere Untersuchungen haben gezeigt, daß Schlafstörungen zu den Symptomen gehören, die bei den allermeisten ehemaligen KZ-Häftlingen am längsten anhalten. Aus den meisten Untersuchungen geht ebenfalls hervor, daß dort, wo die Umgebung zuvorkommend, verständnisvoll und hilfsbereit ist, die ernsthaften und äußerst unangenehmen Spätfolgen verringert werden, während eine negative oder gar feindliche Umgebung die Spätfolgen noch verschlimmern und insbesondere Angst, leichter Verfolgungswahn, Schlaflosigkeit und Alpträume auftreten können.
Der Vollständigkeit halber muß ebenfalls erwähnt werden, daß viele ehemalige Konzentrationslager-Gefangene der Auffassung sind, daß sie – im Vergleich mit den oben angeführten – anderen gegenüber verständnisvoller sind, den kleinen Gaben und Freuden des Lebens gegenüber dankbarer, und sogenannte ‚sanfte Werte' wie gegenseitige Hilfe und Solidarität für wichtiger halten. Sie haben auch gelernt, kleinen Sorgen weniger Bedeutung zuzumessen und zu verstehen, worin die wahren Werte des Lebens bestehen.

Im Laufe der 60er Jahre sind eine Reihe von Arbeiten erschienen, die darauf hingewiesen haben, daß Kinder von ehemaligen Konzentrationslager-Häftlingen Schwierigkeiten und Probleme haben, die von ihren Eltern herrühren oder als Folge der extremen Belastungen der Eltern während des Krieges. Es fällt nicht schwer zu verstehen, daß Menschen, die mit sich große Probleme haben und fühlen, daß ihre Leben beschädigt worden sind, möglicherweise Schwierigkeiten haben, Kinder aufzuziehen und ihnen ein harmonisches Zuhause zu bieten.

Haim Dasberg

Trauma der israelischen Gesellschaft

Holocaust-Überlebende, Opfer der israelisch-arabischen Kriege und die Golfkrise

Als Arzt und Psychotherapeut, der sich in erster Linie mit dem Individuum befaßt, neige ich dazu, in der traumatisierten Person einen medizinischen Fall zu sehen, dessen Probleme offensichtlich in den Bereich der Psychopathologie fallen. Nach dieser Auffassung ist das Trauma das Ergebnis von psychologischem und physiologischem Streß, dem das Opfer einmal ausgesetzt war; es leidet an verdrängten Gefühlen der Wut oder der Trauer, der Hilflosigkeit oder an Todesangst, die durch Geschehnisse ausgelöst wurden, die für „nicht Traumatisierte" schon längst Geschichte geworden sind. Im Laufe meiner langjährigen klinischen Erfahrungen wurde mir jedoch klar, daß der „post-traumatische" Mensch als ein Opfer von Gewalt einerseits und politischen Kräften andererseits gesehen werden muß und daß er neben den Auswirkungen der erschütternden Ereignisse, unter denen der Patient heute noch leidet, gleichzeitig das Opfer einer ihn abweisenden Gesellschaft bleibt.

Für diese Gesellschaft werden die Geschehnisse Geschichte, der Traumatisierte aber erlebt alles, als ob es erst heute geschieht. Die Umgebung will nichts davon hören, er wird abgewiesen, zur Seite geschoben. Man will ihm nicht zuhören. Das Opfer zurückliegender Gewalt wird fortwährend, auch noch nach vielen Jahren weiter traumatisiert.

Diese Abweisung des Traumatisierten stellt im Grunde die Hauptursache für den posttraumatischen Zustand dar. Wir alle bleiben am Prozeß des Traumatisierens beteiligt. Diese Einsicht war für mich als Arzt eine große Überraschung, daher möchte ich diesen Aspekt der fortwährenden Interaktion zwischen der Gesellschaft und den Opfern darstellen. Dabei beziehe ich mich auf die israelische Gesellschaft und ihre Ärzte im Verhältnis zu ihren Kriegsopfern. Die Holocaust-Überlebenden stehen an erster Stelle, aber es geht auch um die Traumatisierten der israelisch-arabischen Kriege, unter denen allerdings auch Holocaust-Überlebende waren und sind. Ich werde also aufgrund klinisch-psychologischer Erfahrungen ein im Grunde soziologisches Thema behandeln und mich erst dem Trauma im medizinischen Sinne zuwenden, dann dem Therapeuten, der zwischen Patient und Gesellschaft vermitteln soll, und schließlich der Gesellschaft, die von ihren Opfern nicht beeinflußt werden will.

Das Trauma im medizinischen Sinne

Der Begriff „Trauma" ist eine Metapher für den Bruch im kontinuierlichen Ablauf des geistigen Lebens eines Menschen, der durch die Erfahrung einer existentiellen Bedrohung und von Todesangst entsteht. Das traumatische Ereignis ist vielschichtig. Manchmal wird es als eine Interaktion zwischen einem ungewöhnlichen Ereignis und der mißglückten Anpassungsreaktion von seiten des Betroffenen betrachtet, das gefühlsmäßige Reaktionen von Hilflosigkeit, Hoffnungslosigkeit und Bedrohung hervorruft. Ein Trauma kann wieder auftauchen und sich dann akkumulativ verstärken. Wenn ein Opfer, das zum Beispiel politischer Verfolgung und Verhaftung ausgesetzt war, zurückkehrt und eine Gesellschaft vorfindet, die es abweist und ihm weder Verständnis noch Vertrauen entgegenbringt. Man bezeichnet diese zweite Erfahrung als sekundäre „Viktimisierung". Ein Trauma kann nach Unfällen, Naturkatastrophen, gesellschaftlichen Umwälzungen, zufällig entstandener oder organisierter Gewalt entstehen.

Organisierte Gewalt und Gewalt, die von Menschenmassen ausgeht, beruht auf gesellschaftlichen Spannungen und verursacht immer ein Massentrauma. Der Begriff „organisierte Gewalt" bezieht sich auf Krieg und Kampfgeschehen, Vernichtung, Terror, Brutalität und Mord, Massenentwurzelung und Deportation. Die Definition organisierter Gewalt (die grundsätzlich im Gegensatz zu Abschnitt 5 der UNO-Menschenrechtserklärung von 1948 steht) der Arbeitsgruppe der Welt-Gesundheitsorganisation von 1981 lautet: „The interhuman infliction of significant avoidable pain or suffering by an organized group according to a declared or implied strategy or system of ideas and attitudes. It comprises any violent action which is unacceptable by general human standards." (Wenn Menschen vermeidbarer Schmerz oder Leiden in erheblichem Umfang durch eine organisierte Gruppe aufgrund einer erklärten oder implizierten Strategie oder eines Werte- und Handlungsschemas zugefügt wird. Es umfaßt jede Gewalthandlung, die nach allgemein menschlichen Maßstäben unannehmbar ist.)[1]

Opfer von Katastrophen organisierter Gewalt weisen spezifische klinische Komponenten auf, die nicht bei anderen Traumata auftauchen. Diese Komponenten stehen im Zusammenhang mit

1) dem Charakter des traumatischen Ereignisses,
2) dem Charakter des klinischen Syndroms,
3) den unterschiedlichen Formen der Hilfesuche der Opfer.

Das traumatische Ereignis enthält folgende Komponenten:

- die Erfahrung, einem unerwarteten, unbegreifbaren und unglaublichen Geschehen ausgesetzt zu sein;

---

[1] Health Hazards of Organized Violence. Proceedings of a working group, Veldhoven, 1986. Herausgegeben vom Ministry of Welfare, Health and Cultural Affairs, Rijswijk, 1987.

- der plötzliche, durch Gewalttätigkeit verursachte Verlust vieler Menschen;
- der Verlust der Zugehörigkeit zur Gemeinschaft und der Zusammenbruch der bisherigen Begriffswelt;
- die Erfahrung von Rechtlosigkeit, durch die das Grundvertrauen in die Gesellschaft und die Zukunft erschüttert wird (aus diesem Grund sind die Opfer auch später nicht mehr fähig, an Hilfe zu glauben oder den Ärzten zu vertrauen).

All diese Komponenten zusammen verursachen ein starkes Gefühl der Hilflosigkeit und verhindern eine Trauerreaktion oder die Aktivierung von Bewältigungsreaktionen, die zuvor durch Erziehung und Identifizierung mit der eigenen Kultur erworben wurden. Aus der Fachliteratur zu diesem Thema läßt sich entnehmen, daß das Erlebnis von organisierter Gewalt ein Syndrom verursachen kann, das verschwindet und später bis zum Ende des Lebens immer wieder erneut auftauchen kann.

Modelle

Es gibt einige theoretische Modelle zur Erklärung des Traumas. Die herkömmliche klinische Psychopathologie schildert die Symptome des Individuums als einen Fall innerorganischer psychologischer und physiologischer Störung. Das psychoanalytische Modell[2] geht von der Voraussetzung aus, daß jede traumatische Reaktion eine Wiederholung von Reaktionen ist, die in ähnlicher Form bereits in der Kindheit angelegt wurden. Darüber hinaus gibt es noch eine Traumatheorie aus dem Bereich der kognitiven Psychologie usw. Das psychisch-historische Modell[3] beschreibt die Abstumpfung des Opfers gegenüber seinem eigenen geschichtlichen, kulturellen Hintergrund. Lifton bezeichnete dieses Phänomen als „numbing“, das bei „displaced persons“ und auch bei Kriegsveteranen beobachtet wurde.

Kritik

Keines dieser Modelle berücksichtigt, daß die Opfer organisierter gesellschaftlicher Gewalt an den Folgen der Pathologie der Gesellschaft leiden. Die Gesellschaft, die das Opfer wieder integrieren soll und in die der Überlebende wieder eingegliedert werden müßte, reagiert nachträglich auf pathologische Weise, so daß es zu einer negativen Interaktion kommt, die für

---

2 Rafaël Mozes, Adult psychic trauma: the question of early predisposition and some detailed mechanisms, in: The International Journal of Psychoanalysis 54 (1978), S. 353–363.

3 Robert J. Lifton, The Broken Connection: On Death and the Continuity of Life, New York, 1979.

das Opfer zurückliegender Gewalt immer akuter wird[4]. Vielleicht müßte man in einigen Fällen den Begriff „posttraumatisches Syndrom" durch den Begriff „post-Gewalt Syndrom" ersetzen. Dieser breiter angelegte Begriff könnte die negative Interaktion zwischen Opfern organisierter Gewalt, ihren Familien und der Gemeinschaft, die sie wieder aufnehmen soll, mit einbeziehen. Darüber hinaus könnten auch die psychischen und sozialen Probleme der zweiten Generation mit einbezogen werden.

Die Einstellung der Gemeinschaft

Opfer massiver Gewaltanwendung erwarten Solidarität und Anteilnahme von seiten der Gesellschaft, die sie aufnimmt. Ihre Anwesenheit ist wie ein fortdauernder Aufschrei, der die Umwelt auf ihr Leiden, durch das sie sich in die Sündenbockrolle gedrängt sehen, verweist. Dies erweckt bei denjenigen, die sich als unbeteiligte Zuschauer fühlen, Schuldgefühle. Dabei gibt es aber in der Gesellschaft, die die Opfer aufnimmt, weder unbeteiligte noch unschuldige oder objektive Zuschauer. Entweder handelt es sich um Menschen, die selbst nahezu zu Opfern geworden wären, oder sie haben sich gleichgültig verhalten und sind sich dessen auch im Innersten bewußt[5]. Manche wollen auch die Täter decken[6].

Eigentlich wäre zu erwarten, daß die Gemeinschaft sich mit den Opfern identifiziert und aus einem kollektiven Verantwortungsgefühl, das der Mensch in sich trägt, bereit ist, auf die Frage einzugehen: „Was habt Ihr getan, als wir dort waren?" Diese Frage wurde jedoch nicht gestellt, auch nicht von den Überlebenden des Holocaust. Stattdessen hat man die Opfer der Shoa mit dem Vorwurf konfrontiert, sie wären wie die Schafe zur Schlachtbank gegangen[7]. Der Grund liegt darin, daß die Zuschauer eben nicht Unbeteiligte sind, aber den Eindruck erwecken wollen, als wären sie durch das

---

4 Donald R. Catherall, Differentiating intervention strategies for primary and secondary trauma in post-traumatic stress disorder: The example of the Vietnam veterans, in: Journal of Traumatic Stress 2 (1989), S. 289–304; Haim Dasberg, Israeli society confronts trauma: The therapist vis-a-vis the survivor, in: Sihot – Israel Journal of Psychotherapy 1 (1987), S. 98–103 (Hebräisch); derselbe, Psychotherapists' attitudes to survivors of organized violence and of the Holocaust trauma in particular (Review and empirical study), Vortrag auf dem International Study Day of the Latner Institute for Psychotherapy Research Jerusalem, 1991, veröffentlicht als: „The unfinished Story of Trauma as a paradigm for Psychotherapists" in: Israel Journal of Psychiatry and Related Sciences. Vol. 29 (1): S. 44–60 (1992).

5 Dasberg, Israeli society confronts trauma, a.a.O.; derselbe, Psychotherapists' attitudes, a.a.O.; Mozes, Adult psychic trauma, a.a.O.

6 Christian Pross, Wiedergutmachung. Der Kleinkrieg gegen die Opfer, Frankfurt, 1988.

7 Tom Segev, The Seventh Million: the Israelis and the Holocaust, Jerusalem, 1991 (Hebräisch, auch in englisch).

Geschehen unberührt, und das führt sogar dazu, daß die Überlebenden für ihre Verfolgung verantwortlich gemacht werden. Und tatsächlich verhalten sich die Opfer, als hätten sie etwas zu verantworten.

Der medizinische Wissenschaftler und die Gesellschaft

So lange man im Zusammenhang mit den überlebenden Opfern von posttraumatischer Pathologie spricht, kann der Arzt die klinische Behandlung und Forschung aus einer in der Medizin notwendigen, emotionalen Distanz heraus durchführen. Doch gegenüber Opfern massiver, organisierter Gewalt, die aus gesellschaftlichen Konflikten entstand, in die alle Mitglieder der Gesellschaft verwickelt sind, entsteht eine emotionale Ambivalenz. Diese Ambivalenz entsteht sowohl bei dem Opfer wie bei der Gesellschaft und dem Therapeuten[8].

Die Wissenschaftler und Therapeuten sind von der Gesellschaft, in der sie leben, beeinflußt. Ihre beruflichen Ziele sind konservativ, d.h. sie wollen dem Patienten helfen, sich der gesellschaftlichen Norm wieder anzupassen. Sie sind Teil des organisierten Dienstleistungsbetriebes und wissenschaftlicher Standesorganisationen, die eine seit langem etablierte Berufsethik vertreten. Dies kann dazu führen, daß der Arzt oder Therapeut, oder auch der Historiker oder ein anderer Wissenschaftler sich im Einklang mit der Gesellschaft gegen das Opfer stellt. Dies ist ein natürlicher Vorgang, der unbewußt geschieht. Er verhindert, daß das Opfer wieder in die Gesellschaft zurückkehren kann[9].

In der einschlägigen Fachliteratur ist wenig über die Rolle des Therapeuten, der zwischen Patient und Gesellschaft steht, zu finden. Die meisten Autoren erwähnen dieses Problem, das meiner Auffassung nach von zentraler Bedeutung für die Behandlung von Opfern organisierter Gewalt ist, nur am Rande. Eine Ausnahme ist die deutsche Psychoanalytikerin Grubrich-Simitis, die sehr sensible Beobachtungen über die fehlende therapeutische Bindung zwischen Arzt und Patient veröffentlicht hat[10].

---

8 Yael Daniely, Psychotherapists' participation in the conspiracy of silence about the Holocaust, in: Psychoanalytic Psychology 1 (1984), S.23–42; Haim Dasberg, Why we were silent: an Israeli psychiatrist speaks to Germans on psychic pain and past persecution, in: Israel Journal of Psychiatry and Related Sciences 28 (1991), S.29–38; Kurt R. Eissler, Perverted psychiatry?, in: American Journal of Psychiatry 123 (1967), S.1357–1358; Robert Krell, Holocaust survivors and their children: comments on psychiatric consequences and psychiatric terminology, in: Comprehensive Psychiatry 25 (1989), S.571–577.

9 Dasberg, Israeli society confronts trauma, a.a.O.; derselbe, Psychotherapists' attitudes, a.a.O.

10 Ilse Grubrich-Simitis, Extreme traumatization as cumulative trauma, in: Psychoanalytic Study of Child 36 (1981), S.415–450; Margarete Mitscherlich, Erinnerungsarbeit. Zur Psychoanalyse der Unfähigkeit zu trauern, Frankfurt, 1987.

Hillel Klein, ein israelischer Psychoanalytiker, vertrat die Auffassung, daß „der Mensch, der aus der Katastrophe zurückkehrt, verdächtig sei", da die Gesellschaft nicht ständig mit der Erinnerung an Katastrophe und Tod leben könne[11]. Auf die Frage, warum man Holocaust-Überlebende nicht schon 20 Jahre früher behandelt hat, erklärte der israelische Psychoanalytiker Winnik: „Es ist etwas Unheimliches in den ‚von dort' Zurückgekehrten spürbar"[12]. Der jüdisch-kanadische Psychoanalytiker Krell berichtet über Patienten, die aus Rücksicht auf ihren Therapeuten nicht über die Vergangenheit sprechen wollten, weil sie spürten, daß der Therapeut es nicht aushalten würde. Nur in persönlichen Gesprächen mit Krell konnten sie schildern, was während der therapeutischen Sitzung tatsächlich geschehen war, nämlich daß sie das Wesentliche dort verschwiegen hatten.

Massive Traumata in Israel

In diesem Zusammenhang ist die Rolle der Ärzte und Therapeuten in Israel und ihr Bezug zum Tod von entscheidendem Interesse. Das Phänomen des Massentodes ist ein Teil des Lebens in Israel. So sind oder waren mehrere hunderttausend Überlebende des Holocaust in Israel ansässig. Heute sind viele von ihnen in klinischer Behandlung. Die Jugend-Einwanderung brachte 30000 überlebende Kinder nach Israel, von denen viele therapeutische Hilfe benötigten. Etwa 20000 israelische Familien wurden ferner durch Kriegsverluste oder Terroraktionen betroffen. Die Zahl der Toten der Israel-Kriege beträgt 17500, die Zahl der durch diese Kriege Traumatisierten liegt wahrscheinlich doppelt so hoch, zumindest um mehr als zehntausend Menschen.
Terrorakte in Israel und in jüdischen Gemeinden im Ausland machen die Beschäftigung mit dem Tod nahezu alltäglich. Die Hilflosigkeit gegenüber solchen Anschlägen, die in der ganzen Welt mitempfunden wird, findet manchmal ihren Ausdruck in Rachephantasien, die dem alltäglichen rationalen Denken entgegenstehen. Um unter der ständigen Bedrohung das alltägliche Leben aufrechterhalten zu können, ist es notwendig, auch optimistische Lebensperspektiven zu suchen, sich gegenseitig zu stärken und gelegentlich über das Trauma hinwegzusehen. Manchmal ist es geradezu lebensnotwendig, auch für Ärzte und Therapeuten, sich von dem Trauma abzuwenden.

---

11 Hillel Klein, Life in the shadow of annihilation: Forty years after the Holocaust. Therapeutic aspects, in: Sihot – Israel Journal of Psychotherapy 1 (1987), S. 91–97, (Hebräisch); derselbe, The survivors search for meaning and identity, in: Nazi Concentration Camps: Proceedings of the Fourth Yad Vashem International Historic Conference, Jerusalem, 1980, S. 543–553.

12 Heinz Zwi Winnik, Second thoughts about psychic trauma, in: Israel Annals of Psychiatry and Related Disciplines 7 (1969), S. 88–95.

Eine meiner früheren Publikationen behandelte die zeitgenössische Gesellschaft. Ich schrieb damals: „Wenn die Gesellschaft sich nicht frägt, warum haben wir es zugelassen?, dann werden auch die Überlebenden nicht die Frage stellen, ‚warum habt Ihr es zugelassen?'[13]. Der Therapeut als integraler, meist konservativer Teil der Gesellschaft wird jedoch derartig politische Fragen nicht stellen, und die Opfer schweigen und beschuldigen sich selbst. Der ebenfalls schweigende Diagnostiker begnügt sich mit der Diagnose „Schuldgefühle eines Überlebenden" und vergißt dabei, daß er selbst, da er keine Stellung bezieht, an dieser Schuld teil hat. In diesem Zusammenhang ist der Begriff „sekundäre Viktimisierung" von Bedeutung, denn es entsteht ein zweites Trauma, das auf einer gesellschaftlichen Interaktion (manchmal auch auf einer therapeutischen Interaktion) beruht und das zu dem ursprünglichen Trauma hinzukommt. In vielen Fällen ist dies von entscheidender Bedeutung für die klinische Prognose[14].

In Israel besteht die Möglichkeit, die Veränderungen des gesellschaftlichen Klimas und der Einstellungen gegenüber den verschiedenen Gruppen von Opfern organisierter Gewalt zu beobachten. Dort herrscht seit 40 Jahren eine relativ stabile gesellschaftliche Lage. Ich werde mich beispielhaft auf zwei sehr verschiedene Gruppen von Überlebenden der israelisch-arabischen Kriege beziehen:

1. Frontsoldaten, die mit Todesangst davongekommen waren und später Kriegsneurosen entwickelten;
2. Überlebende des Holocaust, die in Israel leben.

Für den Unabhängigkeitskrieg der Jahre 1947–48 gibt es trotz hoher Todesziffern keine Berichte über post-traumatische Kampfreaktionen der Teilnehmer, obwohl aus kürzlich erschienenen historischen Untersuchungen bekannt wurde, daß doch viele solcher Fälle verzeichnet wurden. So wurden auch keine Schlußfolgerungen daraus gezogen[15]. Neuere autobiografische Veröffentlichungen machen es möglich, sich ein Bild aufgrund individueller Schicksale zu machen. Es ist festzustellen, daß alle Bedingungen für die Entstehung post-traumatischer Kampfreaktionen gegeben waren. Die Untergrund-Kampfgruppe „Palmach" war keine monolithische Einheit, wie man lange dachte, und es gab viele Formen von Erschöpfungszuständen. Die Überlebenden des Holocaust kämpften zusammen mit den anderen Kriegsteilnehmern und niemand hat sich in besonderer Weise um sie ge-

---

13 Dasberg, Israeli society confronts trauma, a.a.O.

14 Hans Keilson, Sequentielle Traumatisierung bei Kindern. Deskriptiv-klinische und quantifizierend-statistische follow-up-Untersuchung zum Schicksal der jüdischen Kriegswaisen in den Niederlanden, Stuttgart, 1979.

15 Ammi Levy, Eliezer Witztum, Michel Granek, Combat reactions in Israel 1948–1974. Part D: The six-day war. 1967, in: Sihot – Israel Journal of Psychotherapy 4 (1990), S. 217–221, (Hebräisch).

kümmert. Sie wurden in die Gruppe aufgenommen, mußten aber über ihre Erfahrungen schweigen[16].
Die wenigen Fälle von Frontreaktionen, die während des Sinai-Feldzuges von 1956 auftraten, wurden sehr diskret behandelt. Innerhalb des Militärapparates hörte man nichts von ihnen und es wurden auch keine klinischen Schlußfolgerungen gezogen. Kürzlich hat Dr. Witztum, ein Psychiater, der gleichzeitig Historiker ist, im vergessenen Archiv eines Militärhospitals 30 Akten gefunden und publiziert. Die meisten dieser Krankheitsfälle waren von Dr. J. Marcus, einem aus den USA stammenden Militärarzt, gesammelt und beschrieben worden.
Ich selbst war im Jahr 1956 Medizinstudent und arbeitete als Assistent der Chirurgie in einem Kriegsgefangenenlager für verletzte ägyptische Gefangene. 11 Jahre nach dem Holocaust belastete mich die Lageratmosphäre mit Siegern und Besiegten hinter Stacheldraht schwer. Anschließend geriet dieser Zeitabschnitt wieder für viele Jahre in Vergessenheit. Und auch die anderen Beteiligten schwiegen. Der Eichmann-Prozeß und die Erschütterungen, die er auslösen sollte, lagen noch in weiter Ferne.
Während des Sechs-Tage-Krieges im Jahre 1967 wurden individuelle Behandlungsmethoden entwickelt und in einer Zusammenfassung dargestellt, doch es wurden keine operativen Schlußfolgerungen für die Zukunft gezogen, und die psychisch geschädigten Soldaten wurden bald nach dem großen Sieg vergessen[17].
Vor Ausbruch des Krieges von 1967 sahen viele Überlebende des Holocaust in Israel in Abdel Nasser die Personifizierung einer tödlichen Bedrohung. Anschließend haben sie es wieder vergessen. Die damals herrschende Lebensmaxime der Überlebenden und überhaupt der gesamten israelischen Gesellschaft hieß Vergessen und das Verleugnen von Verletzbarkeit.
Im Oktober-Krieg des Jahres 1973 wurden Behandlungsmodelle für Gruppen von traumatisierten Kriegsteilnehmern entwickelt[18] und man begann die Bedeutung von gesellschaftlichen Ursachen des post-traumatischen Syndroms und die Notwendigkeit eines Heilungsprozesses anzuerkennen. Die Erfahrungen, die in der klinischen Behandlung von psychischen Kampfreaktionen während der Jahre 1973–1974 gesammelt werden konnten, drangen jedoch nicht über den Kreis der Psychiater, die selbst Reserveoffiziere waren und die nach Ende des Krieges nachhause zurückkehrten, hinaus. Auch ich gehörte zu ihnen. Weder die Armee noch die Politiker oder die medizinischen Fakultäten wollten sich mit diesem Problem ausein-

---

16 Dina Porat, An Entangled Leadership: The ‚Yishuv‘ and the Holocaust: 1942–1945, Tel Aviv, 1986, (Hebräisch); Segev, The Seventh Million, a.a.O.

17 Haim Dasberg, Belonging and loneliness in relation to mental breakdown in battle (with remarks on treatment), in: Israel Annals of Psychiatry and Related Disciplines 14 (1976), S. 307–321.

18 Ebenda.

andersetzen. Entweder war man zu konservativ, aber vielleicht war es auch einfach die Angst vor dem Phänomen der Angst. Diese Art der Verleugnung hat übrigens Tradition. Auch die amerikanische Armee mußte sich in jedem Krieg erneut mit dem Kriegstrauma und den Möglichkeiten einer medizinischen Behandlung auseinandersetzen, sowohl im Ersten wie im Zweiten Weltkrieg, im Korea-Krieg und in Vietnam. Jedesmal verhielt man sich, als ob es keine vorangegangenen Erfahrungen gegeben hätte. Die Partner in kriegerischen Auseinandersetzungen sind offensichtlich unfähig, den psychisch verletzten Opfern in die Augen zu sehen. Diese werden ausgestoßen.

Der Oktober-Krieg des Jahres 1973 ernüchterte viele Israelis nach dem Siegesrausch des Jahres 1967. Man begann zu verstehen, daß eine massive Gefährdung der gesamten Gesellschaft bestand. Zu diesem Zeitpunkt machten auch die Holocaust-Überlebenden der zweiten Generation zum ersten Mal von sich reden, später schlossen sie sich zusammen und es wurden Gruppentherapien für die „zweite Generation" entwickelt.

Aber erst während des Libanon-Krieges im Jahr 1982 wurde innerhalb der israelischen Streitkräfte eine medizinische Behandlungsform entwickelt, die optimal erscheint und mit der man positive und wissenschaftlich überprüfbare Ergebnisse erzielte. Dabei wurde die Bedeutung einer frühzeitigen medizinischen Behandlung anerkannt. So wurden Fälle psychischer Störungen sofort, noch nahe der Front ohne medizinische Psychopathologisierung der Opfer behandelt. Die Kranken wurden in Gruppen zusammengefaßt, Psychiater und Psychologen traten in Uniform auf, die Angehörigkeit zur Truppe und Identität der Betroffenen wurde unverzüglich thematisiert. Damit konnten gute klinische Ergebnisse erzielt werden. Die Anerkennung des Traumas und die darauffolgende Behandlung wurden an den Ort gebunden, an dem das Trauma entstanden ist[19].

Im Zusammenhang mit den Überlebenden des Holocaust wurde ebenfalls während des Libanon-Krieges eine wichtige klinische Beobachtung gemacht[20]. Es wurde festgestellt, daß Soldaten der zweiten Generation von Holocaust-Überlebenden, die an der Front ein chronisches psychisches Trauma erlitten, im Gegensatz zu anderen Soldaten, die unter den gleichen Umständen ähnliche Schädigungen aufwiesen, nicht in der Lage waren, sich über einen Nachbehandlungszeitraum von 3 Jahren wieder zu erholen. Dies konnte nach drei Jahren festgestellt werden. Alle untersuchten Soldaten waren vor den Kämpfen gesund gewesen. Offenbar unterscheidet sich die

---

19 M. Neumann, A. Levy, Specific military installation for treatment of combat reactions during the war in Lebanon, in: Military Medicine 149 (1984), S. 196–199.

20 Zahava Salomon, Moshe Kotler, Mario Mikulincer, Combat-related post-traumatic stress disorder among the second generation of Holocaust survivors: Transgenerational effects among Israeli soldiers, in: American Journal of Psychiatry 145 (1988), S. 865–868.

Rückkehr eines Vertreters der zweiten Generation aus dem Krieg in die post-Holocaust Familie von der anderer Kriegsteilnehmer. Wir wissen aber nicht, ob diese Soldaten nicht von vorneherein anfälliger waren als andere.
So konnte man im Jahr 1991 feststellen, daß die israelische Gesellschaft im Laufe einer Generation in ihren politischen Einstellungen weniger monolithisch wurde. Außerdem hat sich die Einstellung gegenüber psychischen Reaktionen auf Kriegshandlungen von völliger Verleugnung bis hin zur Akzeptanz verändert. Diese Veränderungen lassen sich auch im kulturellen Bereich, bei Theaterstücken oder in den Massenmedien feststellen.
In dem veränderten gesellschaftlichen Klima haben sich auch die Therapeuten verändert. Glücklicherweise konnte der nationale Konsens innerhalb der israelischen Gesellschaft bisher erhalten werden. Sollten wir jedoch erleben müssen, daß die Intifada wie ein Bumerang auf die israelische Gesellschaft zurückschlägt und sie an den Rand eines gefährlichen Abgrundes bringt, so wird es auch zu Brüchen im therapeutischen Konsens kommen.

Neue Spätfolgen des Holocaust

Heute erleben wir neue Spätfolgen des Holocaust. Neueste Untersuchungsergebnisse zeigen, daß Menschen, die als Kinder den Holocaust überlebt haben, heute um die 50 bis 60 Jahre alt sind und in die Lebensphase der Wechseljahre und einer sich verändernden Identität des Alterns kommen, eine späte Verschlimmerung ihres post-Holocaust Syndroms erleben, die manchmal eine irreführende klinische Einordnung erfährt[21].
Neuere Forschungsarbeiten der Selbsthilfe-Organisation für Holocaust-Überlebende „Am'kha" belegen, daß der israelische Psychiater vor der Entscheidung steht, ob er die Symptome als Probleme der Wechseljahre einordnet und behandelt oder ob er sich auch noch in dieser späten Phase bemüht, dem Opfer bei einer Reintegration der Vergangenheit und einer späten Trauerarbeit zu helfen[22]. Auch diese Entscheidung hängt davon ab, in welchem gesellschaftlichen Klima diese Fragen behandelt werden können.

---

[21] Haim Dasberg, Child survivors of the Holocaust reaching middle age: Psychotherapy of late grief reactions, in: Social Work and Policy in Israel, Bar-Ilan University Press Ramat Gan, 1992, Vol. V/VI, S. 73–85; Keilson, Sequentielle Traumatisierung, a.a.O.; A. Mazor, Y. Gampel, R. D. Enright, Ruth Orenstein, Holocaust survivors: Coping with post-traumatic memories in childhood and forty years later, in: Journal of Traumatic Stress 3 (1990), S. 1–14.

[22] Dasberg, ebenda.

Die Golfkrise des Jahres 1991

Der Golfkrieg wurde von der israelischen Gesellschaft als „Krieg" wahrgenommen, obwohl es für Israel keine direkte Konfrontation und keine Front gab, lediglich den Terror der ständigen Bedrohung. Die Bedrohung konnte jedoch tragische Auswirkungen haben. Die Luftangriffe waren strategisch und militärisch ohne Bedeutung, sie dienten lediglich der Terrorisierung der Bevölkerung. Es gab ca. 200 Verletzte, zumeist leichte Fälle. 500 Menschen wurden in den Krankenhäusern mit Schockreaktionen oder Symptomen von Hysterie aufgenommen. Es gab erstaunlicherweise nur zwei Todesfälle. Dazu kamen mehrere hundert Menschen, die aus ihren zerstörten Häusern evakuiert werden mußten, unter ihnen auch einige Überlebende des Holocaust, die verheerende psychische Reaktionen erleben mußten.
Seit dem 2. August 1990 herrschte im ganzen Land Spannung, die sich um den 15. Januar 1991 noch verstärkte. Das Heulen der Sirenen und die ersten Einschläge der Raketen verursachten schwere Schockreaktionen. Von Anfang an haben Soziologen, klinische Psychologen, Physiologen, Verbands-Psychologen und Vertreter von Rettungsdiensten und Sanitätswesen systematische Beobachtungen der Bevölkerung durchgeführt[23]. Es gibt jetzt eine systematische Zusammenstellung der Untersuchungsergebnisse über die Reaktionen der Bevölkerung während des Krieges. Es wurde sowohl mit traditionellen wie mit innovatorischen Untersuchungsmethoden gearbeitet, was hier nicht im Detail dargestellt werden kann. Als Ergebnis ist festzustellen, daß nach dem ersten Raketenangriff und nach der Organisierung und Verteilung der Schutzmaßnahmen gegen Giftgas für die gesamte Bevölkerung eine Atmosphäre intensiven Schreckens herrschte. Bereits nach dem zweiten Angriff nahm die Reaktion an Intensität ab. Innerhalb einer Woche hatte man sich an die Situation gewöhnt, und das alltägliche Leben lief weiter. Während der Nächte saß jedoch jeder zuhause und wartete voller Spannung, es hat jedoch keine größeren Ausbrüche von Panik gegeben.
Aber es gab auch Gruppen, die empfindlicher reagierten und die sich nicht so schnell adaptieren konnten. So etwa Eltern mit kleineren Kindern, die im Zielbereich der Raketenangriffe wohnten, Neuankömmlinge in Israel und andere Randgruppen. Die sowjetischen Einwanderer verhielten sich gegenüber den Israelis voller Mißtrauen und gleichzeitig voller Bewunderung, das heißt sie verhielten sich wie normale Emigranten. Familien, die bereits zuvor gestört waren, erfuhren durch den Schock der Angriffe eine Verschlimmerung der Störungen. Die Überlebenden des Holocaust zeigten jedoch in der akuten Phase der Angriffe keine anomalen Reaktionen.
Die israelische Armee spielte keine entscheidende Rolle. Es war der Fami-

[23] Dialogues on War: A special war issue, in: Sihot – Israel Journal of Psychotherapy February (1991), (Hebräisch); R. Gal (Hrsg.), Reactions of the Israeli public to the missile attacks during the Gulf crisis, Jan.–Febr. 1991, Zichron Yacov.

lienverband, der, bei sich zuhause, dem Terror im versiegelten Raum widerstehen mußte. Die Soldaten der einberufungsfähigen Jahrgänge, insbesonders die männlichen Soldaten, reagierten mit Unsicherheit, da sie ihre Lage als unklar empfanden. Sie wußten nicht, worin ihre Aufgabe bestand, und das war eine neue Situation für sie. In den Familien hatten oftmals die Frauen eine führende Rolle übernommen, manchmal sogar die Kinder, die in der Schule die Benutzung der Gasmasken geübt hatten und dies dann den Erwachsenen vorführten. Die Psychologen zogen aus dieser Situation die Schlußfolgerung, daß man das Motto „es ist keine Schande, ein Held zu sein“ durch die Haltung „es ist keine Schande, Angst zu haben“ ersetzen sollte. Dies war der Krieg der Familien.

Die erste Generation der Überlebenden des Holocaust, d.h. die Überlebenden selbst, bewiesen große Standhaftigkeit, sie waren viel stärker, als es ihre Kinder erwartet hatten. Nur Überlebende, die sich bereits zuvor in einer Krisensituation befunden hatten, reagierten verstärkt auf den zusätzlichen Streß der Kriegssituation. Ansonsten suchten die Überlebenden Unterstützung in dafür geschaffenen Gruppen (support groups) oder sie gewährten auch selbst Unterstützung für andere.

Die Vertreter der zweiten Generation reagierten auf eine interessante, stärker traumatisierte Weise. Viele wandten sich telefonisch über die speziell eingerichtete „hot-line“ an die Organisation „Am'kha“. Sie hatten das Bedürfnis, sich mit der Vergangenheit des Holocaust zu identifizieren, und einige von ihnen blieben auch nach der Beendigung der Golfkrise in Behandlung, da ihnen bewußt geworden war, daß sie langfristige Probleme hatten, die behandelt werden mußten.

Die Generation der heute 50–60jährigen, die den Holocaust als Kinder überlebt und ihr ganzes Leben lang große Standhaftigkeit bewiesen hatte, reagierte in außergewöhnlicher Weise. Sie leugnete sehr viel stärker als die übrige Bevölkerung jede Gefahr oder jeden Anlaß zur Besorgnis. Ihr Motto lautete: „Business as usual.“ Ich befürchte, daß erst zu einem späteren Zeitpunkt, wenn sich niemand mehr für psychische Reaktionen auf den Golfkrieg interessieren wird, die psychischen Spätschäden, die diese Gruppe aufgrund ihrer Unfähigkeit zur Entspannung erleiden wird, zutage treten. Es handelt sich um typische Spätreagierende. Ich habe schon eine Reihe derartiger Fälle erlebt, bei denen Depressionen, Müdigkeit, Überempfindlichkeiten gegenüber Spannungen auftreten, allerdings nicht zum Zeitpunkt des Geschehens, sondern erheblich später.

In der einschlägigen Literatur Israels wird ein Phänomen der psychischen Verhärtung bei einem großen Teil der Überlebenden des Holocaust beschrieben, unter denen sich auch die Gruppe derjenigen befindet, die als Kinder überlebt haben und die oft zu den Spätreagierenden gehören[24]. Mei-

---

24 Haim Dasberg, Trauma in Israel, in: Dasberg u.a. (Hrsg.), Society and Trauma of War, Wolfeboro, 1987, S. 1–13; derselbe, Why we were silent, a.a.O.; derselbe, Psy-

ne Voraussage, für die es allerdings noch keine Bestätigung gibt, ist, daß es sich auch diesmal so verhalten wird.
Die Tatsache, daß die israelische Bevölkerung mit Giftgas bedroht wurde, daß es eine Verbindung zwischen den Begriffen „Gas" – „Juden" – „Deutsche" gab, daß der amerikanische Präsident Bush den irakischen Vertreter Sadam Hussein als einen neuen Hitler bezeichnete, daß ein Vertreter der Partei der Grünen aus der Bundesrepublik anläßlich seines Besuches in Israel erklärte, daß die Juden sich die Situation selbst zuzuschreiben hätten (vielleicht hat er gar nicht verstanden, was er damit eigentlich sagte), all dies suggerierte eine Verbindung zu der Vergangenheit des Holocaust. Dies empfanden die Überlebenden des Holocaust nicht mehr oder weniger als der Rest der israelischen Gesellschaft. Die Passivität der Armee wurde allgemein, nicht nur von den Überlebenden des Holocaust, als schwer erträglich empfunden.
Ich besuchte ein Altersheim während des Golfkrieges, dessen Bewohner auch während des Alarms keine Gasmasken aufsetzten. Sie erklärten: „Diesmal wollen wir keine Überlebenden sein." Die Sozialarbeiterin des Altersheims, die selbst als Kind überlebt hatte, begann zu weinen, weil sie an die Trauer und an die Sehnsucht nach den Menschen erinnert wurde, die in den Jahren nach 1945 nicht zurückgekehrt waren. Doch das Wiederaufbrechen der vergessenen Trauer wirkte therapeutisch, endlich konnte sie erzählen. Eine jüdische Emigrantin aus Australien, eine Professorin für Anthropologie, sagte mir, daß zwar weder sie noch ihre Familie vom Holocaust betroffen gewesen waren, aber daß die Erfahrung der erneuten Drohung eines bevorstehenden Völkermordes ihnen ein Zugehörigkeitsgefühl zum jüdischen Volk gegeben hätte. Sie sagte, „ich habe diese Identität nicht gesucht, trotzdem hat sie mich erreicht."
So kann man abschließend sagen, daß der durch den Golfkrieg hervorgerufene Streß nicht nur traumatisch, sondern auch stärkend wirkte. Allerdings werden wir erst zu einem späteren Zeitpunkt sagen können, ob es bei denjenigen, die in dieser Situation offensichtlich die größte Stärke zeigten, noch zu verspäteten Streßreaktionen kommen wird.

Fazit

Ein Mensch, der in einem weit entfernten Ort hilflos einer schrecklichen Todesbedrohung ausgesetzt war und überleben konnte, erwartet nach seiner Rückkehr, daß die Gesellschaft ihn positiv aufnimmt. Doch die Gesellschaft empfindet die überlebenden Opfer als mit dem Tode belastet und

---

chiatrische und psychosoziale Folgen des Holocaust in Israel: epidemiologische Studien in Israel, in: Hans Stoffels (Hrsg.), Schicksale der Verfolgten, Springer Verlag Heidelberg, 1991.

schirmt sich gegen sie ab. Das gilt insbesondere für Überlebende massiver organisierter Gewalt.

Organisierte Gewalt hat ihre Ursache in gesellschaftlichen Konflikten, die keine wissenschaftliche Neutralität oder therapeutische Objektivität zulassen. Der Therapeut ist Teil der Gesellschaft, die sich gegenüber den Opfern abschirmt.

Der Überlebende organisierter Gewalt verkörpert eine Botschaft, die den Therapeuten erreichen muß, so daß er sich in gewisser Weise von der Gesellschaft distanzieren kann. Er muß bereit sein, gesellschaftliche und wissenschaftliche Wertvorstellungen, an die er bisher geglaubt hat, zu revidieren, sonst wird er den unausgesprochenen Schmerz der Überlebenden niemals verstehen.

Der Therapeut, der die psychischen Folgen organisierter Gewalt behandelt, kann nicht in einer distanzierten wissenschaftlichen Position verharren. Das gleiche gilt für Wissenschaftler aus anderen Disziplinen. Sie müssen inhaltlich Stellung beziehen, da sie niemals „unbeteiligte Zuschauer" sind oder waren, was dem Überlebenden bewußt ist. Mit anderen Worten heißt dies, daß in der Konfrontation mit organisierter Gewalt wissenschaftliche Objektivität unmöglich ist. Für uns Therapeuten gibt es keine Alternative zur Beteiligung unserer Patienten am therapeutischen Prozeß, in dem wir uns gemeinsam mit ihnen verändern müssen. Die Notwendigkeit, alte eingefahrene Einstellungen zu ändern, läßt den gesamten Bereich der Psychotherapie in einem neuen Licht erscheinen. Und ich bin überzeugt, das gleiche gilt auch für andere wissenschaftliche Fachbereiche und die Gesellschaft als Ganzes.

Hans Keilson

Das „Nachher" der Überlebenden

Bereits während der feindlichen Besetzung der Niederlande durch die deutschen Truppen 1940–1945 habe ich, selbst untergetaucht, um der Verfolgung und der anschließenden Deportation zu entkommen und als Arzt der holländischen Widerstandsorganisation „Vrije groepen Amsterdam" tätig, viele Erwachsene und Kinder in ihren Verstecken aufgesucht, wenn sie oder ihre Gastgeberfamilie Hilfe und Unterstützung welcher Art auch immer benötigten. Einige Erlebnisse aus dieser Zeit habe ich später in meiner Untersuchung „Sequentielle Traumatisierung bei Kindern", im Jahr 1979 erschienen* und dieser Tage in integraler englischer Übersetzung durch die Magnes-Press der Hebräischen Universität Jerusalem herausgebracht, in großen Umrissen beschrieben.
Bereits in den dunklen Tagen des Krieges und der Verfolgung, als das Ende der Leiden noch nicht abzusehen war und keiner von uns wußte, was die Zukunft brächte, kamen mir hin und wieder Gedanken an das „Nachher", nicht nur das allgemeine, sondern vielmehr an das persönliche „Nachher", der Gedanke, wie sich alles für die Überlebenden, die wenigen – aber dieses wurden wir erst in den Nachkriegswochen und Monaten gewahr – gestalten würde. Ich muß eingestehen, daß die tägliche Sorge um das Überleben im engeren Sinne die Fragen und Besorgnisse über das Überleben im weiteren Sinne überschattete. Erst als nach einigen Jahren die Folgen der Verfolgung und der täglichen tödlichen Bedrohung sich deutlicher abzeichneten, konnten die Fragen nach Überleben und Spätfolgen überdacht und formuliert werden, ehe man den Versuch einer Antwort überhaupt unternehmen konnte.
Kurz nach Ende der feindlichen Besetzung begann ich mit der Arbeit für die aus den Verstecken wieder aufgetauchten oder aus den Konzentrations- und Vernichtungslagern zurückgekehrten jüdischen Kinder und Jugendlichen, die Waisen geworden waren. Ihre Eltern, aber nicht nur diese, oft auch Geschwister, Großeltern, nahe und entferntere Verwandte, Freunde, Bekannte waren ermordet, – das Kind der Überrest einer zuweilen großen Familie. Sehr bald erwies es sich, daß viele der bisher in der Arbeit mit Kindern und Jugendlichen gewonnenen Einsichten und viele der bisher gültigen Maßstäbe nicht mehr ausreichten, um das breite Spektrum der sich hier manifestierenden Verhaltens- und Entwicklungsstörungen in seinem kumu-

* Enke-Verlag Stuttgart.

lativ-traumatischen Zusammenhang zu erfassen. In der kinderpsychiatrischen Praxis hatte man diese Bilder in diesem Ausmaß und in dieser Intensität bisher noch nicht erlebt.
Neben den verstörten, unterernährten, organisch geschädigten Kindern, die mit aktiven tuberkulösen Prozessen oder zerebralen Restschäden nach überstandenen Infektionskrankheiten (Fleckfieber, Typhus, infektiöse Gelbsucht), zum Teil invalide, aus den Vernichtungslagern zurückgekommen waren, stand die größere Anzahl der aus den Verstecken wieder aufgetauchten. Sie hatten eine andere, aber darum nicht minder virulente Reihe aufeinanderfolgender Gefahrensituationen überstanden. Der Eindruck verstärkte sich, daß im allgemeinen der seelische Entwicklungsrückstand mit allen damit verbundenen pathogenetischen Konsequenzen den körperlichen an Bedeutsamkeit übertraf.
Die Verflechtung von Verfolgung und Waisenschaft, Verfolgung auf Grund eines zur Herrschaft gelangten Wahnsystems, das Neuartige und der Umfang der hier verursachenden Traumatisierung durch man–made–disaster, d. h. was Menschen einander antun, erforderte, so schien es, mehr als nur eine diagnostische Einteilung in ein nosologisches System, um sich von den Folgen c. q. von den Spätfolgen einigermaßen ein Bild formen zu können.
Wie viele meiner Kollegen in verschiedenen Ländern habe auch ich in der Sprache meines Faches zu beschreiben und zu ergründen versucht, was allen diesen Kindern in ihrem Leben, in den Jahren der Verfolgung und der Zeit danach, widerfahren ist, auf welche Weise sie sich mit dem Widerfahrenen auseinandergesetzt haben, was ihnen gelungen ist und was nicht. Man kann es in der einschlägigen Literatur nachlesen. Vor allem hat sich mir die Bedeutung der Periode nach dem Kriege erschlossen, die Zeit der bewußten Konfrontation der Kinder mit ihrem Schicksal und der Hilfe, die sie in dieser wichtigen Zeitspanne empfangen oder vermißt haben. Mittels einer in methodischer Hinsicht zweigleisig geführten Untersuchung, deskriptiv-klinisch und quantifizierend-statistisch ist es mir mit Hilfe meines Mitarbeiters Hermann R. Sarphatie gelungen, einige Differenzierungen in der klinischen Diagnostik und den psycho-sozialen Defizienserscheinungen anzubringen, so daß sich auch die Gerichte in den sogenannten Wiedergutmachungsverfahren den hier gewonnenen Einsichten angeschlossen haben. Die tiefgreifenden Probleme der Identität und Loyalität, die schwer zu überwindenden Angstzustände, Kontaktprobleme, Isolierung und Vereinsamung, um nur einige zu nennen, – aber vor allem die schwerwiegenden psycho-sozialen Defizienserscheinungen in den drei Hauptgebieten des erwachsenen Lebens: Ehe, Beruf und Freizeit, alle diese hier genannten Spätfolgen ranken sich um die nie vollendete Trauer des gebrochenen Abschiedes von den ermordeten Angehörigen und um die Ohnmacht, allen diesen Erlebnissen und Empfindungen im Bann eines irrsinnig-grausamen Zeitgeschehens einen Sinn zu verleihen. Aber bei allen einsichtigen Erklärungen und Deutungen ist mir stets der innere Vorbehalt geblieben, daß das, was

das Leben der nunmehr Erwachsenen im tiefsten Grunde ausmacht, das Geheimnis eines nie endenden Schmerzes, die lautlosen Verkleidungen der Klage, verborgen blieb. Ist ihr Liebesempfinden geätzt mit den Schwaden der ohnmächtigen Wut, ihr Genuß bei Spiel und Tanz durchtränkt von der Schuld des Überlebens, dem allmächtigen Verbot der besinnungslosen Hingabe und vorbehaltlosen Vertrauens? Antworten auf diese Fragen kann man nur aus den Zeichen erahnen, die die Sprache der Wissenschaft in ihrem rationalen Umfeld verlautbart. Nur vereinzelt gelingt es, diesen Bannkreis zu durchbrechen. Wie z.B. der Mann, der als Kind Bergen-Belsen überlebte, wo er alle Angehörigen verlor, Eltern, drei Brüder und ein Schwesterchen, und jetzt in Israel seine eigenen Kinder zweimal zur Nacht küßt, das zweite Mal insgeheim von ihren Großeltern, die er im selben Kuß für einen Augenblick wieder zu Leben erweckt. Oder die junge Frau bei der Geburt ihres ersten Kindes. Als sie es in ihren Armen hielt, wandelte sich das Bild ihrer eigenen Mutter, die sie wegen eines mißglückten Abschiedes als böse und zornig in ihrer Erinnerung behalten hatte, in die schmerzerfüllte, hilflose Mutter, die den Abschied von ihrem Kind hinter geschlossenen Gardinen vollzog.

Dies sind einige, wenige Zeichen des Geheimnisses, das einem Gedicht Hölderlins zufolge, „der Mensch unaufgedeckt bewahren will." Auch Wissenschaftler sollten sich dieses Satzes erinnern. Er ist nämlich in völliger Übereinstimmung mit einer alten Erkenntnis Freuds, daß schwere Störungen beinahe ohne äußere Zeichen, symptomlos verlaufen können. Dies gilt auch für die sogenannten Spätfolgen der Überlebenden der Verfolgung.

Nanda van der Zee

Jacques Presser

Das Recht auf Zweifel an der Menschlichkeit

Jacques Presser (1899–1970)[1], der mit Johan Huizinga, Jan Romein und Pieter Geyl zu den wichtigsten und meist gelesenen niederländischen Historikern des 20. Jahrhunderts zählt und dessen Publikationen „Napoleon“[2], „Amerika“[3] und das zweibändige Werk „Ondergang“ auf ihrem Gebiet zu Bestsellern geworden sind, war ein äußerst komplizierter Mensch. Er hatte viele Bewunderer, war aber andererseits auch ein sehr umstrittener Gelehrter. Presser vereinte in sich äußerst gegensätzliche Eigenschaften: einerseits emotional und engagiert, konnte er andererseits ausgesprochen unpersönlich und distanziert wirken. Es gelang ihm jedoch durch seine Gabe, alles auch immer wieder relativieren zu können, die Gegensätze seines Charakters im Zaum zu halten. Allerdings waren gerade dies die Eigenschaften, die dazu beitrugen, daß er als Mensch, aber auch als Historiker umstritten war. Seiner Wissenschaft lag keine präzise Theorie zugrunde, er nahm keinen eindeutigen Standpunkt ein, war also weder für etwas noch gegen etwas. Sein nicht klar Stellung beziehendes, relativierendes Verhalten, die Art und Weise wie er die Dinge immer wieder von allen Seiten beleuchtete, daß er also durch seinen tiefen Glauben an Veränderung, an das „vielleicht auch anders sein können“, keine endgültige Lösung anbot, stieß bei manchen auf Verständnis, in gleichem Maße bei anderen aber auf Ablehnung.
Presser läßt sich sowohl als Mensch wie auch als Wissenschaftler nicht auf eine Linie festlegen, im Gegenteil: wo ein „pro“ ist, da gibt es auch ein „contra“. Jede Erkenntnis wird relativiert, sei es nun die Akzeptanz des Richtigen oder des vermeintlich Falschen, deshalb sind in Jacques Presser die bei-

---

1 Dieser Aufsatz basiert u. a. auf der folgenden Literatur:
Nanda van der Zee, *Jacques Presser; het gelijk van de twijfel.* Balans, 1988.
Nanda van der Zee, *The Recurrent Myth of „Dutch Heroism“ in the Second World War and Anne Frank as a Symbol,* in: The Netherlands and Nazi Genocide. Papers of the 21th Annual Scolars Conference, ed. by G. J. Colijn and M. S. Litell, Lewiston-Queenston-Lampeter 1992.
Nanda van der Zee, *Jacques Presser als leraar.* KLEIO, 30. jrg. nr. 5. 5. 6. 1989.
Nanda van der Zee, *Presser, de literator van de geschiedenis.* Haagse Post, nr. 26. 29. 6. 1985.

2 Die Originalausgabe ist im Jahre 1946 erschienen. Deutsche Ausgabe: Napoleon. Das Leben und die Legende, Zürich 1990.

3 Amerika, van Kolonie tot Wereldmacht, erschienen 1949.

den Pole des „nicht-menschlich Menschlichen“ und des „nicht engagierten Engagements“ vereint. Eben weil es Presser gelang, diese Philosophie in eine literarische Form zu bringen, wurde er der Literat unter den niederländischen Historikern.

Biographisches

Jacques Presser wurde als Jacob Presser am 24. Februar 1899 am Waterlooplein in Amsterdam geboren. Sowohl die Familie seines Vaters Gerrit Presser als auch die seiner Mutter Aaltje, geb. Stempel, hatten in großer Armut gelebt, aber dem Vater war es gelungen, sich als Diamantenschleifer vom einfachen Arbeiter zum Besitzer einer kleinen Fabrik mit einigen Angestellten hochzuarbeiten. Gerrit Presser war ein leidenschaftlicher Anhänger Henri Polaks gewesen, dem legendären Organisator der Diamantenschleifer in der niederländischen Hauptstadt und Vorsitzenden der Algemene Nederlandse Diamantbewerkersbond, der Diamantenschleifergewerkschaft. Polak war zugleich einer der Hauptvertreter eines Sozialismus, der zu Beginn dieses Jahrhunderts viele Anhänger in der Gewerkschaft gefunden hatte.
Im Jahre 1903 zog die Familie Presser nach Antwerpen. Wenn Presser sich an die vier dort verbrachten Jahre erinnerte, galt sein erster Gedanke der Änderung seines holländischen Vornamens „Jacob“ in die französische Form „Jacques“. Wieder zurückgekehrt in Amsterdam, besuchte Presser nach der Grundschule die öffentliche Handelsschule. Hier entwickelte er sich nicht nur zu einem ausgezeichneten Schüler, sondern er entdeckte auch seine Leidenschaft für Heinrich Heine und für Mozart, die ihm sein Klavierlehrer vermittelte. Diese Begeisterung sollte sein gesamtes weiteres Leben andauern. 1917 machte Presser sein Abitur und arbeitete anschließend elf Monate in einem langweiligen, kleinbürgerlichen Wertpapierbüro, wo er sich als Jude ausgestoßen fühlte. In seinem Artikel „Het antisemitisme als historisch verschijnsel“ (Der Antisemitismus als historisches Phänomen) schrieb er im Rückblick auf sein damals vierzigjähriges Leben: „Schon der junge Jude tut sich schwer mit seinem Judesein. Insbesondere kann er nicht an der Unbefangenheit, einem der wenigen Dinge, die das Glück der Jugend ausmachen, teilhaben. Sich von diesem Minderwertigkeitskomplex zu befreien, der seine Wurzeln nicht nur in der Person selbst, sondern in der ganzen Gruppe zu haben scheint, fällt offensichtlich schwer.“
Nach weiteren elf Monaten hatte sich Presser eine gute Position bei einer Bank erarbeitet, dennoch fühlte sich der begabte junge Mann auch dort todunglücklich, denn eigentlich war sein sehnlichster Wunsch schon immer ein Studium gewesen. In dieser Phase entwickelte Presser großes Interesse für die revolutionären Entwicklungen in Rußland. Sein politisches Denken orientierte sich immer weiter nach links und seine Auffassungen wurden zunehmend radikaler; der russischen Revolution brachte er seine volle Sym-

pathie entgegen. Endlich gelang es ihm nun auch, mit der Hilfe von Freunden, ein Stipendium zu erhalten, und er begann mit dem Studium der Geschichte, Kunstgeschichte und des Niederländischen. Das war seine Welt. 1926 wurde er „cum laude" promoviert und 1927 trat er seinen Dienst als Lehrer am Amsterdamer Vossius-Gymnasium an. Aus dem Lehrer wurde dann schließlich nach dem Zweiten Weltkrieg ein bedeutender Universitätsprofessor.

Im Jahre 1936 begann Presser zu publizieren, heiratete seine große Liebe, umgab sich mit Freunden. Die nun folgenden Jahre bis zum Zweiten Weltkrieg waren, im Gegensatz zu den vergangenen 37 Jahren der Isolation, für Presser eine glückliche Zeit, wenn sie nicht sogar zu den glücklichsten Jahren seines Lebens zählten. Mit dem Buch „Napoleon" präsentierte Presser sein erstes historisches Werk. Daß dieses Buch auf reges Interesse stieß, wundert nicht, da die von Presser geschilderte tyrannische und barbarische napoleonische Zeit einen Vergleich mit dem herrschenden Nationalsozialismus nahelegte.

Mit der deutschen Besatzung der Niederlande begann für Presser ein fünfjähriger Lebensabschnitt, der tiefe Spuren hinterlassen und die Richtung seines Denkens und schließlich auch seiner Publikationen nach 1945 maßgebend bestimmen sollte. Am Tag des Einmarsches der Deutschen, dem 10. Mai 1940, unternahm der tief verbitterte Presser zusammen mit seiner Frau Dé (Deborah Appel) einen Selbstmordversuch. Kurz vorher hatten beide noch versucht, über den Hafen IJmuiden der drohenden Gefahr zu entkommen. Ende November 1940 wurde Presser wegen seiner jüdischen Abstammung als Lehrer gekündigt, er fand aber eine neue Anstellung in dem vom niederländischen jüdischen Rat gegründeten jüdischen Lyceum. Gleichzeitig trat der bekannte niederländische Verlag Elsevier an Presser mit zwei Buchaufträgen heran: Der erste behandelte das Thema des Achtzigjährigen Krieges, dem Freiheitskrieg der Niederländer gegen die Spanier[4]. Wegen der zeitgemäßen Thematik fand dieses Werk gerade zu Beginn der deutschen Besatzung großen Anklang. Das zweite Buch stellte eine umfassende Arbeit über den Aufstieg der Vereinigten Staaten[5] dar.

Im ersten Jahr der deutschen Besatzung waren Presser selbst, seine Frau und die meisten anderen niederländischen Juden noch relativ verschont von einschneidenden Maßnahmen geblieben. 1942 jedoch änderte sich die Situation drastisch, als zahlreiche Verbote und Verordnungen die Bewegungsfreiheit der Juden einschränkten und Presser feststellen mußte, daß Tag für Tag mehr und mehr Kinder von der jüdischen Schule fernblieben. Zweimal konnten Jacques Presser und seine Frau gerade noch einer Razzia

---

[4] De Tachtigjarige Oorlog, erschienen 1941. An dem Buch arbeitete auch Prof. J. Romein mit, und Pressers Anteil des Buches wurde aus gegebenen Gründen vorsichtshalber unter dem Namen des Historikers B. W. Schaper veröffentlicht.

[5] Siehe Anmerkung 3.

entkommen. Im Frühjahr 1943 wurde Dé Presser aufgegriffen und sofort auf Transport in das Vernichtungslager Sobibor in Polen geschickt. Presser selbst beugte sich dem Druck seiner Freunde und tauchte bis Kriegsende unter. Obgleich er nach dem Krieg zum zweitenmal geheiratet[6] hat, konnte er den Verlust seiner ersten Frau und die damit zusammenhängenden Schuldgefühle nie überwinden. Seine nach dem Krieg veröffentlichte Gedichtsammlung „Orpheus en Ahasverus" (Orpheus und Ahasverus) zeugt von diesem nicht verarbeiteten Leid[7].
Presser bewies in den Kriegsjahren einmal mehr, welche geistige Kraft und Energie in ihm steckte: Trotz der Trauer über den Verlust seiner Frau Dé und trotz der Angst vor der überall lauernden Gefahr, während seiner Zeit im Untergrund verraten zu werden, blieb er sich selbst treu und setzte sich über alle lebensbedrohenden Umstände durch beharrliches wissenschaftliches Arbeiten hinweg. Er schrieb an seinem dritten Buch „Amerika", verfaßte Gedichte, las viel und lernte Spanisch. „Er versteckte sich hinter seiner Arbeit", kommentierte einer von jenen, die ihm während der Zeit im Untergrund geholfen hatten, seine damalige Schaffenskraft. Nach der Befreiung der Niederlande im Mai 1945 kehrte Presser aus seinem Versteck – er war zunächst in Lunteren, dann in Barneveld (Provinz Geldern) untergetaucht und am 17. April von den Kanadiern befreit worden – im Juni 1945 nach Amsterdam zurück. Er war „befreit", aber von einer echten inneren Befreiung konnte keineswegs die Rede sein, denn für Presser begann der eigentliche Krieg erst nach Kriegsende.

Überleben nach dem Holocaust

Was Pressers weitere akademische Laufbahn betraf, so wurde er 1947 außerordentlicher Professor und 1948 ordentlicher Professor für Moderne Geschichte an der Universität Amsterdam. Das Leben, so jedenfalls schien es, ging weiter. Das traf allerdings nicht auf jene Juden zu, die nach 1945 aus den Konzentrationslagern oder aus ihren Verstecken zurückgekehrt waren. Sie zählten nicht ihre Toten, sondern nur ihre noch lebenden Verwandten, und bald mußten die Überlebenden erkennen, daß niemand mehr mit ihnen gerechnet hatte, sie fühlten sich wie nutzlose Übriggebliebene. Man legte ihnen nahe, falls sie teilhaben wollten am Wiederaufbau nach dem Kriege, sich „normal" zu verhalten, also zu vergessen und sich nicht zu beklagen. Wie war es aber möglich, nicht anerkanntes Leid zu vergessen, mit offenen Wunden zu leben, die niemals heilen würden, dabei nach außen jedoch den Eindruck erwecken zu müssen, als würden sie langsam verheilen? Jacques Presser hat das niemals fertiggebracht. „Das Thema verfolgt uns ständig",

[6] Er heiratete am 21. Januar 1954 Bep Bijlsma-Hartog.
[7] 1945 unter dem Pseudonym J. van Wageningen erschienen.

schrieb er noch 1967. „Wie reagiert ein Jude auf diese fünf Jahre voller Einsamkeit, Angst und Trauer?“ Seine Antwort lautete: „Auf die verschiedenste Art und Weise, er schließt eine mehr oder weniger erfolgreiche Mischehe, er vergräbt sich ganz und gar in kreativer Arbeit und macht den Versuch, seiner Auflehnung oder Ergebenheit, der Beharrlichkeit oder Enttäuschung Gestalt zu verleihen.“ Presser tat beides, er heiratete neun Jahre nach Kriegsende eine Jugendfreundin, er stürzte sich in seine Lehrtätigkeit und in kreative Arbeit, aber heilten die Wunden wirklich?
Mancher Holländer hat sich damals allen Ernstes gefragt, ob die zurückgekehrten Juden ihre ehemaligen Häuser oder ihre Funktionen, die sie vor der deutschen Besatzung ausgeübt hatten, zurückbekommen sollten. Zwar hatten viele für ihre jüdischen Freunde Hab und Gut aufbewahrt und es nach dem Krieg auch zurückgegeben, aber ebenso beklagten viele sich über die Juden und bezeichneten sie als materialistisch und habgierig, wenn sie ihr Eigentum zurückforderten. Dieses Verhalten läßt sich wohl nur dadurch erklären, daß während der gesamten deutschen Besatzung massive antisemitische Propaganda betrieben wurde, die nun ihre Früchte zu tragen schien. Wenn man überhaupt je von einem wirklichen Antisemitismus in den Niederlanden sprechen konnte, dann in den Nachkriegsjahren. Jacques Presser war darauf vorbereitet gewesen: „Ach“, stellte er später einmal fest, „wo Juden sind, gibt es auch Antisemitismus, aber man muß doch sehen, daß es große Unterschiede in Grad und Intensität gibt. Bis 1940 brauchten wir dieses Problem nicht ernstzunehmen. Es existierte zwar, aber im Vergleich zu Deutschland, Rußland, oder denken wir nur an die Dreyfus-Affaire, konnten wir in den Niederlanden doch sagen: ‚Naja, hier ist das alles nur halb so schlimm‘.“ Ließ man das unmenschliche Verhalten der Jahre 1940 bis 1945 Revue passieren, konnte man das nach Kriegsende nicht mehr behaupten. Der Antisemitismus war nach dem Krieg so deutlich spürbar, daß einige nicht-jüdische Kollegen von Presser sich gezwungen sahen, eine Studiengruppe zusammenzustellen, die dieses Phänomen erforschen sollte.
Nur 900 Juden sind am 9. April 1945 im Durchgangslager Westerbork befreit worden. Es handelte sich dabei um den „Rest“ der etwa 100 000 Juden, die dort längere oder kürzere Zeit interniert gewesen waren. Erst jetzt wurde die niederländische Bevölkerung mit der Tatsache konfrontiert, daß man diesen bedrohten Juden hätte helfen müssen, anstatt durch passives Verhalten alles noch schlimmer zu machen. Daß eine solche Unterstützung trotz allem möglich gewesen wäre, hatten ja die Helfer in der Illegalität und die schließlich aus ihren Verstecken zurückgekehrten Juden bewiesen.
Mit seinem Buch „Ondergang. De vervolging en verdelging van het Nederlandse Jodendom 1940–1945“ (Untergang. Die Verfolgung und Vernichtung des niederländischen Judentums in den Jahren 1940–1945), erschienen in Den Haag 1965, gelang es Jacques Presser, das Schweigen über die Juden, „die sich doch normal verhalten sollten“, und das unbewältigte Schuldgefühl nachhaltig zu brechen.

„Ondergang"

Das Buch „Ondergang" war das Ergebnis eines im Jahre 1950 an Presser vergebenen Regierungsauftrags. Die Arbeit an diesem Buch belastete ihn derartig, daß er das Bedürfnis hatte, darüber zu sprechen. Er gestand: „Das Buch macht mich ganz verrückt, ich komme nicht mehr davon los." Bis zu seinem Tode versuchte er sich immer wieder mit der Tatsache auseinanderzusetzen, daß seine Frau von den Nazis ermordet worden war; der Gedanke daran hat ihn nicht mehr losgelassen. „Ich habe den durch diese Arbeit in mir ausgelösten Prozeß völlig unterschätzt und habe den Auftrag übernommen, bevor ich überhaupt ahnen konnte, welche inneren Schwierigkeiten für mich damit verbunden sein würden. Unterschätzt habe ich auch die Tatsache, daß das Schreiben darüber in mir Emotionen auslösen würde, die eine solche 15 Jahre dauernde Konfrontation, verbunden mit schrecklichen seelischen Tiefs, verursachen mußte!" Selbst als die Arbeit an dem Buch abgeschlossen war, konnte er sich nicht davon lösen: „Eigentlich begonnen wurde das Buch im Januar 1950 und im April 1965 vollendet, beschäftigt habe ich mich aber bereits vorher damit, es beschäftigt mich jetzt noch und wird mich auch 1970 noch beschäftigen", gestand Presser noch kurz vor seinem Tod.

Das Buch „Ondergang", in zwei Bänden erschienen, umfaßt 1090 Seiten und enthält mehr als 150 Fotos. Band I liefert einen detaillierten Bericht über die Ausgrenzung der Juden aus der niederländischen Gesellschaft und über die Deportation von 100000 Juden in den Osten durch die Deutschen, was nur durch den von den Deutschen zur Mithilfe gezwungenen jüdischen Rat hatte gelingen können. Band II beschäftigt sich mit den Aspekten der Verfolgung wie zum Beispiel dem Widerstand gegen die Kollaboration, mit der Flucht vor der Verfolgung und den einzelnen Phasen der Vorbereitung des Massenmordes. Es werden Geschichte und organisatorischer Aufbau der Durchgangslager Westerbork und Vught beschrieben und der Abtransport aus den Niederlanden, die lange Reise in die Lager des Ostens, die Vernichtung dort und die Rückkehr einzelner Überlebender dargestellt. Den Mord selbst hat Presser nur angedeutet, er konnte und wollte nicht genauer darüber berichten.

In dem monumentalen Werk wird niemand ausgespart, weder Presser selbst noch die Juden im allgemeinen oder die Nicht-Juden. Pressers Werk ist ebenso die Klage eines Verfolgten wie auch eine Anklage gegen die Verfolger. „Warum sie wohl und nicht ich?", haben sich alle Überlebenden des Holocaust immer wieder gefragt. Sie fühlten sich nicht nur schuldig, weil sie überlebt, sondern auch, weil sie nicht gehandelt hatten. Darin liegt der Grund all ihrer Schuldgefühle. Das traf auch auf Jacques Presser zu. Die Umstände aber hatten ihn dazu gezwungen, den einzig möglichen „Widerstand" zu leisten, nämlich sich dem Zugriff zu entziehen. Presser hat diesen Widerstand zunächst in Form eines Selbstmordversuches geleistet, dann

entfernte er den gelben Stern und tauchte unter. Er war also moralisch standhaft geblieben und doch fühlte er sich nach dem Krieg so, als habe er Schuld auf sich geladen: er hatte seine Frau nicht davon abgehalten, das Haus zu verlassen, er hatte schweigend zugesehen, als seine Schüler abgeholt wurden. Seine Schwester war mit Mann und Kindern vergast worden. Freunde und Bekannte, die ein Teil seines Lebens gewesen waren – tot, ermordet, ausgetilgt – und er, er war am Leben geblieben. Glücklicherweise hatte er durch Beziehungen untertauchen können, er besaß Freunde, die ihn dazu gezwungen hatten, und er war darüber hinaus auch im Besitz der notwendigen finanziellen Mittel gewesen, um sein Leben im Untergrund finanzieren zu können. Hinzu kam, daß es ihm, bis auf die letzten fünf Kriegsmonate, im Vergleich zu vielen anderen versteckt lebenden Juden, zwar unter der Unfreiheit und der tief empfundenen Trauer leidend, kaum an materiellen und geistigen Mitteln gefehlt hatte.
Während der Arbeit an seinem Buch „Ondergang" wurde Presser durch das Leben hunderter von Tagebüchern und durch die Interviews, die er mit hunderten von jüdischen Menschen geführt hatte, mit dem Elend der Anderen konfrontiert und fühlte sich schuldig. Nur jene, die man in den Lagern ermordet hatte, waren in seinen Augen unschuldig. Das Buch „Ondergang" stellte für Presser den Versuch dar, die Schuld gegenüber den Opfern zu sühnen. In einem kleinen Nebenzimmer des Rijksinstituuts voor Oorlogsdocumentatie in Amsterdam (Reichsinstitut für Kriegsdokumentation) hat er sich mit eisernem Willen mit dem Leid, das anderen, aber auch ihm angetan worden war, auseinandergesetzt. Darin sah dieser völlig desillusionierte Mann die einzige Möglichkeit, dem Sinnlosen einen Sinn zu geben, und zwar nicht nur seiner eigenen Existenz, sondern auch dem sinnlosen Tod von sechs Millionen Juden, die er nicht durch Vergessen zum zweitenmal sterben lassen wollte.
Als Motto gab Presser dem Buch folgende Worte aus dem Buch „Das Brandopfer"[8] von Albrecht Goes mit auf den Weg: „Und es muß ja auch vergessen werden, denn wie könnte leben, wer nicht vergessen kann? Aber zuweilen muß einer da sein, der gedenkt".
In dem Buch „Ondergang" lehnte Presser sich gegen das Böse auf, aber auch gegen das Vertuschen der kollektiven Mitschuld, die seiner Meinung nach die niederländische Regierung während des Zweiten Weltkriegs auf sich geladen hatte. Durch ihr Streben nach Recht und Ordnung schien die „Niederländische Union" (Nederlandse Unie) unter der Führung von Louis Einthoven, Johannes Linthorst Homan und Jan Eduard de Quay die jahrhundertealte ethische Haltung der Niederländer, den durch Pogrome bedrohten Juden einen sicheren Hafen zu bieten, vergessen zu haben. Die Mitglieder des Obersten Gerichtshofes (Hoge Raad) der Niederlande, mit

[8] Albrecht Goes, Das Brandopfer, Frankfurt a.M. 1954, S.7.

Ausnahme des jüdischen Präsidenten L. E. Visser, unterbanden mit der Unterzeichnung der „Ariererklärung" im Oktober 1940 grundsätzlich jeglichen Widerstand. In einem Brief vom 14. Juni 1941 stellte Presser fest, daß die Einwohnermeldeämter (Rijksinspectie van de Bevolkingsregisters) der Besatzungsmacht gewissermaßen ihre Hilfe angeboten haben. Die Polizeibeamten hatten nichts dagegen, Juden zu verhaften, außerdem unterstützten sowohl die Post als auch die niederländische Bahn Isolierung und Deportation der Juden. Auch die Richter, die Angestellten der Gemeinden, der Banken und der Börse organisierten keinen Widerstand. Gleiches galt für die niederländische Exilregierung in London und das Rote Kreuz, sie zeigten nur wenig Interesse am Schicksal der Juden im Osten. Aber war es denn vor dem Einmarsch der Deutschen anders gewesen? Während der „Reichskristallnacht" am 10. November 1938 fanden in ganz Deutschland organisierte Pogrome statt, Synagogen wurden in Brand gesteckt, jüdische Häuser verwüstet, ca. 30000 jüdische Männer verhaftet und den deutschen Juden anschließend jegliche Teilnahme am öffentlichen Leben untersagt. Eine Massenemigration setzte ein, doch diese Fluchtbewegung stieß auf Widerstand in den Asylländern. In den Niederlanden reagierte man ängstlich und versuchte sich neutral zu verhalten. Die eintreffenden Flüchtlinge wurden in das Lager Westerbork gebracht, eine Auseinandersetzung mit den alarmierenden und tragischen Ereignissen in Deutschland erfolgte nicht, man verschloß die Augen vor dem, was im Nachbarland passierte, und schob das Problem einfach von sich. Bequemlichkeit und Gleichgültigkeit haben es, nach Meinung Jacques Pressers, ermöglicht, daß von den 140000 in den Niederlanden lebenden Juden, 107000 abtransportiert werden konnten.

Die in „Ondergang" behandelte Schuldproblematik basiert auf der Kritik an den Nicht-Juden, die die Juden, abgesehen von einigen illegalen Hilfsaktionen, im Stich gelassen haben. Ein zweiter wichtiger Aspekt dieses Werkes liegt in der negativen Beurteilung des „Joodse Raad", des jüdischen Rates, der mit seinen 8000 Mitarbeitern, zwar gezwungenermaßen, aber dennoch bei der Isolierung und Deportation der niederländischen Juden Hilfe leistete. Hätte der jüdische Rat überhaupt Widerstand leisten können? Widerstand beginnt bei der Organisation. Der jüdische Rat, unter der Leitung seines Vorsitzenden, dem Juwelier und liberalen Politiker Abraham Asscher, sowie des Altphilologen Prof. Dr. David Cohen, hätte über eine solche Organisation verfügt, aber es wurden weder Anweisungen noch Direktiven im Sinne eines nur irgendwie gearteten Widerstandes oder einer Flucht ausgegeben, im Gegenteil, es wurde davor gewarnt, sich zu widersetzen oder unterzutauchen, in gewisser Weise wurde Gehorsam gefordert! Dieses Verhalten der führenden Männer des jüdischen Rates ist nicht nur mit menschlicher Schwäche zu begründen, sondern muß auch vor ihrem politischen Hintergrund gesehen werden: sie gehörten dem gehobenen Bürgertum an und waren Mitglieder der Kultusgemeinden, die sich wenig um

die große Masse armer Amsterdamer Juden kümmerten und deshalb auch einer Erhebung, die die vorhandene Sozialstruktur ermitteln sollte, negativ gegenüberstanden. Sich für diese armen Juden einzusetzen, lag ihnen fern. Pressers radikale Verurteilung der Führungsspitze des jüdischen Rates, die so wie jedermann damals, ob Jude oder Nicht-Jude, von der Angst getrieben wurde, hat sowohl eine soziale als auch eine moralische Komponente. Unter dem sozialen Aspekt verstand Presser, daß die sogenannten Apfelsinen-Juden den Diamanten-Juden geopfert wurden, und für moralisch verwerflich hielt er die Tatsache, daß die führenden Mitglieder des jüdischen Rates sich nicht selbst auf die Transportliste setzten, als die Deutschen zu einem bestimmten Zeitpunkt 4000 Namen forderten. Damals hätte ihnen klar werden müssen, welch schreckliches Spiel sie spielten, und daß es sich auch für sie selbst allenfalls um eine Gnadenfrist handelte.
„Ondergang" beschäftigt sich ganz besonders deutlich mit der Schuldfrage der jüdischen und nicht-jüdischen Eliten während des Krieges und danach. Daneben spielen aber auch die Gleichgültigkeit und Bequemlichkeit des braven niederländischen Bürgers, dem sein Hemd näher war als sein Rock, eine wichtige Rolle. Presser hat nicht nur den Niedergang jeglicher Humanität bei den Tätern, sondern auch bei denjenigen, die nur untätig zusahen, angeprangert. In seinen Augen waren alle schuldig, er wollte der gesamten Gesellschaft einen Spiegel vorhalten. Dem Mythos der vorbildlichen Niederlande, die ihren jüdischen Bürgern mit aller erdenklichen Hilfe zur Seite gestanden haben sollen, hat Presser einen Schlag versetzt. Die überwältigende Reaktion in der Öffentlichkeit beweist, daß dieses Buch wie ein Blitz einschlug.
In der Einleitung zu Arthur Morses Buch „While six Million died"[9] schrieb Jacques Presser folgendes: „Wir werden ja nicht nur mit der Unzulänglichkeit von damals und dort, sondern auch mit der von hier und jetzt und alles in allem auch mit jener von überall und immer konfrontiert. Der Bruder, den wir nicht hüten, hat immer wieder einen anderen Namen, seine Hautfarbe, seine Nationalität, sein Alter wechseln dauernd, aber er ist und bleibt unser Bruder, aber wir hüten ihn nicht – und das, obgleich es uns kaum Geld oder Mühe kosten würde. Ja, eigentlich geht es nur darum, der Grausamkeit, der Dummheit, der Unterdrückung, dem Rassenhaß und der religiösen Intoleranz, die sich bei unseren Nachbarn, in unserem eigenen Haus und, auch das darf nicht unausgesprochen bleiben, sogar in uns selbst, manifestiert haben, mehr Aufmerksamkeit zu schenken."
Im Gegensatz zu seinen anderen Werken, die mehr auf der einschlägigen Sekundärliteratur basierten, war das Buch „Ondergang" das Resultat eines

[9] Deutsche Fassung: Arthur D. Morse, Die Wasser teilten sich nicht, Bern-München-Wien 1968.
Vorwort in der holländischen Ausgabe: Terwijl de zes miljoen stierven. Vert. J. F. Kliphuis. Met een woord vooraf door Prof. Dr. J. Presser, Wageningen, Zomer & Keunig, 1968.

fundierten Quellenstudiums. Dennoch hat Presser dieses Werk nicht in erster Linie für Wissenschaftler, sondern viel eher für ein breites Publikum geschrieben. In diesem Buch war der Historiker selbst zum Opfer der Geschichte geworden, die er zu Papier bringen wollte. Die Art und Weise, wie er diese subjektive Sichtweise verarbeitet hat, gehört wohl zu den erstaunlichsten Eindrücken dieses Buches. Eben gerade durch Pressers eigene Betroffenheit hat das Werk soviel Anklang in der Öffentlichkeit gefunden. Er hat keine trockenen Fakten beschrieben oder die Ereignisse nur vom wissenschaftlichen Standpunkt aus dargestellt, im Gegenteil, er wollte moralisieren und bewußt urteilen, wobei letzteres vollkommen mit seiner Sicht der Funktion zeitgeschichtlicher Quellen übereinstimmt. Presser wollte sein Buch lesbar machen und nicht nur einen kleinen Kreis von Wissenschaftlern ansprechen. Er verzichtete deshalb ebenso auf eine Flut von Fakten und Details wie auch auf Quellenangaben und Anlagen. Es gelang ihm etwas, was eigentlich kaum möglich erschien, nämlich im Namen der Toten den Überlebenden zu berichten. Objektivität allerdings konnte Presser kaum gewährleisten, wenn er in seiner Darstellung die Geschichte in dieser Art und Weise wiederaufleben ließ. Gerade dieses persönliche Betroffensein macht dieses Buch aber so lebendig. Durch seine Menschlichkeit ist der Autor selbst der Betroffene. Mit ihm kann sich der Leser identifizieren, und so gelingt es diesem wiederum, selbst betroffen zu sein.

Die Kunst stellt sich ihrer Zeit nicht dadurch, daß sie künstlerische Begriffe verwendet, sondern sie läßt das Kunstwerk selbst sprechen. Presser, der sich der Tatsache wohl bewußt war, daß Clio eine Muse ist und daß Geschichte betreiben vor allem heißt, Geschichte zu schreiben und zu erzählen, konnte mit seiner literarischen Begabung die Leser fesseln. Er fragte nicht nach dem Warum und Wodurch der deutschen Besatzungszeit, sondern nach dem Wie.

Juden waren immer schon Verfolgungen ausgesetzt und der Antisemitismus wuchert bereits seit Jahrhunderten, aber niemals hat ein Massenmord solchen Ausmaßes stattgefunden. Dadurch, daß sechs Millionen Menschen, nur weil sie Juden waren, ermordet wurden, sind ethische Grenzen überschritten worden, die man um der Zukunft willen weder negieren noch verdrängen oder vergessen darf. Man muß sich vor Augen halten, daß „Auschwitz“ nach 20 Jahrhunderten christlicher Kultur, die uns lehrt „Liebe Deinen Nächsten“, in eben jenem christlichen Westen geschehen konnte. Der Mensch vereint in sich viele Möglichkeiten: das Friedliche, aber auch das Böse. Dieses Thema ist immer wieder aktuell: Die Humanität geht tagtäglich irgendwo in der Welt unter. Wenn man sich das heute nicht bewußt macht, kann sich das morgen wiederholen.

Als die Herausgeber des amerikanischen „Who is Who?“ Presser um einen Lebenslauf baten, wurde die enorme Vielfalt seines historischen Schaffens in Form einer etwa 300 Titel umfassenden Bibliographie deutlich. Außer seinen vier großen Werken und einigen Ausgaben, die er als Privatdrucke herausgegeben hatte, hat er Gedichte, Kriminalromane, eine Novelle, Broschüren und Artikel verfaßt und zwei Anthologien zusammengestellt. Obgleich seine Stärke eigentlich darin lag, über ein Thema, ein Ereignis, eine Persönlichkeit so zu schreiben, daß wie von selbst eine historische Abhandlung daraus entstand, publizierte er einmal ein Werk, das sein literarisches Können auch einem breiteren Publikum öffnete: die Novelle „Die Nacht der Girondisten“[10].

Im Jahre 1950 hatte Presser den Auftrag für das Buch „Ondergang“ übernommen und sechs Jahre dafür recherchiert. Als er schließlich soweit war, seine Ergebnisse zu Papier zu bringen, war er plötzlich völlig blockiert, die passenden Worte wollten einfach nicht kommen. Er gab seine damaligen Gefühle folgendermaßen wieder: „. . . ich habe Stapel von Manuskripten, Tonbandaufzeichnungen, Zeugenaussagen . . ., aber ich konnte es nicht. Ich sagte zu de Jong (Louis de Jong war damals Direktor des Rijksinstituut voor Oorlogsdocumentatie – N.v.d.Zee) irgendwann einmal: ‚Hier, hier hast Du die gesamten Dokumente, die Selbstaussagen, stelle daraus etwas zusammen – mehr nicht . . .‘. Und dann dachte ich: Aber die Menschen, die meisten Menschen sind tot und können nicht mehr sprechen, und was in diesen Dokumenten steht, landet in irgendeinem Archiv und verschwindet . . . ich mußte für diese Menschen sprechen . . . ich war wie besessen davon . . . und ich konnte es nicht. Damals sagte de Jong: ‚Fang doch einfach mit etwas an, worüber du sehr viel weißt, einfach so, schreibe darüber etwas.‘ Und dann dachte ich: Ich fange mit Westerbork an, darüber wußte ich alles, ich kannte jede Baracke, jede Ecke . . . so viele Menschen, die dort waren . . . Ich nahm einen Stapel weißes Papier und schrieb auf das Deckblatt: ‚Morne plaine‘, ‚Düstere Ebene‘ – dieser Ausspruch über die Schlacht bei Waterloo stammt von Victor Hugo – und weiter kam ich nicht . . . und da . . ., ich wollte es nicht glauben, aber als ob das Schicksal seine Hand im Spiel hatte, lag in meinem Briefkasten ein Brief mit der Bitte, für das Preisausschreiben der [jährlich stattfindenden niederländischen] Bücherwoche (Boekenweek) eine Geschichte zu verfassen . . . und plötzlich war alles da, ich habe das Papier genommen und es hintereinander aufgeschrieben. Nun war ich frei und konnte mit meinem Buch „Ondergang“ beginnen.“

Die Nacht der Girondisten

Die „Nacht der Girondisten“ spielt im Durchgangslager Westerbork im Osten der Niederlande, von wo aus 80000 bis 90000 niederländische Juden hauptsächlich in das Vernichtungslager Auschwitz deportiert worden sind. Der Transportzug fuhr zwei Jahre lang jeden Dienstag, insgesamt 93 Mal in

---

[10] Deutsche Ausgabe: Jacques Presser, Die Nacht der Girondisten, Vorwort von Primo Levi, Frankfurt a.M. 1991.

Richtung Osten. Jeder Abtransport bedeutete gleichzeitig die endgültige Verurteilung der Opfer, die bereits im Lager dazu verdammt waren, ihr Schicksal über sich ergehen zu lassen, ebenso wie im Jahre 1793 die „Girondisten“ auf ihre Hinrichtung hatten warten müssen. Wie damals die Girondisten von ihren früheren politischen Freunden zur Guillotine gebracht worden sind, so haben Juden – von den Deutschen als eine Art Lagerpolizei eingesetzt – in Westerbork ihre Mitgefangenen zum Transport geführt. Einige „Vorzugsjuden“ hatten die Führung übernommen und regelten das Alltägliche. Sie hatten bestimmte Aufgaben im Ordnungsdienst wahrzunehmen, verteilten die Posten und waren sogar beim Zusammenstellen der Transportlisten behilflich. Sie bestimmten, wer sich noch der Illusion hingeben konnte, dem Unentrinnbaren zu entrinnen. Die Nazis hatten dies psychologisch gut eingefädelt: um ihren Posten zu behalten, mußten die jüdischen Kollaborateure dieselbe Gewissenlosigkeit an den Tag legen wie die SS, die Dreckarbeit verrichten, aber auch ihre Mitgefangenen, sogar die eigene Familie oder Freunde, in den Zug und damit in den sicheren Tod jagen.

In der Novelle „Die Nacht der Girondisten“, die 1957 erstmals erschienen ist, wird die Geschichte eines „privilegierten“ Juden, der „blonden Bestie“ Cohn, erzählt, der durch seine bevorzugte Situation versucht, sein Leben und das seines Sohnes Georg zu retten. Die Hauptfigur in dieser Novelle ist der „Ich“-Erzähler Jacques Suasso Henriques, der Geschichtslehrer von Georg, Cohns Sohn. Jacques ist ein sephardischer Jude, der sich aber als Holländer fühlt. In Westerbork wird er als Cohns Adjutant angestellt. In seiner Position als rechte Hand Cohns erkennt er, welches menschenunwürdige Verhalten im Lager herrscht, und er wird sich seines Judeseins plötzlich bewußt. Der Rabbiner Hirsch bestärkt ihn in dieser Erkenntnis, und immer mehr sucht er die Gesellschaft dieses Mannes, der inmitten der Bestialität versucht, die Humanität aufrechtzuerhalten: er hat sich für das Gute und gegen das Böse entschieden. In der Begegnung mit dem Rabbiner Hirsch kann das gleichgültig und zynisch gewordene Ich zurückkehren zur Reinheit, so wie der verlorene Sohn zu seinem Vater. Als Rabbi Hirsch, zum Abtransport verurteilt, von Cohn grob zu dem Waggon gestoßen wird, schlägt Jacques nicht dem lachend zuschauenden deutschen Lagerkommandanten ins Gesicht, sondern „dem Bruder, der seinen Bruder nicht hütet“, dem Obersten des jüdischen Ordnungsdienstes, Cohn. Damit ist das Schicksal von Jacques unwiderruflich besiegelt: der Transport.

In der Nacht vor seinem Abtransport verfaßt Jacques sein Geständnis: die Nacht der Girondisten. Es endet mit den Worten: „Das ist alles, alles, ich habe nichts weggelassen, ich habe nichts hinzugefügt; es ist alles; das ist es, was ich getan habe oder was durch mich, mit mir, getan worden ist: alles[11].“

---

[11] Ebenda, S. 103.

Jacques Suasso, der eigentlich, so wie Jacques Presser selbst, Jacob heißt, gibt in der Nacht vor seinem Abtransport das Bekenntnis seiner Feigheit seiner Freundin Dé, die es lesen und beurteilen sollte. Sie denkt darüber lange nach und versteht schließlich, was er meint: „ab jetzt erhältst du von mir deinen Vornamen zurück, Jacob[12]."
In der Geschichte „Die Nacht der Girondisten" will Presser u. a. zeigen, zu welch verbrecherischem Verhalten ein in die Enge getriebener Mensch sogar gegenüber einer geliebten Person oder seiner eigenen Mutter fähig ist, wenn es um Leben oder Tod geht. Anstatt des „homo homini lupus", der Mensch ist dem Menschen ein Wolf, gab Presser seiner Novelle das Motto „homo homini homo", der Mensch ist dem Menschen ein Mensch.
Die „Nacht der Girondisten" war nicht nur eines der ersten Werke, das über das Lager Westerbork nach dem Kriege geschrieben worden ist, sondern es handelte sich außerdem, neben Abel Herzbergs Buch „Tweestromland" (Zweistromland), um eine der ersten aufgezeichneten Kriegserinnerungen in der westlichen jüdischen Literatur. In den Niederlanden fand die Novelle, die in viele Sprachen übersetzt und auch in Deutschland 1991 zum erstenmal aufgelegt wurde, großes Echo. Die wenigen kritischen Äußerungen kamen hauptsächlich von jenen Lesern, die es nicht für richtig hielten, daß eine solch traurige Geschichte als Geschenk der niederländischen Buchwoche verteilt wurde. Die Kritiker hatten offensichtlich nicht verstanden, daß gerade dies wohl Pressers Absicht gewesen war, denn er wollte auf diesem Wege das Buch einem größeren Publikum zugänglich machen. Darüber hinaus ist ihnen wohl die Kernaussage des Buches entgangen, die nicht etwa negativ, sondern positiv ist und zwar in dem Sinne, so Pressers eigene Worte gegenüber einem Kollegen, „daß es möglich war, gerade inmitten solch grausamer Umstände einen Triumph der Humanität in Form eines sittlichen Widerstandes über die Liederlichkeit, Gemeinheit und den Verrat zu erringen". Auch wird in dieser Novelle die Tragik eines Mannes beschrieben, der nach einem Leben voller Verdrängungen gezwungenermaßen zu seiner wahren Identität zurückfindet. Hinter dieser Schilderung verbergen sich eine ganze Reihe autobiographischer Fakten aus Pressers eigenem Leben.
Gerade weil Presser seine Botschaft nicht über das Medium einer wissenschaftlichen Abhandlung vermittelte, sondern ihr eine literarische Form zu geben wußte, fand er Gehör. Ein Freund schrieb ihm 1962: „Ich habe in keiner wissenschaftlichen Arbeit eine so atmosphärisch gute Beschreibung eines Nazi-Lagers gelesen wie in deinem ‚nicht-wissenschaftlichen' Werk ‚Girondistische Nacht'."
Die Novelle war als Geschenk für die Bücherwoche 1957 aus 45 Einsendungen ausgewählt worden. Die Jury, der prominente niederländische Schriftsteller angehörten, begründete ihre Wahl damit, daß einerseits „die Novelle

12 Ebenda, S. 104.

aus der Reihe der zeitgenössischen niederländischen Kurzgeschichten besonders hervorragt, aber auch andererseits eine Tragödie beschreibt, mit der unser ganzes Volk konfrontiert wurde". In diesem Sinne findet sich auch in Primo Levis meisterhaften Vorwort zu Pressers Erzählung der Satz: „Dieses schmale Werk gehört zu den wenigen, die das europäische Judentum mit literarischer Würde vertreten[13]."

Auch mit seinem späteren Werk „Ondergang" hat Presser die Illusion, den Krieg verdrängen zu können und „einfach" so weiterzumachen, als wäre nichts gewesen, zunichte gemacht. Die Wahrheit, der er zum Durchbruch verhilft, ist klar, aber auch brutal. Die „Nacht der Girondisten" ist ein Beispiel dokumentarischer Fiktion, in der sich Fakten und Fantasie, Literarisches und Historisches, Fiktives und Nicht-Fiktives vermischen. In dieser Geschichte kommt sowohl der Historiker als auch der Schriftsteller zu Wort, während der Mensch Presser immer wieder präsent ist: der assimilierte Jacques und der bekennende Jacob – der Jude in seiner ganzen Gespaltenheit. In der Novelle läßt sich nicht nur Pressers Eingeständnis nachvollziehen, schuldig am Tod seiner Frau Dé zu sein, weil er sie trotz der Gefahren nicht daran gehindert hatte, wegzugehen, sondern es spiegelt sich dort auch seine Identitätskrise wider. Eine Krise, die nach dem Krieg immer akuter wurde, als ihm, dem ehemaligen Untergetauchten, dem vor der Gefahr Versteckten, in zunehmendem Maße klar wurde, welche Bedeutung der Krieg eigentlich gehabt hatte. In der Novelle wird dieser Identitätskrise in Form der klassischen Figur des Doppelgängers Gestalt verliehen: das Motiv des „Ichs" und das des anderen „Ichs" läuft unterschwellig fortlaufend in der Erzählung mit. Allerdings ist diese Novelle nicht bewußt niedergeschrieben worden, sondern sie war ein Notschrei, der innerhalb von kaum zwei Wochen „aufs Papier gehauen wurde". In einem Brief aus dem Jahre 1960 schrieb Presser: „Warum nannte ich meinen Jacques doch Jacob? Warum Henriques? Hier ist nichts und doch alles Zufall."

Die Konfrontation des assimilierten Jacques mit dem sich absolut jüdisch fühlenden Jacob stellt den Kern der Identitätskrise Pressers dar. Dabei geraten vermeintlich passiver Verrat an der eigenen Gruppe als auch Schuldgefühle des Überlebenden gegenüber denjenigen, die nicht überlebt haben, und jüdischer Selbsthaß aneinander. „Vor allem Letzeres ist ein Problem", schrieb Presser einer Freundin, „das mich immer sehr gefesselt hat und ein Thema meiner Novelle ‚Die Nacht der Girondisten' ist." Jüdischer Selbsthaß ist laut Presser: „. . . ein Phänomen des Juden, der sosehr durch die fortwährende Konfrontation mit dem Judenhaß zerstört ist, daß er sich selbst zum Sprecher der Judenhasser macht". Als Beispiel eines solchen Judenhassers wird in der Novelle „Die Nacht der Girondisten" der Sohn Cohns, Georg, vorgeführt. Dieser will nichts lieber, als sich mit dem klassischen

[13] Ebenda, S. 7.

Vorbild eines „Jüdischen Selbsthassers", dem Philosophen Otto Weininger[14], vergleichen dürfen. Georg, der Assimilant, haßte, ebenso wie Jacques Suasso, sein Schicksal als Jude. Es verband ihn mit den „ratlosen Juden, die kleine Vorhut des seit Jahrhunderten fliehenden, nie für immer wurzelnden Scheißvolkes, zu dem ich gehörte, ohne es je gewollt zu haben[15]". Das Problem des jüdischen Selbsthasses ist das Problem der Assimilation. An sich ist Selbsthaß nicht etwas speziell Jüdisches, sondern ein allgemein menschliches Phänomen. Es liegt in jeder Psyche dort verborgen, wo das angeborene Sein verfremdet und das Leiden am eigenen „Ich" seinen Anfang nimmt, aus dem der Selbsthaß dann schließlich entsteht. Einer Minderheit, die immer und überall daran denken muß, nicht aufzufallen und damit Ärger zu erregen, und die fortwährend auf der Hut sein muß, sich zum eigenen Schutz den Regeln und Werten ihrer Umgebung anzupassen, der droht der Verlust der Identität und damit großes Leid.

Primo Levi schrieb in seiner Einleitung zur italienischen Ausgabe der Novelle „Die Nacht der Girondisten": Das westeuropäische Judentum sei „ein Judentum, das unter dem Zwang des Versprengtwerdens steht, also nicht besonders einheitlich ist; es ist so sehr in die Kultur des jeweiligen Gastlandes verstrickt, daß es bekanntlich keine eigene Sprache besitzt. Es war aufklärerisch mit den Aufklärern, romantisch mit den Romantikern, liberal, sozialistisch, bürgerlich, nationalistisch; trotzdem hat es durch alle zeit- und ortsbedingten Wandlungen hindurch einige Eigenheiten bewahrt und die bringt dieses Buch zum Vorschein."

In der Novelle steht die Bibel – das BUCH – von Rabbi Hirsch für eine solche Eigenheit, die von Jacques als Attribut der Ausgrenzung negiert wird, für Jacob aber den Erhalt der Gruppe bedeutet und deshalb bewahrt werden muß. Der assimilierte Jude, der sich in zwei Persönlichkeiten spalten mußte, um sowohl an seinem inneren Leben als auch an der Außenwelt teilhaben zu können, neigt manchmal dazu, bis hin zur Betonung seines Ausgegrenztseins zu ironisieren. Der assimilierte Jude, der sich weder in der einen noch in der anderen Welt zu Hause fühlt, verbirgt in sich Verlegenheit. Dieses Gefühl kann dazu führen, daß er Bestätigung, Aufmerksamkeit, Lob und Erfolg sucht. Für jenen Juden, der sich buchstäblich so fühlt, als sei er ausgesetzt worden, bleibt nur die Geduld, Gelassenheit und Ergebung. Wenn er sich selbst nicht mehr lieben kann, weil man ihn als „minderwertig" einstuft, verliert sein Wesen jeglichen Wert und er wendet sich gegen sich selber. Auch Jacques Presser konnte manchmal den Eindruck erwekken, „nicht am richtigen Ort zu sein" oder, wenn er die Möglichkeit hatte, den dauernd „Abwesenden" zu spielen (außer in seinem opus magnum

---

14 Der österreichische Philosoph und Psychologe war 1902 zum Christentum übergetreten. Sein Antisemitismus und sein jüdischer Selbsthaß wurden von den NS-Ideologen als Beweis für ihre Sicht des Judentums angenommen.

15 Presser, Die Nacht der Girondisten, S. 32.

„Ondergang", wo er nicht nur urteilt, sondern unverblümt auch verurteilt). Vor dem Krieg sah Presser sich als jüdischen Niederländer, nach dem Krieg vielleicht mehr als niederländischen Juden, aber im Grunde seines Herzens fühlte er sich als kosmopolitisch denkender Europäer, dem jeglicher Nationalismus oder ein Denken in Gruppenkategorien fremd war. Der Antisemitismus war für ihn eine der schlimmsten Folgen der Gruppenmentalität einer Mehrheit gegenüber der jüdischen Minderheit. Für seinen Jugendfreund und Vetter Jacob Polak, der aus einer orthodoxen Familie stammte, war das Judesein kein Problem, aber einem assimilierten Juden wie Presser, der sich weder frei noch gebunden fühlte, machte dieses Judesein doch Angst und bestimmte letztlich sein Handeln. Obgleich er daraus auch die Einsicht gewonnen hatte, daß die Wahrheit viele Facetten hat, war die Folge davon eine Art Unsicherheit, wie sie in der Aussage, „ich bin nur ein ängstliches Männlein", die er öfters von sich gab, zum Ausdruck kommt. Es war die Angst davor, zu stark gebunden zu sein, daß damit der Zugang zu jener anderen Welt verschlossen bleiben würde. Dieser Zwiespalt führte dazu, daß Presser mitunter versuchte, beiden Welten, der inneren und der äußeren, zu entfliehen.

Er wußte aber und bekannte dies auch in dem Buch „Die Nacht der Girondisten", daß niemand seiner Identität entkommen kann und er nicht sein ganzes Leben lang Jacques bleiben würde. „Hinneni – hier bin ich", sagte Hirsch auf Hebräisch, als Jacques Suasso seinen Namen für den Transport aufrief. „Hier bin ich", ein bewußter Jude. Jacques Presser, der fünfzehn Jahre an seinem Buch „Ondergang" arbeitete, blieb ein „Suchender", der die Existenz eines Gottes negierte, aber den Glauben an die alttestamentarische Erwartung einer besseren Welt mit mehr Gerechtigkeit bewahrte. Er wurde kein Zionist, aber ebensowenig ein Gegner des Zionismus, aber als Jude hat er sich immer, und in steigendem Maße gefühlt. Dies hing vor allem mit der zunehmenden Sorge um Israel zusammen, das von Anfang an und bis zum heutigen Tage von einer feindlichen Mehrheit umringt ist. „Ich kann dir nicht sagen, was Judesein bedeutet", sagte er einmal seinem nichtjüdischen Schwiegersohn, „aber ein Jude lebt aus einer ganz bestimmten Identität heraus". Auf die Frage eines Journalisten, ob er die assimilatorische Erziehung als Verrat an der eigenen Gruppe empfunden hätte, antwortete Presser: „Ja, selbstverständlich, aber es war kein bewußter Verrat! Hätte es die große Bedrohung nicht gegeben, wäre die Assimilation noch weiter und schneller fortgeschritten. Wenn ich Sartre lese, beschleicht mich ein ungutes Gefühl! Bei ihm ist das Judesein eine Äußerlichkeit, ein aufgedrückter Stempel. Aber es ist mehr: es ist etwas, das von innen heraus kommt. Für mich bleibt das Problem bestehen, ich weiß nicht, was ein Jude ist, und ich habe das Gefühl, daß die Frage nach dem Judesein den Kern meines Lebens in Frage stellt."

„Erkenne dich selbst", stand auf einer Tafel, die über dem Schreibtisch von Suassos Vater hing. Sein Sohn Jacques bekannte, daß er sich immer mehr darüber bewußt wurde, daß er sich allenfalls selbst erkenne, „aber kennen, mich selber kennen, das kann ich nicht behaupten". Presser sagte, als man ihn 1969 fragte, ob er sich selbst besser kennengelernt habe, als er das Buch „Ondergang" schrieb: „Ich habe mich besser kennengelernt, aber kennen tue ich mich noch immer nicht."

Presser sollte eine gespaltene Persönlichkeit bleiben, voller Widersprüche und Gegensätze, aber er war sich seiner Ambivalenz wohl bewußt. Das was er über den deutsch-jüdischen Dichter Heine in der Einleitung zu der Anthologie „Ich weiß nicht, was soll es bedeuten" 1955 geschrieben hat, erscheint beinahe wie ein Selbstportrait. Hatte er Heine vorher als Lyriker bewundert, so entdeckte er nach dem Krieg den Juden, den Verbannten mit der gespaltenen Persönlichkeit in ihm, und die Identifikation war vollkommen! Sollte Presser nach der Heine-Anthologie, die in zwei Teilen 1956 und 1957 herausgegeben wurde, im Jahre 1957 seinen Weg zu einer jüdischen Identität gefunden haben und konnte er deshalb „Die Nacht der Girondisten" schaffen? Sicher ist jedenfalls, daß „Die Nacht der Girondisten" wie eine Therapie auf Presser gewirkt und für ihn den inneren Durchbruch bedeutet hat. Diese Novelle ist sicher auch als eine Hinführung zu seinem Buch „Ondergang" zu verstehen. Erst als er den Mut gefunden hatte, das verbrecherische Tun anderer und das, was anderen angetan worden war, mit der Zerrissenheit seines eigenen „Ichs" auszusöhnen, war er auch in der Lage, sich die Schuld aller an allem von der Seele zu schreiben. Doch schrieb er noch ein Jahr vor seinem Tod: „Ich bin noch immer nicht ganz sicher, was letztendlich von meiner Novelle ‚Die Nacht der Girondisten' bleiben wird."

Das Befreiende hat Jacob Presser nie gefunden.

Epilog

Trotz all dem Mut und der Gefaßtheit, mit der Presser sein Überleben meisterte, blieb er doch ein gebrochener Mann. Als Pflegekind von Jacques und Dé Presser und als Pressers Nachrichtenüberbringerin während des Krieges, hat Isa Teske-Baschwitz zwei wesentliche Abschnitte seines Lebens miterlebt: die glücklichen Tage, als der Krieg eben begonnen hatte, und die unglücklichen, als Presser untertauchen mußte. Den Menschen Presser in der Nachkriegszeit sieht sie ganz im Zeichen des Buches „Ondergang" und zwar sowohl wortwörtlich wie auch im übertragenen Sinne: „Für mich setzt sich der Mensch Presser aus verschiedenen Persönlichkeiten zusammen. Zunächst habe ich Presser kennengelernt, als ich bei ihm und seiner Frau Dé von September/Oktober 1940 bis Juli 1942 gewohnt habe. Jacques war damals in meinen Augen ein Teil, eine Art Ergänzung von Dé und nicht zu trennen von ihr, dieser außerordentlich intelligenten Frau, die einen sehr positiven Einfluß auf ihren Mann ausübte. Als sie nicht mehr da war, hat er sich verändert. Nach dem Abtransport seiner Frau war er völlig verzweifelt, regelrecht traumatisiert und sehr verletzbar. Später erlebte ich ihn auch während der Zeit, als er versteckt war, er hatte sich völlig gegenüber jenen Jahren, als seine Frau noch neben ihm stand, verändert und verhielt sich auch ganz anders als in der Phase, die unmittelbar ihrer Verhaftung folgte. Während seines Lebens im Versteck war der Umgang mit ihm nicht besonders angenehm, er verhielt sich nicht sehr freundlich, aber wer kann das unter solchen Bedingungen schon erwarten. Ich kenne das aus der Erfahrung mit meinem Vater, plötzlich erlebt man diese Menschen moralisch völlig bloßgestellt, sie haben ihre ursprüngliche Denkart verloren, und so ging es auch Jacques. Er schätzte nicht nur die Menschen falsch ein, sondern auch die Lage der Dinge. Das zeigte sich auch in den Briefen, die er mir täglich schrieb. Zuletzt habe ich sie einfach nicht mehr geöffnet, also auch nicht mehr gelesen. An seinem 70. Geburtstag gab ich ihm die Briefe zurück. Während der Zeit im Versteck sorgte ich für ihn. Er war völlig auf sich selbst gestellt, die Art und Weise seines Denkens, das ihm Halt gegeben hatte, seine fröhliche Frau, die ihn in jeder Situation unterstützt hatte, das alles war nicht mehr da. Und er litt und reagierte völlig neurotisch. Das ganze Leid der Juden vollzog er mit. Er fühlte sich so elend und war am Boden zerstört. Er schrieb seine ‚Orpheus'-Gedichte und schickte mir jedes einzelne Gedicht zusammen mit einem Begleitbrief. Die Briefe waren rührend, einfach herzzerreißend. Sollte Dé je wiederkommen, hatte er mich damit beauftragt, ihr die Gedichte zu übergeben. Lange Zeit, auch noch nach dem Kriege, war er ganz und gar davon überzeugt, daß sie zurückkommen würde. Er quälte sich selbst mit der Hoffnung, daß sie ihr Gedächtnis verloren hätte und den Weg nicht mehr zurückfände. Ich schwieg dann immer. Als er sich schließlich der Realität stellte und wußte, daß man seine Frau in das Lager Sobibor durch das große Tor gebracht hatte – ab nach rechts, gleich in die Gaskammer, als er also einen Strich unter das Kapitel Dé gezogen hatte, sagte er mir: ‚Sprich nicht mehr darüber!' Er wollte sie nicht mit mir teilen. Dé war heilig und es wurde nicht mehr über sie gesprochen. Gerade dadurch entstand aber eine enge Verbindung zwischen uns, denn auch ich habe diese Frau bewundert und geliebt. Nach dem Krieg sagte ich ihm, er müsse wieder auf eigenen Beinen stehen. Er begann mit dem Buch „Ondergang". Die Absicht, die er mit diesem Werk verband, war eine Botschaft an die Welt: ‚Ich muß die Welt wachrütteln, sonst geschieht es wieder.' Er hat dieses Buch nicht mit Tinte geschrieben, sondern mit seinem eigenen Blut und das hat ihn krank gemacht. Dieses Werk bedeutete für ihn einen täglichen Kampf. Ich habe ihn in dieser Zeit regelmäßig gesehen. Er war von einer Panik befallen, einer Panik über das, was er gesehen hatte und nicht wiedergeben konnte, weil es für den Leser nicht zu bewältigen gewesen wäre. Jacques Presser ist mir teuer, trotz seiner charakterlichen Veränderungen. Ich habe unauslöschbare Erinnerungen an diesen Mann, vor dem Krieg, während des Krieges und danach. Jedes Mal, wenn ich ihn sah, blickte mir ein ganz und gar zerstörter Mann entgegen."

Angelika Schardt

„Der Rest der Geretteten"

Jüdische Überlebende im DP-Lager Föhrenwald 1945–1957

„Manchmal, wenn ich nachts nicht einschlafen kann, besuchen mich die Krankenschwestern und erzählen mir von ihrem Leben.... Die aufregendste Person im Föhrenwalder Krankenhaus ist zweifellos Schwester Ruth. Hier ihre Geschichte: Als sie zusammen mit ihrem elfjährigen Kind aus dem Ghetto Lodz mit ‚unbekanntem Ziel' verschickt wurde, warf sie ihr Kind, irgendwo in Polen, aus dem Fenster des Zuges. Sie wußte, daß an dem ihnen zugedachten Bestimmungsort der sichere Tod auf ihr Kind wartete. Durch ihre Tat erhoffte sie, dem Kind eine winzige Überlebenschance zu geben, wenn es nicht schon durch den Aufprall getötet wurde. Ruth selbst überlebte durch eines jener Wunder, mit deren Hilfe Juden allein überleben konnten. Von ihrem Kind hörte sie nichts, wurde zwischen Zweifel, Hoffnung und Verzweiflung hin und her gerissen. Sie war nicht imstande, im Krankenhaus zu arbeiten, obwohl sie wußte, wie dringend ausgebildete Krankenschwestern benötigt wurden. Aber dann geschah das Wunder. Vor zwei Wochen hörte Ruth, während sie ihr Zimmer im Lager sauber machte, jemanden an der Tür ihres Nachbarn klopfen. Die beiden Räume waren nur durch einen Schrank voneinander getrennt.... Sie hörte zwar nur halb hin, als der Fremde plötzlich zu ihrem Nachbarn sagte: ‚Nein, ich habe keine eigenen Kinder, aber ein fremdes Kind aufgenommen. Möchten Sie ein Photo sehen?' Bei diesen Worten eilte Ruth aus ihrem Zimmer, um auch einen Blick auf das Photo zu werfen – wie alle klammerte auch sie sich an jeden, wenn auch noch so kleinen Hoffnungsschimmer – sie sah das Photo; es war ihr Kind ...
Der Fremde, der als Partisan in der Nähe der Zugstrecke im Wald versteckt lebte, hatte das Mädchen mit halberfrorenen Beinen gefunden. Viele Wochen konnte sie nicht laufen. Er trug sie zu seinem Lager und pflegte sie gesund. Später wurde er gefangen und mit ihr in ein Konzentrationslager verschleppt. Kurz bevor sie getötet werden sollten, konnten beide befreit werden. Der Mann lebte nun in Föhrenwald, während das Kind in Badgastein, etwa dreihundert Kilometer entfernt, untergebracht war." Durch die Bürokratie und die Schwierigkeiten, von einer Besatzungszone in die andere zu wechseln, dauerte es einige Zeit, bis Mutter und Kind in Föhrenwald endlich wieder vereint waren[1].

[1] YIVO-Institute for Jewish Research (YIVO) DP-camps Germany, fol. 1041. Miriam Warburg, Personal Experiences of Camp Inmates at D.P. Center of

Die von Miriam Warburg, einer Sozialarbeiterin der amerikanisch-jüdischen Hilfsorganisation American Jewish Joint Distribution Committee (AJDC, kurz: Joint) berichtete Lebensgeschichte von Schwester Ruth und ihrer Tochter macht – trotz ihres glücklichen Ausgangs – die schwierige Situation der jüdischen Displaced Persons (DPs) deutlich. Als die alliierten Armeen 1945 Deutschland besetzten, fanden sie im späteren Gebiet der drei westlichen Besatzungszonen etwa 6,5 Millionen DPs vor. Unter den Status „DP" fielen all jene Personen, die infolge des Zweiten Weltkriegs aus ihrer Heimat vertrieben, geflohen oder verschleppt worden waren, in der Praxis also Kriegsgefangene, Zwangsarbeiter und die befreiten Konzentrationslager-Häftlinge, die auf ihre Repatriierung warteten. Da diese aber im Chaos der Nachkriegszeit und damit verbundener mangelnder Transportmöglichkeiten nicht mit der erwünschten Schnelligkeit vonstatten ging, mußte für diese Flüchtlinge eine vorübergehende Bleibe gefunden werden. Dafür richteten die westlichen Alliierten, allen voran die Amerikaner, sog. assembly-centers, also Lager für die Displaced Persons ein.
Auch etwa 50000 bis 70 000 Juden – für diesen frühen Zeitpunkt liegen keine genauen Statistiken vor – fielen unter diese Kategorie „DP".[2] Sie waren die wenigen Überlebenden des nationalsozialistischen Völkermords, der Shoah, physisch und psychisch schwer geschädigte Menschen, die durch die grausame Verfolgung ihre Angehörigen und ihr Hab und Gut verloren hatten, und nun heimatlos, auf der verzweifelten Suche nach überlebenden Familienangehörigen durch Europa irrten. Die meisten von ihnen waren jahrelang in Konzentrationslagern gefangen gehalten worden, hatten Hunger, Seuchen, Zwangsarbeit und den vielen, oft unterschätzten, psychischen Demütigungen trotzen müssen. Einige hatten versteckt oder als Partisanen überleben können. So unterschiedlich ihr Verfolgungsschicksal war, allen gemeinsam war die schwere Last der vergangenen Jahre, mit der sie mühsam wieder leben lernen mußten.
Die Amerikaner, in deren Besatzungszone sich die meisten jüdischen Überlebenden befanden, erkannten bald, daß die Scherit-Hapleita, der „Rest der Geretteten", wie diese sich selbst nannten, keinesfalls wie die nichtjüdischen DPs behandelt und damit repatriiert werden konnten. Um den Bedürfnissen der meist in Osteuropa beheimateten Juden zu entsprechen, wurden in der amerikanischen Besatzungszone, im Gegensatz zur britischen, ab August/September 1945 rein jüdische DP-Lager eingerichtet, um der bis dahin üblichen Praxis, daß Verfolgte und ehemalige Verfolger, die auf ihre Repatriierung warteten, in gleichen Lagern leben mußten, entgegenzuwirken.

Foehrenwald, Bavaria, S.1f. (Das verfilmte Material des YIVO-Instituts, New York, ist mittlerweile im Zentrum für Antisemitismusforschung, Technische Universität Berlin, zugänglich.)

2 Institut für Zeitgeschichte (IfZ) Fi 01.76. J.J.Schwartz, DP-Report, 19. August 1945.

Föhrenwald, etwa 25 Kilometer südlich von München gelegen, war eines der größten und bekanntesten jüdischen DP-Lager. Heute bildet der Ort den Stadtteil Waldram der Kreisstadt Wolfratshausen. Entstanden war die Siedlung bei Kriegsbeginn 1939 für die Angestellten des Rüstungswerkes Geretsried durch die I.G.Farben für eine maximale Belegstärke von 3200 Mann. Auf einer Fläche von vier bis fünf Quadratkilometern standen 102 Ein- bzw. Mehrfamilienhäuser[3].

Föhrenwald war nicht von Beginn an ausschließlich ein jüdisches DP-Lager. Am 29. April 1945 erreichte eine überwiegend aus nichtjüdischen Frauen bestehende Gruppe, die in Bad Tölz befreit worden war, das Lager[4]. Anfang Mai kamen litauische Juden, die dem Dachau-Transport nach Tirol hatten entfliehen können[5]. Während des Sommers 1945 lebten dort russische Familien, Belgier, Polen, Holländer und Ungarn zusammen mit wenigen Juden. Im August 1945 aber trat eine entscheidende Wende für die jüdischen Überlebenden ein. Earl G. Harrison, ehemaliger amerikanischer Kommissar für Einwanderung, begab sich nämlich auf Anweisung von US-Präsident Truman auf eine Reise nach Europa, um die Lebensbedingungen vor allem der jüdischen Displaced Persons zu prüfen. Er besuchte etwa 30 DP-Lager und berichtete von unbeschreiblichen Zuständen. Viele Lagereinwohner mußten noch immer ihre KZ-Anzüge, einige sogar SS-Uniformen tragen. Ihre Ernährung war völlig unzureichend, die Unterkünfte waren teilweise unzumutbar, mit Stacheldraht umgeben, oftmals in ehemaligen Konzentrationslagern gelegen. Sein abschließender Bericht gipfelte in der Feststellung: „Wir scheinen die Juden wie die Nazis zu behandeln, mit der Ausnahme, daß wir sie nicht vernichten. Sie sind in großer Anzahl in Konzentrationslagern unter militärischer Bewachung anstelle der SS-Truppen. Man muß sich die Frage stellen, ob die Deutschen, wenn sie dies beobachten, nicht vermuten, daß wir die NS-Politik fortsetzen oder sie jedenfalls gutheißen." Harrisons Verbesserungsvorschläge empfahlen unter anderem die Errichtung rein jüdischer Lager, um den Status dieser Verfolgten als eigene Gruppe, eben als Juden und nicht, wie bis dahin geschehen, nur unter ihrer Nationalität anzuerkennen und sie damit nicht von anderen nichtjüdischen DPs zu unterscheiden[6].

---

[3] YIVO Leo W. Schwarz Papers, fol. 107. Adress by Henry Cohen to World Jewish Congress, 7. November 1946; Johannes Menke, Die Soziale Integration jüdischer Flüchtlinge des ehemaligen Regierungslagers „Föhrenwald" in den drei westdeutschen Großstädten Düsseldorf, Frankfurt und München, in: Sozialhygienische Forschungen, Bd. 2, Hamburg 1960, S. 5.

[4] Juliane Wetzel, Jüdisches Leben in München 1945–1951. Durchgangsstation oder Wiederaufbau?, München 1987, S. 244.

[5] Jacob Biber, Risen from the Ashes. A Story of the Jewish Displaced Persons in the Aftermath of World War II. Being a Sequel to Survivors, San Bernardino 1990, S. 53.

[6] Leonard Dinnerstein, America and the Survivors of the Holocaust, New York 1982, S. 43.

Wenn auch der Bericht der US-Armee gegenüber nicht ganz gerecht war, so schlug er doch wie eine Bombe in Washington und bei der Armeeführung in Deutschland ein. General Eisenhower befahl sofort eine Kalorienerhöhung für die befreiten Juden und die Errichtung neuer rein jüdischer Lager. Die wohl wichtigste Folge des „Harrison-Reports" war die allmähliche Akzeptanz der Vorstellung, daß Palästina die einzige wirkliche Lösung des jüdischen DP-Problems sein konnte. Aber bis dahin mußte noch ein weiter Weg zurückgelegt werden.

Ende September 1945 beschlossen die Befehlshaber der amerikanischen Armee, neben Feldafing und Landsberg ein drittes großes jüdisches DP-Lager in der Nähe Münchens, das sich immer deutlicher zu einem Zentrum jüdischen Nachkriegslebens entwickelte, zu errichten, nämlich Föhrenwald.

Erste Hilfe hatte in Föhrenwald, wie in allen DP-Lagern, die amerikanische Armee leisten müssen. Die Behandlung der Juden durch die Armee war sehr unterschiedlich. Teile der Armeeführung empfahlen ausdrücklich eine bevorzugte Behandlung der Juden. Nicht zuletzt durch den Harrison-Report waren sie für die komplizierte Situation der jüdischen Überlebenden sensibilisiert worden. Die einfachen Soldaten aber standen vor einer völlig neuen Aufgabe, für die sie nicht geschult worden waren. Europa vom Nationalsozialismus zu befreien waren sie ausgezogen, nicht um Lager für Flüchtlinge zu organisieren, sie mit Nahrung, Kleidung, medizinischer Hilfe zu versorgen oder gar psychische Aufbauarbeit für die schwer geschädigten jüdischen Verfolgten zu leisten. Das merkwürdige Verhalten der Überlebenden der Konzentrationslager irritierte die oftmals sehr jungen und häufig ihren Einsatzort wechselnden Soldaten stark. Sie hatten Schwierigkeiten, „Leute zu verstehen und zu mögen . . ., die schrieen, schlecht rochen, aneinander zerrten, die Befehle nicht befolgten, die mit dumpfen Gesichtern und leer starrenden Augen in einem Keller einer Konzentrationslager-Baracke oder in einer privaten Höhle saßen und sich weigerten, auf ihren Befehl herauszukommen[7]."

Unterstützung erhielt die US-Armee ab Herbst 1945 von der United Nations Relief and Rehabilitation Administration (UNRRA), die am 9. Oktober 1943 als weltweite Hilfsorganisation in Atlantic City gegründet worden war. Ihre Aufgabe bestand in der Erfassung, Betreuung und Repatriierung der in den Mitgliedsstaaten der UNO beheimateten DPs einschließlich der befreiten KZ-Häftlinge. Die ersten UNRRA-Mitarbeiter erreichten Deutschland erst im Juli 1945. In Föhrenwald übernahm die UNRRA offiziell, wenn sie auch schon seit September/Oktober dort tätig gewesen war, die Lagerverwaltung am 15. November 1945[8]. Die erste Leiterin des Lagers,

---

7 Zit. nach Cilly Kugelmann, Identität und Ideologie der Displaced Persons. Zwei historische Texte aus den DP-Lagern, in: Babylon 5 (1989), S. 65–72, hier S. 69.

8 IfZ Fi 01.97. Headquarter Third US-Army to General Joseph T. McNarney, Commanding General, 27. Dezember 1945.

Jean Henshaw, stand an der Spitze eines UNRRA-Teams mit 22 Mitarbeitern. Sie scheint sich den jüdischen Lagereinwohnern gegenüber sehr herablassend benommen zu haben. Ferner führte ihre antizionistische Haltung zu großen Schwierigkeiten mit den sehr zionistisch orientierten Juden. Die Leitung eines großen DP-Lagers – im Oktober 1945 lebten etwa 3000 Juden in Föhrenwald[9], im Januar 1946 schon 5300[10] – scheint ihre administrativen Fähigkeiten außerdem weit überstiegen zu haben[11].

Ihrem Nachfolger, UNRRA-Direktor Henry Cohen, gelang es überraschend schnell, den Flüchtlingen ein einigermaßen normales Leben, soweit dies nach den vergangenen Jahren noch vorstellbar war, zu ermöglichen. Er ersetzte das von seiner Vorgängerin ernannte DP-Komitee durch ein von den Bewohnern selbst gewähltes und legte damit den Grundstein für ein erfolgreiches System der Selbstverwaltung, das den Lebenswillen und die Energie der Lagerbewohner erheblich stärkte. Als im Januar 1946 erneut Wahlen zum Lagerkomitee anstanden, brach ein regelrechter Wahlkampf aus. Als Kandidat für das Amt des Lagerverwalters durfte nur nominiert werden, wer mindestens 150 Unterschriften der Wahlberechtigten vorlegen konnte. Um für das Komitee kandidieren zu dürfen, genügten 75 Unterschriften (mit genauer Angabe des Namens und der Nummer der Wahlkarte). Wahlberechtigt waren alle Frauen und Männer über 18 Jahre, die zwei von der UNRRA ausgestellte Registrierungskarten vorlegen konnten. UNRRA-Mitglieder durften nicht wählen. Der gesamte Wahlvorgang fand unter Aufsicht der amerikanischen Armee statt[12]. Eindeutige Sieger der Wahl waren die Zionisten[13].

Für die Grundausstattung an Nahrung, Kleidung, medizinischer Versorgung, Unterkunft und Sicherheit des Lagers sorgte weiterhin die amerikanische Armee, UNRRA für Verwaltung, zusätzliche Versorgung, Gesundheitsdienst, Wohlfahrt, Erholungsmöglichkeiten, Selbsthilfeprogramme und Berufsausbildung; ferner war sie auch für die zahlreichen jüdischen Hilfsorganisationen im Lager zuständig, an deren erster Stelle der Joint zu nennen ist. Er war in allen Bereichen mit großem finanziellen und personellen Engagement tätig.

Armee, UNRRA und die jüdischen Hilfsorganisationen aber stießen durch ein Ereignis im Sommer 1946 an die Grenzen ihrer Möglichkeiten, nämlich durch den Massenexodus polnischer Juden nach dem Pogrom von Kielce. Bereits seit Oktober 1945 kamen ehemalige KZ-Häftlinge, die nach der Befrei-

---

[9] Biber, Risen from the Ashes, S. 53.

[10] YIVO Leo W. Schwarz Papers, fol. 57. AJDC, Jewish Population in the U. S. Zone of Occupation in Germany. 3rd Army Area, 27. Januar 1946.

[11] YIVO DP-camps Germany, fol. 209. Report on Camp Föhrenwald, S. 5.

[12] Bamidbar. Wochncajtung fun di bafrajten Jidn, 12. und 19. Dezember 1945.

[13] YIVO DP-camps Germany, fol. 240. Brief von Henry Cohen, Director, UNRRA Team 106 Wolfratshausen an Sam Zisman, Director, UNRRA District Nr. 5, Munich, 14. Mai 1946.

ung in ihre polnische Heimat zurückgekehrt waren, um nach ihren Angehörigen und ihrem Hab und Gut zu suchen, dort aber keine Überlebenden mehr angetroffen hatten, nach Deutschland, weil sie der trostlosen Situation und dem wiederauflebenden Antisemitismus in Polen entfliehen wollten. In der amerikanischen Besatzungszone Deutschlands erhofften und erfuhren sie bessere Behandlung und glaubten, daß von dort das ersehnte neue Heimatland Palästina am schnellsten erreicht werden könnte. Dieser Strom wurde von den zionistischen Organisationen vehement forciert, die über die USA Druck auf die Mandatsmacht Großbritannien zur Öffnung Palästinas ausüben wollten. Je mehr Juden in der amerikanischen Besatzungszone festsaßen und damit untergebracht, versorgt und verpflegt werden mußten, desto unhaltbarer würde die Situation für die USA werden und desto mehr würden sie Großbritannien unter Druck setzen – eine Rechnung, die aufging.
Zu diesen Rückkehrern kamen nun polnische Juden, die zu Beginn des Krieges 1939 vor den deutschen Truppen in die Sowjetunion geflohen waren und die sich um die Jahreswende 1945/46 entscheiden mußten, ob sie dort bleiben oder nach Polen zurückkehren wollten. Fast alle der etwa 150000 Menschen entschieden sich für Polen, mußten aber in ihrer früheren Heimat traurige Erfahrungen machen. Die vermeintlich Heimgekehrten erkannten, daß ihre Familienangehörigen ermordet und ihr Eigentum zerstört oder geraubt worden war. Hinzu kam eine äußerst antisemitische Stimmung im Land, die am 4. Juli 1946 im Pogrom von Kielce, einem etwa 190 km südlich von Warschau gelegenen Ort, gipfelte. Am 3. Juli hatten die Eltern des neunjährigen Henryk Blaszczyk der Polizei von Kielce gemeldet, daß ihr Sohn vermißt wäre. Am darauffolgenden Tag tauchte Henryk in Begleitung seiner Eltern bei der Polizeistation auf und behauptete, in einem jüdischen Haus gefangen gehalten worden zu sein. Er sei dort mißhandelt worden und hätte in dem Keller, in den man ihn geworfen habe, die Körper toter Christenkinder gesehen. Glücklicherweise hätte er entkommen können. Daraufhin entlud sich die antisemitische Stimmung in einem Pogrom, bei dem 42 jüdische Männer, Frauen und Kinder starben und 40 weitere schwere Verwundungen erlitten[14]. Dieser Vorfall, nur ein Jahr nach der Befreiung vom NS-Terror, löste einen Massenexodus der polnischen Juden auf zwei Routen aus: Der erste Fluchtweg, den die Mehrzahl wählte, führte durch die Tschechoslowakei über Prag und Bratislava nach Wien, Linz und Salzburg in die amerikanische Besatzungszone Deutschlands, die andere Möglichkeit bot sich über Stettin, Ziel war der amerikanische Sektor Berlins[15]. Gelenkt und organisiert wurde dieser Strom von der Untergrund-

[14] Philip S. Bernstein, Displaced Persons, in: American Jewish Yearbook 1947–1948, vol. 49, Philadelphia 1947, S. 520–533, hier S. 520 f.

[15] YIVO DP-camps Germany, fol. 65. Leo W. Schwarz an J. H. Whiting, Report on Influx of Jews into U.S. Zone of Occupation in Germany in August 1946, 1. September 1946.

organisation Brichah (= Flucht), die Tausenden bei illegalen Grenzübertritten in die US-Zone Österreichs und Deutschlands half und viele anschließend auf illegalen Schiffen weiter nach Palästina schleuste[16]. Während im Sommer 1946 in der amerikanisch besetzten Zone in Deutschland 39902 jüdische DPs registriert waren, erhöhte sich deren Zahl nach der Massenflucht aus Polen im Dezember des gleichen Jahres auf 145735[17].
Dieser Flüchtlingsstrom veränderte die Zusammensetzung der jüdischen DP-Lager von Grund auf. Es gab drei Gruppen von Lagerbewohnern: Die erste bestand aus den Überlebenden der Konzentrationslager, aus Männern und Frauen im Alter zwischen 18 und 45 Jahren; von den Kindern und älteren Leuten hatten nur wenige überlebt. Partisanen stellten die zweite Gruppe, junge Männer und Frauen, die aus den Ghettos hatten entkommen können und sich Partisanenverbänden angeschlossen hatten. Überraschenderweise brachten diese jungen Leute Kinder mit. Trotz ihres harten Lebens in den Wäldern hatten sie oftmals ein intaktes Familienleben aufrechterhalten können, Kinder zur Welt gebracht und verwaiste Kinder aufgenommen. Ihre physische und psychische Konstitution war erheblich stärker als die der ehemaligen Konzentrationslagerinsassen. Die Flüchtlinge aus Osteuropa, von denen die meisten die Kriegszeit in der Sowjetunion überlebt hatten, bildeten die dritte Gruppe. Ihr positiver Einfluß war unübersehbar, da sich unter ihnen Kinder und viele Intellektuelle befanden, die eine wichtige Rolle im kulturellen Leben der Lager spielten. Außerdem war ihre gesundheitliche Konstitution relativ gut, und sie hatten den Sinn für das Gemeinschaftsleben nicht verloren[18]. Einig waren sich alle Einwohner, im Gegensatz zu den wenigen aus den Konzentrations- und Vernichtungslagern zurückgekehrten deutschen Juden, die sich meist für ein Leben außerhalb der Lager entschieden, daß Deutschland nur als Durchgangsstation auf dem Weg nach Palästina dienen konnte. Die fast ausschließlich ostjüdischen Einwohner distanzierten sich von der deutschen Umwelt und bauten in den Lagern ihre eigene Gesellschaft auf, ihr gewolltes jüdisches Ghetto mit möglichst wenig Kontakt zur deutschen Umwelt, in der Tradition des Lebens im ostjüdischen Stetl.
Einen hohen Stellenwert in diesem Ghetto nahm das Schulsystem ein, da die Kinder im Mittelpunkt jeden Interesses standen. Sie führten den Überlebenden vor Augen, daß es noch eine jüdische Zukunft gab und Hitler nicht alles jüdische Leben zerstört hatte. Ihr Wohlergehen lag allen Lager-

[16] Vgl. dazu Yehuda Bauer, Flight and Rescue: Brichah, New York 1970.
[17] Wolfgang Jacobmeyer, Jüdische Überlebende als „Displaced Persons“. Untersuchungen zur Besatzungspolitik in den deutschen Westzonen und zur Zuwanderung osteuropäischer Juden 1945–47, in: Geschichte und Gesellschaft 9 (1983), S.421–452, hier S.436.
[18] Koppel S. Pinson, Jewish Life in Liberated Germany. A Study of the Jewish DP's, in: Jewish Social Studies, vol.9, 1 (1947), S.103ff.; Biber, Risen from the Ashes, S.30.

bewohnern sehr am Herzen. Die jüdischen DPs sollten in den folgenden Jahren auch dadurch auf sich aufmerksam machen, daß sie (trotz der mangelnden Intimsphäre in den Lagern) die höchste Geburtenrate aller jüdischen Gemeinden aufwiesen. Joint-Mitarbeiterin Miriam Warburg nahm am 20. September 1945 in Föhrenwald mit 60 Kindern die Schularbeit auf und stand damit vor einer Fülle von Problemen. Wie sollte sie Lehrer gewinnen, woher Bücher und Stifte für ihre Kinder nehmen? In welcher Sprache sollte der Unterricht stattfinden? Zudem hatten die Kinder eine völlig unterschiedliche Vorbildung. Zu diesem Zeitpunkt standen nur die drei Joint-Mitarbeiter als Lehrer zur Verfügung, die hebräisch – darauf einigte man sich auch bald als Unterrichtssprache –, Englisch und Rechnen unterrichteten. Die Kinder nahmen alle Improvisationen gelassen hin, ihr Wissensdurst konnte kaum gestillt werden. Für Kinder und Jugendliche bis 18 Jahren bestand Schulpflicht, ab 15 wurde ihr Tag in Schulstunden und Berufsausbildung geteilt[19]. Trotz der technischen Schwierigkeiten wurde das Schulsystem aber ausgebaut. In Föhrenwald lebten im Vergleich zu anderen DP-Lagern schon 1945 relativ viele Kinder und Jugendliche, da es wegen seiner günstigen äußeren Gegebenheiten – das Lager bestand aus richtigen Häusern und nicht nur aus Baracken, wie dies sonst häufig der Fall war – unter den gegebenen Umständen eine ideale Aufnahmestelle für verwaiste Kinder bot.

Anfang November 1945 unterrichteten bereits 27 Lehrer 350 Kinder in der zentralen Lagerschule in Hebräisch, Religion, Bibelkunde, Englisch, Mathematik, Zeichnen, Musik und Sport[20]. Seit Oktober war eine „Bet-Jakow"-Schule für die religiöse Erziehung der Mädchen eingerichtet, die sich regen Zulaufs erfreute. Die zwei Anfangsklassen mußten bald auf vier erweitert werden[21]. Für die größeren Kinder wurden „Tarbut"-Gymnasialkurse eingerichtet, die die Jugendlichen sechs Tage in der Woche in Hebräisch, Jüdischer Geschichte, Palästinakunde, Englisch, Weltgeschichte, Geographie, Menschenkunde, Zeichnen und Sport[22] unterwies. Für rabbinische Studenten richtete Rabbi Yehuskiel Yehuda Halberstam eine Jeschiwa (Talmud-Hochschule) ein, die im Februar 1946 von 150 Männern besucht wurde und Tag und Nacht geöffnet hatte. Selbst eine Schule für Taubstumme war vorhanden. Die kleineren Kinder wurden im lagereigenen Kindergarten versorgt.

Eine sehr wichtige Funktion hatte die Berufsausbildung. Jacob Oleiski legte im Landsberger Lager den Grundstein für die Arbeit der Organisa-

---

19 IfZ Fi 01.81 Miriam Warburg, Conditions of Jewish Children in a Bavarian Rehabilitation Camp, November 1945, S. 6; YIVO DP-camps Germany, fol. 209. Report on Camp Föhrenwald, S. 2.

20 Wetzel, Jüdisches Leben, S. 246.

21 YIVO DP-camps Germany, fol. 584. Memorandum vom 21. Juli 1946.

22 YIVO DP-camps Germany, fol. 562. Stundenpläne.

tion ORT (Obschtschestwo Rasprostranenja Truda, Gesellschaft zur Förderung der Arbeit), die 1880 in St. Petersburg gegründet worden war, um den russischen Juden den Zugang zum Handwerk und zur Landwirtschaft zu erleichtern. Nach dem Zweiten Weltkrieg ermöglichte sie vor allem in der amerikanischen Besatzungszone Deutschlands tausenden jüdischer DPs eine Berufsausbildung, die sie – wie auch die Schule mit ihrer hebräischen Unterrichtssprache – für eine Auswanderung nach Palästina vorbereiten sollte. In Föhrenwald begann Oleiski im November 1945 mit der Errichtung von Ausbildungsstätten. Krankenschwesterlehrgänge, Schneiderkurse, Ausbildungsplätze für Schlosser, Schuhmacher, Zimmerer, Elektrohandwerk, ein Friseursalon und vier Kurse zur Ausbildung als Chauffeur standen zur Verfügung. Der Schneiderkurs etwa dauerte 6 Monate und wurde im Februar 1946 von 80 Mädchen im Alter zwischen 14 und 23 Jahren besucht. Von den planmäßigen 24 Wochenstunden wurden acht für das Hand-Nähen veranschlagt. Hierbei sollten nach dem detaillierten Lehrplan verschiedene Stiche, wie versteckte Saumstiche, Ketten-, Kreuz- und Hexenstiche, das Annähen von Knöpfen, Flicken von Leinenwäsche und Knopflochanfertigung erlernt werden. Während der zwölf Wochenstunden Maschinen-Nähen sollte den Schülerinnen der Gebrauch der Nähmaschine erklärt werden. Anschließend wurden mehrere Kleidungsstücke, etwa eine Mädchenbluse, Wirtschaftsschürze, Sportbluse und Sportrock, ein Rock mit Falten und verschiedene Kleider genäht[23]. Der Kurs wurde mit einer Prüfung abgeschlossen. Damit war aber nicht nur eine gute Auswanderungsvorbereitung durch die Erlernung eines Handwerks gewährleistet, sondern auch das Lager profitierte davon. Dieser Schneiderkurs nämlich fertigte sechs Hochzeitskleider aus weißer Seide in verschiedenen Größen an, so daß für alle Bräute ein Hochzeitskleid zur Verfügung stand[24].

Bemerkenswerte Aktivitäten entwickelten die jüdischen DPs auf kulturellem Gebiet. In Föhrenwald entstand die erste jüdische Theatergruppe nach dem Krieg, die allerdings, wie fast alle derartigen Institutionen, mit vielen Anfangsschwierigkeiten zu kämpfen hatte. Im Lager gab es noch keine offizielle Kulturabteilung, die Hilfe, Ausstattung oder auch nur moralische Unterstützung hätte gewähren können. Schauspieler, ein Direktor, Bühnenarbeiter, Bühnenbilder fehlten. Dennoch führte eine kleine Gruppe von Enthusiasten unter der Leitung von Jacob Biber bereits am 15. Oktober 1945 das Stück „Der Sturm" auf, das Biber selbst verfaßt hatte. Zur Aufführung gehörten hebräische und jiddische Lieder, Erzählungen, Tänze und musikalische Darbietungen mit Streichinstrumenten. Es fand so viele begei-

---

[23] YIVO DP-camps Germany, fol. 562. Programm eines 6 monatl. Schneiderkurses; ebenda, fol. 1044. Miss M. van Binsbergen an Mrs. Helen Matowskova, Welfare Activities Camp Foehrenwald, 11. Februar 1946.

[24] Biber, Risen from the Ashes, S. 82.

sterte Zuhörer, daß die Vorführung eine Woche später wiederholt werden mußte[25]. Auch während der folgenden Jahre spielten verschiedene Föhrenwalder Amateurgruppen erfolgreich Theater. Themen waren häufig die Ghetto- und Konzentrationslagererfahrungen sowie Palästina. Es wurden auch populäre jiddische Stücke aufgeführt; die Theatergruppe „Bamidbar" (in der Wüste) spielte beispielsweise Anfang 1947 Scholem Alejchems berühmtes Stück „Tewje der Milchmann". Darüber hinaus fanden Gastspiele etwa des bekannten „Münchner Jüdischen Theaters", kurz „MIKT" (Miniatur-Kunst) statt. Neben den Schauspielergruppen waren in Föhrenwald auch ein Orchester und ein Chor aktiv. Im Lager gastierten immer wieder bekannte Künstler im Rahmen ihrer Tourneen; meist unterstützte der Joint diese Aufführungen. Zudem fanden mindestens einmal die Woche Vorträge in den Leseräumen statt, an die sich häufig eine Diskussion anschloß. Beispielsweise hielt Dr. J. Rauch im März 1952 einen Vortrag „Heinrich Heine in seiner Einstellung zum Judentum aus Tatsachen, Briefen und Gedichten"[26].

Wie in fast allen großen DP-Lagern, existierte auch in Föhrenwald eine Bibliothek, Bücher und Zeitungen besorgten der Joint und andere amerikanische Hilfsorganisationen vor allem aus den USA.

Die Föhrenwalder Lagerzeitung „Bamidbar. Wochncajtung fun di bafrajten Jidn" erschien seit 12. Dezember 1945 wöchentlich jeden Mittwoch in einem Umfang von etwa sechs Seiten. Da anfänglich keine Schreibmaschinen mit hebräischen Schriftzeichen vorhanden waren, erschienen die ersten Ausgaben noch in jiddischer Sprache mit lateinischen Buchstaben, seit März 1946 wurde sie in hebräischen Schriftzeichen gedruckt. Die Weltpolitik nahm in der Zeitung nur einen kleinen Raum ein. Vorwiegend berichteten die Redaktionsmitglieder über das Leben im Lager, über Wahlen, Sportereignisse, Schulen und kulturelle Veranstaltungen. Die Zeitung informierte aber auch über politische Ereignisse, soweit sie jüdische Belange betrafen. So wurde etwa den Reportagen über die Nürnberger Kriegsverbrecherprozesse oder Informationen aus Palästina viel Platz eingeräumt. Ferner enthielt „Bamidbar" Gedichte, Lebenserinnerungen und Berichte zu verschiedenen, jüdisches Leben betreffenden Themen. Besonders wichtig für die Leser war die in jeder Ausgabe veröffentlichte Liste mit den Namen von vermißten Familienangehörigen[27].

Neben den kulturellen Angeboten wurde auch sonst in vielfältiger Weise für die Unterhaltung der Lagerbewohner gesorgt. Im Rahmen der Tourneen jüdischer Künstler kam beispielsweise das Tanzpaar Katja Delakova

---

25 YIVO DP-camps Germany, fol. 550. M. Ben-Yitzchok, Theatre, S. 1; Biber, Risen from the Ashes, S. 27.

26 Münchener Jüdische Nachrichten, 9. März 1952.

27 Jewish Displaced Persons Periodicals. From the Collections of the YIVO Institute, 15–11.

und Fred Berk im Mai 1948 nach Föhrenwald[28]. Großer Beliebtheit erfreuten sich das Lagerkino und das Sportangebot. Ende 1945 war der „Makabi“-Sportclub gegründet worden, und es wurde Gymnastik, Fußball, Boxen, Basketball, Leichtathletik, Tischtennis und rhythmische Gymnastik angeboten. Am meisten Zulauf hatte das Fußballspiel, vor allem die Kämpfe gegen Mannschaften anderer jüdischer DP-Lager fanden viele Zuschauer.

Der Zustrom der polnischen Juden inspirierte aber nicht nur das kulturelle, sondern auch das religiöse Leben. Rabbi Yehuskiel Yehuda Halberstam, die wohl einzige große chassidische Autorität, die den Nationalsozialismus überlebt hatte – seine Frau und elf Kinder waren ermordet worden –, machte Föhrenwald zu einem Zentrum der Orthodoxie. Auf seine Initiative erfolgte die frühe Gründung der Jeschiwa, der orthodoxen „Bet-Jakow“-Schule für Mädchen und des religiösen Kindergartens. Neben den Schulen lag dem Rabbiner aber natürlich auch die traditionelle Ausübung der jüdischen Religion sehr am Herzen. Unterstützt wurde er in seinen Bemühungen von der Vaad Hatzala, einer der bedeutendsten religiösen Organisationen des Judentums, die die DP-Lager mit rituellen Gegenständen wie Torarollen, Gebetsriemen, Kerzen für den Schabbat versorgte. Hilfe erhielt Rabbi Halberstam auch vom Joint, der eine große Anzahl an Gebetbüchern, -riemen und -schals, Kerzen und Leuchtern zur Verfügung stellte. Föhrenwald besaß sechs Synagogen; in der heutigen Pfarrkirche von Wolfratshausen-Waldram war die Hauptsynagoge untergebracht[29]. Um den Juden ihr rituelles Bad zu ermöglichen, richtete man eine Mikwe ein. Durch die im Lager vertretenen Organisationen „Agudath Israel“ und „Mizrachi“ fanden die Orthodoxen auch eine parteipolitische Heimat[30]. Rabbi Halberstam setzte sich auch für die Errichtung einer koscheren Küche ein, die in der ersten Novemberwoche des Jahres 1945 ihren Betrieb aufnahm[31].

Aus einer Reihe von plausiblen Gründen stellte es sich als schwierig heraus, die DPs für die Arbeit zu motivieren. Die nationalsozialistische Zwangsarbeitspolitik hatte ihnen jeglichen Willen und die Lust zum Arbeiten geraubt. Außerdem waren sie unter keinen Umständen bereit, der deutschen Wirtschaft beim Wiederaufbau nach dem Krieg zu helfen. Mit Deutschen zusammenzuarbeiten war ihnen nach den erlittenen physischen und psychischen Demütigungen auch nicht zumutbar. Einige waren zudem noch zu schwach, um wieder voll arbeiten zu können. Allmählich aber, unterstützt durch Zusatzrationen, sahen die Lagerbewohner ein, daß sie, wenn sie für die UNRRA oder im Lager arbeiteten, nicht den Deutschen dienten. In der

---

28 YIVO DP-camps Germany, fol. 546. Brief von S. Lewis Gaber an Sam Haber, 10. Mai 1948.

29 Wetzel, Jüdisches Leben, S. 247, Anm. 127.

30 YIVO DP-camps Germany, fol. 111. List of Jewish parties and organizations, S. 2 f.

31 YIVO DP-camps Germany, fol. 240. S. Abramson, Camp Föhrenwald, 4. Mai 1946, S. 7.

Folge übernahmen sie die meisten Arbeiten im Lager selbst. Einige machten sich selbständig, indem sie kleine Läden und Dienstleistungsbetriebe eröffneten. Im November 1946 konnte Lagerleiter Henry Cohen berichten, daß 90% der Einwohner Föhrenwalds beschäftigt seien, entweder als Arbeiter, Schüler oder Mütter[32]. Die Lagerbewohner nahmen jedoch kaum Arbeit außerhalb des Lagers in deutschen Betrieben an.
Trotz des starken Engagements in vielen Bereichen des Lagerlebens – es gab auch eine eigene DP-Polizei und ein Lagergericht – machte sich mit der längeren Aufenthaltsdauer in Deutschland Trostlosigkeit und Frustration breit. Das Leben der Verursacher der jüdischen Tragödie, der Deutschen, begann sich zu normalisieren, während die Opfer noch immer in Lagern leben mußten, die zwar mit nationalsozialistischen Konzentrationslagern nicht vergleichbar waren, aber doch kaum Privatsphäre gewähren konnten und zudem in dem Land lagen, in dem man ganz sicher nicht mehr leben wollte. Für die jüdischen DPs war es völlig unverständlich, daß die Welt ihnen, die die größte Opfergruppe des Nationalsozialismus darstellten, ihre Heimat verwehrte, daß die Tore Palästinas geschlossen blieben, aber auch die meisten anderen potentiellen Einwanderungsländer strenge Reglementierungen aufgestellt hatten.
Psychische Schwierigkeiten, verursacht durch die erlittenen Verfolgungen und Qualen, die Schlaflosigkeit, Ungeduld und Depressionen hervorriefen, verknüpften sich mit der hoffnungslosen Situation in Deutschland. Verständlicherweise fiel deshalb die zionistische Idee in den DP-Lagern auf fruchtbaren Boden. Zudem waren die Zionisten als einzige Gruppe organisiert und sehr aktiv. Sie betrieben in den Lagern Propaganda, die auf offene Ohren stieß und den Überlebenden neue Hoffnung gab. Differenzen ergaben sich zwar in zionistischen Detailfragen, die sich in den verschiedenen Parteiströmungen widerspiegelten; an der Grundüberzeugung aber bestand kein Zweifel. „Es heißt jetzt nicht mehr: auswandern um jeden Preis. Es heißt: nach Palästina auswandern, in das Land, das dem jüdischen Volke feierlichst als Heimstätte versprochen wurde", so brachte es der Journalist und Herausgeber der einzigen deutsch-sprachigen jüdischen Zeitung in der US-Zone „Neue Welt", Ernest Landau, auf den Punkt[33]. Äußerungen wie: „Wenn uns die Tore Palästinas verschlossen bleiben, wäre es besser gewesen, Hitler hätte uns alle umgebracht." Oder: „Der Traum von Palästina hielt mich davon ab, im Konzentrationslager den Verstand zu verlieren. Nur deswegen konnte ich alle Qualen erdulden. Aber wenn es nur ein Traum bleibt, möchte ich nicht weiterleben"[34], waren verbreitet. Aber aufgrund

32 YIVO Leo W. Schwarz Papers, fol. 107. Henry Cohen to World Jewish Congress, S. 4.
33 Süddeutsche Zeitung, 25. Januar 1946.
34 IfZ Fi 01.80. Dr. Leo Srole, Bericht an Anglo-American Commission for Palestine, S. 4.

des „White Paper“ der britischen Mandatsmacht von 1939 durften immer noch offiziell monatlich nur 1500 Juden in Palästina einwandern[35]. 69000 Juden hatten bis zur Errichtung des jüdischen Staates im Mai 1948 ihr Leben riskiert, um mit illegalen Schiffen Palästina zu erreichen[36]. Nach dem israelischen Sieg im Unabhängigkeitskrieg setzte um die Jahreswende 1948/49 eine Massenauswanderung aus Deutschland ein, die in den folgenden zwei Jahren zur Schließung fast aller jüdischen DP-Lager führte. Zugleich lockerten auch die Vereinigten Staaten, Kanada und Australien ihre Einwanderungsbestimmungen.

Auch Föhrenwald sollte am 18. Juli 1949[37] seine Tore schließen. Bald stellte sich aber heraus, daß nicht alle Juden, meist aus gesundheitlichen Gründen, auswandern konnten, und allmählich entwickelte sich Föhrenwald zum Sammellager für alle Bewohner der ehemals 64 jüdischen DP-Lager, die noch in Deutschland ausharren mußten. Mit Beendigung der Tätigkeit der International Refugees Organization (IRO), die als UNRRA-Nachfolgeorganisation von Juli 1947 bis 30. November 1951 die Verwaltung Föhrenwalds innehatte, ging das Lager am 1. Dezember 1951 in deutsche Verwaltung über. Das Lager unterstand nun, mit wenigen Ausnahmen, deutschen Gesetzen, und die anfallenden Kosten trugen zu 85 % der Bund und zu 15 % das Land Bayern[38]. Erklärtes Ziel der deutschen Verwaltung war eine möglichst rasche Auflösung des Lagers. Föhrenwald war aber mittlerweile von einem Zentrum jüdischen Lebens und jüdischer Aktivität zu einem Sammelpunkt von Alten, Kranken und Invaliden geworden, die nicht mehr die Initiative für den Aufbau eines neuen Lebens in einer fremden Umgebung aufbrachten. Alle, die auswandern wollten, hatten dies längst getan. Zu Beginn der fünfziger Jahre ließ auch die Begeisterung für Israel nach, als mehr Berichte über die dortigen harten Lebensbedingungen publik wurden. In Föhrenwald lebten aber nun Menschen, die eben diesen schweren Bedingungen nicht gewachsen, kaum mehr arbeitsfähig und für das Klima nicht geeignet waren. Unter diese Problemgruppe fielen auch die Tuberkulose-Kranken, die nur sehr schwer für andere Länder Einreisegenehmigungen erhielten. Einige Familien mit TBC-Kranken hatten das Glück, Aufnahme in Schweden und Norwegen zu finden. Familie Kohn aus Föhrenwald aber beispielsweise sah keine Möglichkeit zur Auswanderung. Erica Kohn berichtet: „Mein Vater hat TB. Die Röntgenaufnahmen zeigen tiefe Narben an seiner

---

[35] IfZ Fi 01.81. Gerhard Jacoby, Story of the Jewish DP, S. 2.

[36] Yehuda Bauer, Out of the Ashes. The Impact of American Jews on Post Holocaust European Jewry, Oxford 1989, S. 43.

[37] YIVO DP-camps Germany, fol. 589. Breakdown Showing Composition of present camps as of June 1, 1949 – US-Zone Germany.

[38] Bayerisches Hauptstaatsarchiv Marb 879. Stellungnahme zur Anfrage des Bayer. Landesentschädigungsamtes vom 2. Dezember 1953, 9. April 1954.

Lunge. Damit kann er nicht in die Vereinigten Staaten gehen. Durch das israelische Klima würde seine TB binnen eines halben Jahres wieder ausbrechen, und er würde für den Rest seines Lebens Patient eines Sanatoriums sein. Wohin sollen wir gehen? Die Schweiz ist ein guter Ort für TB-Patienten, aber sie lassen uns nicht hinein. Natürlich wäre der beste Platz für alle TB-Patienten das Jüdische Krankenhaus in Denver, aber es ist unmöglich, dorthin zu kommen[39]."

Während die Hilfsorganisationen damit beschäftigt waren, für alle Föhrenwalder eine neue Heimat zu finden, tauchte ein völlig neues Phänomen auf, das die Lagerauflösung erheblich verzögerte. Immer häufiger nämlich kamen Juden aus Israel nach Föhrenwald zurück, die dort nicht hatten Fuß fassen können. Sie hatten in Israel keine ausreichenden Wohnmöglichkeiten vorgefunden, Schwierigkeiten bei der Arbeitsplatzsuche gehabt oder vertrugen das Klima nicht. Auch die Sprachschwierigkeiten sind nicht zu unterschätzen. Einige waren euphorisch in die neue jüdische Heimstätte gezogen, konnten aber die harte Realität psychisch nicht verkraften, da das erlittene Schicksal zu tiefe Spuren hinterlassen hatte. Der amerikanische Militärrabbiner George Vida etwa traf in Föhrenwald einen jungen Mann namens Yossel wieder, den er 1946 im jüdischen DP-Lager Zeilsheim bei Frankfurt kennengelernt hatte. Yossel hatte alle Familienangehörigen während der NS-Zeit verloren und 1946 nur den einen Wunsch geäußert, nach Palästina, nach Hause zu seiner Mutter, wie er sich ausdrückte, auswandern zu dürfen. Sieben Jahre später war er nach Deutschland zurückgekehrt. „Nun gut", erklärte er dem Rabbiner auf seine Frage, warum er zurückgekehrt sei, „es ist schwierig zu erklären. Sie werden denken, ich bin verrückt. Vielleicht bin ich es. Aber seit ich 21 bin, habe ich die letzten vierzehn Jahre meines Lebens in Lagern verbracht. Erst wurde ich von einem Konzentrationslager zum anderen geschickt. Dann, nach der Befreiung, habe ich in einem Lager für Displaced Persons gelebt. Als ich schließlich nach Israel kam, wurde ich in ein britisches Internierungslager gesteckt. Nach einem Jahr in diesem Lager trat ich in die israelische Armee ein. Ja, das war gut. Ich kämpfte im Negev und in den Bergen des Galil. Dann, 1951, legte ich die Uniform ab und versuchte, das zu werden, was ich immer sein wollte, ein normaler Mensch. Aber nun war ich 33 Jahre alt. Zu alt, um etwas zu lernen, und zu jung, um mich zur Ruhe zu setzen. Ich bekam Arbeit, aber ich konnte nicht bei der Sache bleiben. Ich hatte ein eigenes Zimmer, aber ich fühlte mich verlassen darin[40]."

Die Entscheidung, nach Deutschland zurückzukehren, fiel den Ausgewanderten schwer. Sie mußten mit dem Gefühl, versagt zu haben, leben. Verwandten und Freunden hatten sie daher oftmals ihre Rückwanderungsab-

---

[39] George Vida, From Doom To Dawn. A Jewish Chaplain's Story of Displaced Persons, New York 1967, S. 112.

[40] Ebenda, S. 91.

sicht gar nicht mitgeteilt. Hinzu kam, daß diese Rückkehr auf deutschen Boden auf jüdischer Seite auf Ablehnung und Verachtung stieß. Schätzungsweise 3500 bereits nach Israel Ausgewanderte kamen als Rückkehrer zwischen 1949 und 1953 nach Föhrenwald.[41] Ein Großteil der Rückkehrer wanderte in andere Länder, oftmals nach Südamerika weiter.

Mittlerweile war den deutschen Behörden und den Hilfsorganisationen klar geworden, daß nicht alle Föhrenwalder auswandern konnten und wollten, daß ein Teil der Bewohner in Deutschland integriert werden mußte, wenn man das Lager nun endlich, zehn Jahre nach dem Zusammenbruch des NS-Staates, auflösen wollte. Der deutsche Staat übernahm die Kosten für die Errichtung von Wohnungen, die jüdischen Organisationen finanzierten deren Erstausstattung und halfen mit Existenzgründungsbeihilfen. 789 jüdische DPs wurden in Deutschland in Wohnungen untergebracht, hauptsächlich in München und Frankfurt, aber auch in Düsseldorf, Köln, Wiesbaden, Stuttgart, Hamburg, Nürnberg und Kaiserslautern. Allerdings verlief die Übersiedlung keineswegs ohne Schwierigkeiten. Der Widerstand der Lagerbewohner gegen die Umsiedlung war nicht allein auf materielle Gesichtspunkte (wie die Mietfreiheit und den kostenlosen Strom im Lager) zurückzuführen, sondern hatte vor allem psychologische Gründe. Die Juden hatten Angst vor dem Getrenntwerden und vor der Übernahme von Verantwortung für ihr Leben in dem fremden und immer noch Mißtrauen erweckenden Land. Eine Untersuchung jedoch kam schon 1959 zu dem Ergebnis, daß die Integration der ehemaligen Föhrenwalder in ihrer neuen Umgebung positiv verlaufe[42].

Am 28. Februar 1957 hatten die letzten jüdischen „Displaced Persons“ das Lager Föhrenwald verlassen, knapp zwölf Jahre nach seiner Errichtung, eine fast ebensolange Zeit, wie die nationalsozialistische Herrschaft gedauert hatte. Das ganze Gelände von Föhrenwald wurde Ende 1955 von der Erzdiözese München-Freising gekauft. Mit Unterstützung des Staates und des Katholischen Siedlungs- und Wohnungsbauwerkes wurden die Häuser renoviert, und schon wenige Monate später konnten Wolfratshausener Familien in dem neuen Stadtteil Waldram günstig ein Häuschen erwerben. Bei 600 bis 800 Quadratmetern Grund kosteten sie 22000 DM, 2500 bis 5000 DM waren als Anzahlung fällig, dann mußten monatlich 75 DM abgezahlt werden. Diese günstige Finanzierung bestand noch 1976. Stolz stellte die Lokalzeitung, der Isar-Loisachbote, zum 20jährigen Ortsteiljubiläum von Wolfratshausen-Waldram 1976 fest, daß „aus dem berüchtigten und verwahrlosten Nachkriegslager Föhrenwald die saubere Wohnsiedlung Altwaldrams“ geworden war[43].

---

41 Abraham S. Hyman, The Undefeated: The Story of the Jewish Displaced Persons, unveröffentlichtes Manuskript, S. 321.
42 Menke, Soziale Integration, S. 9 und 75.
43 Isar-Loisachbote, 31. Juli/1. August 1976.

Damit war konstatiert, wie wenig die deutsche Umgebung begriffen hat von den Problemen und dem verzweifelten Existenzkampf der Juden, die die Schrecken der nationalsozialistischen Vernichtungslager, der Konzentrations- und Arbeitslager überstanden hatten, die vor neuen antisemitischen Ausschreitungen in Osteuropa geflüchtet waren, die unter erheblichen psychischen und physischen Qualen im DP-Lager Föhrenwald um ihren Neuanfang gerungen hatten.

Julia Kertesz

Von Auschwitz ins Volkswagenwerk

Erinnerungen an KZ-Haft und Zwangsarbeit

Für meine Enkel

„Voi ch'entrate, lasciate ogni speranza",[1] sagte neben mir ein Mädchen aus Budapest, mit dem ich in der ersten Reihe des ersten ungarischen Transportes die Pforte von Auschwitz durchschritten habe[2]. Ich achtete nicht auf die Worte; ich wollte stark und hart bleiben. Ich hatte mich entschlossen, nicht zum Opfer des deutschen Faschismus zu werden. Ich wollte hoffen, daß ich das Grauen überleben würde.

Als im Budapester Bahnhof das Hängeschloß an unserem Viehwaggon einrastete, habe ich geahnt, daß das, wozu man uns führte, schlimmer sein würde, als man es sich vorstellen konnte. Kein zweites Internierungslager wie das der Ungarn in Budapest, wo ich nach meiner Verhaftung eingesperrt war. Schicksalsschweres erwartete mich, denn in Polen starben die Juden. Gerüchte hatten Budapest erreicht.

Ich habe mich entschlossen, daß ich das Unheil, das mir bevorstand, wie ein Außenstehender, ein Reporter beobachten werde. Ich habe mir auch vorgenommen, daß ich nicht von alleine sterben werde, weder an Krankheit, Hunger noch Entkräftung. Ich würde der mörderischen Übermacht nach Kräften widerstehen. Ich wollte mich bemühen, mich über die täglichen Qualen zu erheben und die Ereignisse wie von außen betrachten.

Vom ersten Augenblick an wußte ich, wohin man uns gebracht hatte: in ein Vernichtungslager. Ich wußte, daß der süßlich beißende Rauch, der aus den hohen Schornsteinen quoll, aus Krematorien kam, wo man Menschen, Juden, verbrannte. Ein Häftling sagte uns das auf der Rampe, und ich glaubte ihm.

Die Krematorien waren Tag und Nacht in Betrieb. Hunderttausende, Millionen von Menschen wurden vergast und verbrannt. Manchmal kam es vor,

---

[1] „Die Ihr hier eintretet, laßt alle Hoffnung fahren." (Dante Alighieri: *Die Göttliche Komödie,* 3. Höllenkreis, V. 9).

[2] Der erste Transport aus Ungarn – ca. 1800 Juden aus Ungarn aus dem Internierungslager Kistarcsa – wurde am 29. April 1944 aus Budapest abgeschickt und kam am 2. Mai 1944 in Auschwitz an. Knapp ein Drittel dieser Deportierten wurden im Lager als Arbeitskräfte aufgenommen, die Mehrzahl direkt in die Gaskammer geführt. (Vgl. Danuta Czech, Kalendarium der Ereignisse im Konzentrationslager Auschwitz-Birkenau 1939–1945, Reinbek 1989, S. 764.)

daß die Schornsteine nicht nur Rauch, sondern hohe Flammen erbrachen, die nachts den Himmel rot färbten.
Wir durften nichts behalten. Die SS hatte uns alles weggenommen. Statt unserer Kleider bekamen wir schreckliche Fetzen. Von den Holzschuhen wurden unsere Füße wund, wir konnten darin kaum gehen.
Die ersten Tage waren vielleicht die schwierigsten. Ungewöhnlich neu war der furchtbare Hunger, als wir noch unsere vertraute Persönlichkeit bewahrten, als wir noch glaubten, daß wir Namen hätten und nicht nur unpersönliche Nummern seien.
Meine erste Arbeit war sehr schwer und kam mir sinnlos vor: Steinbruch. Große Steinblöcke mußten wir mit dem Hammer zerstückeln. Es war eine fürchterlich eintönige Arbeit, aber man konnte dabei nachdenken. Und dort, im Steinbruch, ist mir klar geworden, daß ich alles vergessen mußte, was mich mit meinem heimatlichen Leben verband. Ich war nicht mehr Uli Kertesz, sondern ein Häftling unter vielen im Vernichtungslager – eine Nummer, die 80179.
Bei der Steinbrucharbeit war ich nicht lange, dann wurde ich zu einer noch viel schwereren eingeteilt: Eisenbahnbau, mit Schienenschleppen und Waggons schieben. Wir mußten Gleise verlegen, damit die nach uns ankommenden Transporte direkt ins Lager gefahren werden konnten und nicht nur bis zum Tor von Auschwitz. Es war für junge, hungernde Mädchen eine übermäßig anstrengende Arbeit. Nach zwölf Stunden Pein hatten wir nur einen Wunsch: uns auf die – auch noch so harte – Pritsche hinzulegen, schnell einzuschlafen und nichts mehr zu wissen.
Unter solchen Umständen, frierend und hungernd, habe ich die schwierigste Zeit meines Lebens, mehr als 6 Monate, verbracht. Eines Tages bekam ich hohes Fieber. Ich fühlte mich elend und schwach. Wahrscheinlich hatte ich Flecktyphus, aber ich zwang mich täglich zur Arbeit. Ich traute mich nicht, im Lager zu bleiben und mich krank zu melden, denn es kam oft vor, daß solche Häftlinge ohne viel Federlesen vergast wurden.
Solange ich beim Eisenbahnbau arbeitete, leistete ich eine so anstrengende Arbeit, die auch für einen starken Mann sehr schwer gewesen wäre – an der Grenze zum Hungertod. Bei Tagesanbruch bekamen wir Kamillentee, mittags einen Teller sogenannte Suppe, die grüne Blätter, Gras, Holzstückchen und sogar Sand enthielt. Nach Meinung meiner Freundin Juli, mit der ich die ganze Deportation mitmachte, hat man ein Stück Heckenzaun ausgeschnitten und in Salzwasser gekocht. Zum Abendessen gab es ein Stück Schwarzbrot (etwa 200 g), ein winziges Stück Margarine und eine Scheibe Wurst oder ein Teelöffelchen Zuckerrübenmarmelade. Das Wasser war ungenießbar wegen des hohen Eisengehalts, es nahm gleich Rostfarbe an. Aber wir hatten Durst, und so tränken wir trotzdem.
Juli war meine Freundin seit der Kindheit. Sie stammte wie ich aus Klausenburg, ihr Vater war – wie meiner – Rechtsanwalt, und sie lebte seit 1940 – wie ich – in Budapest. Ich studierte Pädagogik, sie Kunst und Graphik. Juli

wurde am 19. April 1944 vor dem Budapester Bahnhof verhaftet, ich am 20. April, ebenfalls vor dem Bahnhof. Beide kamen wir in ein Internierungslager in der Nähe von Budapest, und zusammen kamen wir nach Auschwitz. So lief vieles parallel in unserem Leben. Und zusammen sollten wir noch das Schlimmste durchstehen.

Ungefähr zu dieser Zeit wurde eine junge Frau aus Budapest selektiert. Ihre beiden Kinder waren in Budapest geblieben, und sie ging rasch zugrunde. Sie war geschwächt und bis auf die Knochen abgemagert. Jeden Abend floh sie aus der Baracke der Selektierten und kam zu Juli und mir, um uns anzuflehen, wir möchten sie verstecken, sie retten. Sie war in einer so höllischen Lage. Unsere Hände waren gebunden, wie sollten wir einen Menschen verstecken können? Wir hatten überhaupt keine Möglichkeit zu helfen. Es war grauenhaft, ihre flehenden Blicke zu sehen und nichts tun zu können, um ihr zu helfen. Am Ende waren wir nicht imstande, ihr in die Augen zu schauen. Manchmal taucht ihr Blick in meinen Träumen auf. Es waren Momente der Scham in meinem Lagerleben – all das mitzuerleben und nicht helfen zu können. Wenn ich es jetzt niederschreibe, wird vielleicht ihr Schatten von mir weichen, der mich bis heute verfolgt.

Nach dem Eisenbahnbau wurden wir glücklicherweise zu einer anderen Arbeit eingeteilt: Zur Sortierung in ‚Kanada'. So nannte man – weiß Gott warum – einen Teil des Lagers, wo in unzähligen Baracken all das aufgestapelt wurde, was die SS den Deportierten abgenommen hatte: Bekleidung, Schuhe, Brillen, Gebetbücher, Prothesen und allerlei Alltagsbedarf. Wir hatten diese Gegenstände zu sortieren und aufzunehmen. Es war keine schwere Arbeit.

Eines Tages, als man uns nach ‚Kanada' führte, bot sich unseren Augen ein unvorstellbares Bild: Mitten im Wald, in einem tiefen Graben brannte Feuer wie ein Scheiterhaufen, und nackte Menschen, Erwachsene und Kinder gleichermaßen, wurden von der SS ins Feuer getrieben. Wenn sie sich sträubten, wurden Schäferhunde auf sie gehetzt, die sie blindlings anfielen und auf diese Weise zwangen, in die Flammen zu springen. Und dazu das Gebrüll der SS, das Bellen der Hunde und das Kreischen der Opfer. Hätte ich es nicht mit eigenen Augen gesehen, würde ich nicht glauben, daß sich so etwas ereignet hat mitten in Europa im zwanzigsten Jahrhundert. Das war in jenem Zeitabschnitt, als die Transporte aus Ungarn sich in wahren Strömen ergossen und die Krematorien nicht imstande waren, die Massen zu bewältigen. Zeit meines Lebens werde ich dieses Höllenbild nicht vergessen.

Kinder gab es im Lager nicht. Sie wurden gleich nach ihrer Ankunft in Auschwitz vergast, da sie als Arbeitskräfte nicht verwendbar waren. Eine Ausnahme bildeten Zwillinge. An ihnen führte Dr. Mengele seine grausamen Experimente durch – der berüchtigte Dr. Mengele, den ich später näher kennen lernen sollte. Man durfte selbstverständlich nicht darüber reden, so wie man auch das Wort ‚Krematorium' nicht sagen durfte.

Ich erwähnte dies, weil sich in ‚Kanada' selbstverständlich viele Kindersachen – Kleider, Schuhe, Puppen – häuften. Eines Tages, als wir gerade die

Kinderkleider sortierten, erschien eine junge SS-Aufseherin, die wir vorher nie gesehen hatten. Wahrscheinlich war sie ein Neuling in Auschwitz. Man sah Entsetzen auf ihrem Gesicht, als sie die Kindersachen erblickte und uns fragte, wieso diese Sachen hier seien, da es doch keine Kinder gebe. Wir wagten nicht zu antworten, da wir uns vor einer Provokation fürchteten. Am selben Tag kehrte sie mehrmals zurück und wiederholte ihre Frage. Man sah ihr an, daß diese Angelegenheit sie beunruhigte. Sicher wußten nicht alle SS-Leute die volle Wahrheit über das, was wirklich in den Vernichtungslagern geschah.

‚Kanada' war eigentlich ein guter Arbeitsplatz im Lager. Trotzdem bemühten Juli und ich uns, so schnell wie möglich von dort zu entkommen, da ein diensthabender SS-Sturmbannführer offensichtlich Gefallen an mir fand. Mehrmals täglich kam er an meinem Arbeitsplatz vorbei und sah mich an. Juli und ich zitterten beide, daß wir in dem Bordell landen könnten, das dort für die SS-Belegschaft eingerichtet war. Auch so etwas existierte im Lager! Wir bemühten uns also um einen anderen Platz. Eines Nachts wurden wir dann von zwei SS-Leuten geweckt. Sie riefen Julis und meine Nummer und holten uns zu Büroarbeiten.

Die Büroarbeit war ein viel leichteres Kommando. Es war keine körperliche Arbeit mehr, dafür war sie mit einer wesentlich größeren seelischen Belastung verbunden. Wir mußten an den Selektionen teilnehmen, ebenfalls bei Nacht, wo Dr. Mengele unter den nackten Häftlingen bestimmte, wer in die Gaskammer geschickt werden sollte und wer noch Kraft hatte, weiterzuarbeiten. Wir mußten Listen und Karteien führen – die Buchführung des Todes. Es war grauenhaft, den Gesichtsausdruck jener zu sehen, die wußten, daß sie vergast würden. Grauenhaft war auch unsere Machtlosigkeit – dort zu sein und ihnen nicht helfen zu können. Es kam vor, daß Dr. Mengele so betrunken war, daß er sich schwankend auf einem Schemel niederließ, um so die Selektionen durchzuführen.

Eine weitere Tätigkeit im Büro bestand darin, Karteikarten anzulegen von Häftlingen, die aus Auschwitz in die Arbeitslager – in Viehwaggons eingepfercht – weitergeleitet wurden. Viele von ihnen wurden später nach Auschwitz zurückgeschickt als skelettartige Geschöpfe, die unmittelbar nach ihrer Ankunft im Krematorium landeten. Da sie nicht mehr arbeitsfähig waren, wurden sie gleich ermordet. Diese Transporte von lebendigen Gerippen waren gespenstisch. Nur die Augen dieser Schattengestalten waren noch lebendig, weit aufgerissen vor Entsetzen, denn sie wußten, was sie erwartete.

Man hat uns von der Schreibstube geholt, wenn neue Gruppen ankamen, die längere Zeit in Auschwitz bleiben sollten. Wir mußten auf die Unterarme dieser Häftlinge Nummern tätowieren, mit Tinte und spitzer Schreibfeder die Haut durchstechend. Eine Nacht werde ich nie in meinem Leben vergessen: Juli und ich wurden in eine große Halle beordert, wo mit deutscher Gründlichkeit in langen wohlausgerichteten Reihen die Leichen alter

Frauen lagen. Es war ein erschütternder Anblick. Wie wir später erfuhren, war ein Transport aus Theresienstadt angekommen[3], und diese alten Frauen hatten die unmenschlichen Zustände während dieser Reise nicht überlebt. Unsere Aufgabe war, auf die Unterarme dieser Leichen Nummern zu tätowieren. Die Haut dieser abgemagerten alten Frauen war aber so trokken wie Pergament. Wir waren kaum imstande, sie mit der Feder zu durchstechen. Diese Nacht kam uns unendlich vor. Wenn meine Freundin Juli nicht neben mir gewesen wäre, hätte ich bestimmt den Verstand verloren. Ihr eigenartiger schwarzer Humor hat uns durch diese Nacht geholfen. Während wir uns mit dem Tätowieren plagten, haben wir aus dem Werk des ungarischen Humoristen Karinthy zitiert, z.B. *„Frau Buchsbaum, der Baum“* und *„Frau Krepecska, unsere teure Heimat“*. Wenn wir nicht imstande gewesen wären, inmitten dieses Grauens zu lachen, hätten wir wahrscheinlich geschrien vor Entsetzen.

Neben den regelmäßigen Selektionen im Lager, wo die ‚verbrauchten‘ Häftlinge zur Vernichtung ausgesucht wurden, gab es eine zweite Art Selektion, die bei der Ankunft der Transporte auf der Entladerampe stattfand. Wenn die Menschen, zusammengepfercht in Viehwaggons, ausgemergelt vor Hunger, Durst und Müdigkeit in Auschwitz ankamen, vernahmen sie mit Entsetzen unartikuliertes Geschrei und Hundegebell. Mit ihren von langer Bewegungslosigkeit steifen Gliedern mußten sie, von *„Los, los!“*-Rufen angetrieben, aus den Waggons springen. SS-Schergen mit Hundepeitschen in ihren weißbehandschuhten Händen erteilten brüllend Befehle, Schäferhunde bellten und fletschten die Zähne, und Dr. Mengele selektierte mit einem Wink: nach rechts die Arbeitsfähigen, die ins Lager kamen, nach links die Alten, Kranken und Kinder – direkt in die Gaskammer, in den Tod, in die Krematorien.

Nach so vielen Jahrzehnten verfolgt mich noch immer diese Schauderszene, in meinen Alpträumen sehe ich noch dieses schreckenerregende Bild, und das Gebell der Hunde, vermischt mit dem Gebrüll der SS, klingt noch in meinen Ohren.

So wurden Familien voneinander getrennt, Frauen von ihren Männern, Mütter von ihren Kindern, meist auf ewig. Manchmal spielte bei solchen Anlässen die Frauenkapelle (denn das gab es auch) – ein Täuschungsmanöver, das die Situation noch höllischer, noch unfaßbarer gestaltete. Diese Frauenkapelle kam mir vor wie das Grinsen eines Totenschädels. Es war genauso unfaßbar wie die Tatsache, daß mancher Häftling, dessen Zähne behandelt wurden, wenig später in der Gaskammer landete.

Juli und ich hatten von unserer Büroarbeit manche Vorteile, wie z.B. den Zugang zu den benachbarten Lagern, was den anderen Häftlingen verboten war. Nach dem abendlichen Zählappell gingen wir in die C- und D-Lager

[3] Die Deportation der Juden aus dem Ghetto Theresienstadt zur Vernichtung in Auschwitz begann in den letzten Septembertagen 1944.

(wir waren im A-Lager), um Bekannte aus Klausenburg zu suchen, die nach uns angekommen waren. Tagtäglich gingen wir hinüber und versuchten, ihnen zu helfen, soweit unsere bescheidenen Möglichkeiten dies zuließen. Dort begegnete ich meiner ehemaligen Griechisch-Lehrerin, mehreren meiner früheren Mitschülerinnen und – was für mich von großer Bedeutung war – meiner heißgeliebten mütterlichen Freundin Margit, die mich zehn Jahre lang in Französisch unterrichtet hatte, und zwar hervorragend, und die viel dazu beigetragen hat, daß ich selbst Französisch-Lehrerin geworden bin.

Tag für Tag brachten wir ihnen, was wir nur konnten, z.B. Kopftücher (sie waren ja kahlgeschoren), Zahnbürsten und – wenn es irgendwie möglich war – Nahrungsmittel. Die verzagten Gestalten freuten sich über alles, auch wenn wir manchmal nur beruhigende Worte bringen konnten. Sie waren so verängstigt als Neuankömmlinge. Wir mußten ihnen moralischen Halt und Mut geben. Sie brauchten Wärme und freundliche Zusprache unter diesen unbekannten, furchterregenden, unmenschlichen Umständen, getrennt von ihren Lieben, die entweder in das Männerlager kamen oder in den Krematorien verbrannten.

Was geschah mit *Margits* Familie? Das habe ich später erfahren: Margits Mutter wurde gleich nach ihrer Ankunft in Auschwitz vergast. Ihr Ehemann, Diabetiker, kam ins Männerlager. Aber da er das lebensnotwendige Insulin nicht bekam, starb er nach wenigen Tagen unter unmenschlichen Qualen. Und ihr Sohn Tomi, geliebter Spielgefährte meiner Kindheit, der auf einem Todesmarsch in der Nähe von Wien nicht mehr weitermarschieren konnte, wurde im Alter von 21 Jahren von der SS-Begleitmannschaft erschossen – wenige Tage vor dem Ende des Krieges. Margit überlebte als einzige ihrer Familie, geplagt von Wechselfieber, wie viele andere, die sich in Auschwitz angesteckt hatten. Sie war ein tapferer, disziplinierter, kultivierter Mensch.

Im KZ war es ungemein wichtig, manchmal lebensrettend, einander zu helfen. Nie werde ich vergessen, was für eine Freude es für mich zu Beginn meines Aufenthaltes in Auschwitz war, als jemand meinen Namen rief, und ich im Fenster der Lagerküche eine Freundin meiner Schwester Maya erblickte! Sie warf mir eine Rübe zu, die ich gleich mit Juli teilte. Ein anderes Mal, als wir Eisenbahnschienen schleppten, warf ein fremder polnischer Häftling Juli einen ganzen Laib Brot zu. Das war ein wahrer Schatz, dieses Brot! Als ich erfuhr, daß der Schwager meiner Schwester Maya im Männerlager war, gelang es mir, ihm eine (1!) Zwiebel zu schicken. Wie dankbar er dafür war! Heute, im Zivilleben, unter normalen Umständen, kann man solche Dinge kaum begreifen. Erfreulicherweise gab es viele, die halfen, wie und wem sie nur konnten. Aber die Glasur der Zivilisation schmolz von den meisten. Sie bestahlen sich gegenseitig, sie verloren ihre menschliche Würde.

Eine merkwürdige Reaktion zeigten viele, die nach uns ins Lager kamen und für die wir Karteikarten anlegen mußten. Als wir ihnen die Wahrheit sagten, wo sie sich befänden und was hier vorginge, wollten sie es nicht glauben. Sie wollten nicht wahrhaben, daß wir in einem Vernichtungslager waren. Sie redeten sich ein, daß man in den Krematorien Brot buk, daß ihre Kinder sicherlich in einem Kinderlager wären, und sie beschimpften uns, wir seien wie die Polinnen, die seit Jahren im Lager lebten und grausam geworden waren. Wir seien sadistisch, seien manchmal sogar schlimmer als unsere Henker, die SS.

Als wir gerade angekommen waren und noch unsere eigenen Kleider trugen, hat uns ein Junge aus Wien, der den Kaffee ausgab, gleich gesagt, wohin man uns gebracht hat, und wir haben es geglaubt. Wir wußten, in welcher Gefahr wir ständig waren. Also benutzten wir die Margarine nicht als Hautcreme, wie manche es taten, sondern aßen – wenn auch manchmal mit Ekel – alles auf, da wir unsere physische Kondition beibehalten wollten.

So vergingen Monate. Wir waren gequält von Hunger und Grauen, gepeinigt von Zählappellen am Morgen und Abend, die unter freiem Himmel stattfanden und oft stundenlang dauerten, unabhängig von der Witterung, sogar im strömenden Regen. Jeder Tag begann und endete mit einem Zählappell: Beim Pfeifsignal mußten wir uns in Fünferreihen aufstellen, damit die SS uns abzählen konnte. Auch wenn wir krank waren, Fieber hatten, mußten wir bewegungslos strammstehen. Manchmal stimmte die Zählung nicht. Man begann von neuem, um zu überprüfen, ob nicht jemand geflohen war. In der Kälte des Morgengrauens oder abends, wenn wir völlig erschöpft von der schweren physischen Arbeit uns nur nach Ruhe sehnten, war dieses unendliche Stehen ein besonderes Foltermittel. Fast täglich wurde jemand ohnmächtig. Die Nebenstehenden mußten dann die Ohnmächtigen von beiden Seiten stützen, damit die Reihen nicht in Unordnung kamen und die Gesamtzahl stimmte. Es war ein gespenstischer Anblick: Ausgemergelte, mit Fetzen bekleidete Schattenwesen in stummer Reglosigkeit, oft stundenlang.

An einem Samstagnachmittag schrillte der Pfeifton, und allen Gefangenen wurde befohlen, in die Baracken zurückzukehren. Man hörte Schüsse. In unserer Naivität glaubten wir, sowjetische Partisanen hätten das Lager angegriffen, um uns zu befreien. Als Idealisten haben wir es ständig gehofft. Diesmal handelte es sich um ein wichtiges Ereignis, wie wir später erfuhren. Es war der Aufstand der Häftlinge, die in den Krematorien arbeiteten. Sie hatten die SS-Wachmannschaft ins Feuer geworfen und versucht, aus dem Lager auszubrechen. Sie wurden aber gefaßt, entwaffnet und später hingerichtet. Doch ihre Tat war heldenhaft. Seit Bestehen des Lagers war dies der einzige Aufstand gegen die mörderische faschistische Unterdrückungsmaschinerie[4].

Das grausamste Schicksal überhaupt hatten die Häftlinge, die in den Krematorien arbeiteten. Wie überall, so ließen die SS-Leute die niederträchtig-

[4] Der Aufstand der Häftlinge vom „Sonderkommando“ fand am 7. Oktober 1944 statt (Vgl. Czech S. 898 ff.).

ste, schmutzigste Arbeit von Häftlingen verrichten, wobei sie weißbehandschuht zuschauten. Die Häftlinge mußten in den Krematorien ihre Kameraden vergasen und verbrennen. Da sie zuviel sahen und wußten, wurden sie regelmäßig nach einiger Zeit hingerichtet, und neue Unglückliche kamen an ihre Stelle. Mein Vetter Béla gehörte diesem Kommando an. Nach seinem Medizinstudium in Paris war er in Frankreich geblieben. Dort wurde er wegen Teilnahme am Widerstand verhaftet und nach Auschwitz deportiert. Bei der Arbeit im Krematorium erkannte er eines Tages seine eigenen Eltern unter den Vergasten. Kann man so etwas mit gesundem Verstand überhaupt begreifen?

Für uns im Frauenlager waren die Sonntagnachmittage mit am schlimmsten, weil wir untätig waren. Ich saß hinter dem mit Hochspannung geladenen Stacheldraht auf dem Boden und betrachtete die Wiese, die vor mir jenseits des mörderischen Zaunes lag. Sie bedeutete für mich die Freiheit, die unerreichbare. Es war ein hoffnungsloser, geisttötender Seelenzustand. Ein anderes Mal schaute ich lange auf den Weg, der zu den Krematorien führte, und zitterte bei dem Gedanken, daß ich meine Schwester Maya mit meinem Neffen Peter einmal dort erblicken könnte.

Eines Tages stand ich mit Juli an der Rampe. Ein Transport war gerade eingetroffen, die Selektion war im Gange. Wir waren da mit unseren Schreibutensilien und sahen eine junge Mutter, die ihrem Töchterchen einen Klaps auf den Po gab, weil es seine Strickjacke nicht anziehen wollte! Und das geschah nur wenige Meter vom Krematorium entfernt. Wir hätten heulen können.

Die völlige Wehrlosigkeit gegenüber unseren Peinigern gab mir den Gedanken ein, mir von irgendwoher eine Rasierklinge zu beschaffen, und dies gelang mir tatsächlich. Zu der Zeit war ich noch nicht lange in Auschwitz. Diese Klinge bewahrte ich während der ganzen Zeit im KZ in meinem Schuh auf. Erst dann fühlte ich mich ruhiger, denn ich wußte, was ich tun würde, damit mich die SS nicht wie ein Schaf aus der Herde ins Krematorium treiben konnte. Sollte man mich selektieren, würde ich mit den bloßen Händen die SS angreifen. Ich würde kämpfen und mir nachher die Adern öffnen. Irgendwie fühlte ich, daß mein Tod meine persönliche Angelegenheit ist. Ich konnte den Gedanken nicht ertragen, daß ich in einer Menge umkommen sollte. Ich meinte, mein Tod müsse eine genauso intime Sache sein wie die Liebe.

Die Tage wurden kürzer. Morgens und abends war es kalt. Der Herbst näherte sich. Und in uns wuchs die Furcht, was aus uns würde, wenn wir hier überwintern müßten; denn man gab uns keine warmen Kleider, und wir konnten nicht einmal hoffen, uns etwas ‚organisieren' zu können (so nannte man Diebstahl aus dem deutschen Stapelgut).

Juli und ich träumten vom Zivilleben, dessen Gipfel ein eigenes Bett war mit Leselampe – oh, abends im Bett lesen zu können! Wie ich später erfahren habe, war der größte Wunsch meines Vaters, nach der Befreiung zu

Hause zu jeder Tages- und Nachtzeit Pellkartoffeln vorrätig zu haben. Dies waren unsere unerreichbar scheinenden Träume!

Ende Oktober, bei einem Zählappell, wurde bestimmt, daß wir von Auschwitz wegtransportiert werden sollten. Wohin wußten wir nicht. Juli und ich waren zu der Einsicht gelangt, daß unser Los sich nur verbessern konnte, wenn wir diesem Vernichtungslager entkamen, weg von den Schatten der Krematorien. Als unser Viehwaggon Auschwitz verließ, empfand ich paradoxerweise ein befreiendes Gefühl, weil wir die Aufschrift *„Arbeit macht frei“* über jedem Tor hinter uns hatten, und wir ergänzten *„Arbeit macht frei durch Krematorium drei“*.

Es war ein Gefühl der Erleichterung, nicht mehr konfrontiert zu werden mit dem Anblick langer Reihen von Kipploren voll beladen mit skelettartigen Leichen, deren Arme, Beine und Köpfe herausragten und die an die Totentanz-Holzschnitte von Holbein erinnerten. Diese Kipploren gehörten zum Alltag im Lager Auschwitz. Plötzlich standen sie dort, tauchten überall auf. Diese Leichen kamen nicht aus den Krematorien. Es waren keine vergasten Häftlinge, sondern solche, die im Lager gestorben waren – die körperlichen Hüllen der vor Hunger und Entkräftung umgekommenen Verdammten, der ‚Muselmänner‘. Die Lageraufschriften – diese biederen Sprüche, die zur ‚Erbauung‘ überall hingemalt waren – enthüllten den zynischen Charakter dieses ganzen mörderischen, schizophrenen Systems, dem die meisten nur in Form von Rauch durch die viele Meter hohen Schornsteine der ziegelroten Krematorien entkamen, wo man die Vergasung ‚Sonderbehandlung‘ nannte und diejenigen, die sie ausführten, ‚Sonderkommando‘.

Das nächste Lager, in das man uns brachte, war Bergen-Belsen. Die Ankunft war nicht mehr so beängstigend wie in Auschwitz. Es gab keine Schäferhunde, und es standen keine Rot-Kreuz-Wagen bereit (die „pausbackigen“ Autos – wie Juli sie nannte –, die in Auschwitz die aussortierten Häftlinge gleich ins Krematorium transportierten). Bergen-Belsen war kein Vernichtungslager. Hier starben die Menschen ‚nur‘ an Hunger, Krankheit und Schwäche.

Man führte uns an einem klaren spätherbstlichen Tag über einen schönen Waldweg Richtung Lager. Als wir im Lager ankamen, verschwand unsere idyllische Stimmung jedoch sofort. In den Baracken gab es keinen Platz mehr für uns. Wir wurden in einem riesigen Zelt untergebracht. Auf die Erde hatte man Stroh gestreut als Bettstelle. Aber der Raum war so kurz und eng bemessen, daß wir auf dem Rücken liegend weder die Beine ausstrekken noch uns auf die Seite legen konnten, weil wir dann unsere Knie nicht beugen konnten. Alles war entsetzlich primitiv, Waschgelegenheit und Abort befanden sich unter freiem Himmel.

Noch am Ankunftstag traf ich meine Kusine Magda im Lager. Sie erzählte mir, daß sowohl meine Eltern als auch die von Juli im benachbarten Lagerabschnitt seien, im sogenannten ‚Schweizer Lager‘. Aus diesem Teil von Bergen-Belsen sollten Häftlinge gruppenweise in die Schweiz gebracht werden, dies hatte ein Kreis von meist sehr wohlhabenden Juden aus Siebenbürgen mit einer bestechlichen Nazibehörde vereinbaren können. Meine Eltern gehörten zu dieser Gruppe, nicht weil sie wohlhabend gewesen wären, sondern weil die Führenden dieses Kreises der Meinung waren, Rechtsanwalt Kertesz aus Klausenburg habe so viel für die jüdische Gemeinschaft getan, daß er es verdiene, gerettet zu werden[5]. Seltsamerweise hatte mein Vater ein Vorgefühl, daß, wenn er und meine Mutter sich dieser Gruppe anschlössen, sie irgendwo in Deutschland auf mich treffen müßten. Es war ein unbeschreibliches Gefühl, meine Eltern so nahe zu wissen und sie nicht einmal sehen zu können. Es war ein nagender Schmerz, ich konnte diese Machtlosigkeit nur schwer verkraften.

Plötzlich kam ein orkanartiges Gewitter auf. Unser Zelt brach über unseren Köpfen zusammen und stürzte auf uns nieder. Doch zum Glück wurde niemand verletzt. Irgendwie krochen wir aus den Trümmern und wurden dann in einem Magazin für Militärschnürstiefel untergebracht, wo wir auf bloßem Beton lagen. Da es schon November war, froren wir entsetzlich. Juli erkrankte, bekam hohes Fieber, Eiter floß ihr aus der Nase, sie halluzinierte. Sie starrte verständnislos, verschwommen vor sich hin, und von morgens bis abends sang sie *„Rosamunde, schenk mir dein Herz und dein Glück“*. Und ich konnte ihr nicht einmal ein Aspirin verschaffen!

Zufälligerweise erfuhr ich, daß derselbe holländische Häftling, der uns das als Kaffee bespöttelte Gebräu brachte, auch zum Lager meiner Eltern Zugang hatte. Am nächsten Tag eilte ich im Morgengrauen hinaus, um den Kaffeekübel zu schleppen. Ich wollte mit diesem Häftling Verbindung aufnehmen. Da es noch früh und halbdunkel war, gab es nur wenige Aufseher, und es gelang mir, dem Holländer zuzuflüstern, daß ich durch ihn meinen Eltern ein paar Zeilen schicken möchte. Er wies mich ab, denn darauf stand die Todesstrafe, wenn man ihn erwischte. Ich bestand auf meinem Vorhaben und wartete im nächsten Morgengrauen wieder auf ihn mit einem vorher geschriebenen Zettelchen. Glücklicherweise (oder – wie es sich später erwies – unglücklicherweise) flüsterte er mir zu, ich solle ihm mein Briefchen zustecken. Vermutlich hatte er die Möglichkeit gehabt, im Nachbarlager mit meinen Eltern zu sprechen.

Ich zerbrach mir ununterbrochen den Kopf, auf welche Weise ich mit Juli zu unseren Eltern hinüber könnte. Mit Juli konnte ich nichts besprechen, da sie das Bewußtsein noch nicht wiedererlangt hatte. Nach langem Überlegen habe ich mich entschlossen, die Lagerstraße solange auf und ab zu schlendern, bis ich dem Lagerkommandanten begegne, und ich habe mir vorge-

[5] Die Entlassung von 1685 ungarischen Juden aus Bergen-Belsen in die Schweiz (gegen Bezahlung eines Kopfgeldes von rund 1000 US-Dollar) war das Ergebnis der vom Frühjahr bis zum Herbst 1944 geführten Verhandlungen zwischen Funktionären des NS-Regimes und Dr. Rudolf Kastner, dem Repräsentanten des zionistischen Hilfskomitees in Budapest.

nommen, ihn anzusprechen. Im heutigen Leben kann man nicht begreifen, was für ein Unterschied es zwischen einem SS-Lagerführer und einem elenden jüdischen Häftling war. Ich wußte, daß der Kommandant, wenn ich ihn ansprechen würde, nach seinem Revolver greifen und mich an Ort und Stelle erschießen konnte. Ich habe mir eine glaubhaft klingende Geschichte zurechtgelegt, die erklären sollte, woher ich wußte, daß meine Eltern drüben waren, denn das hätte ich nicht wissen dürfen in diesem wahnsinnigen Lagersystem. Meine Lüge – auf dem Bereich des Möglichen aufgebaut – war folgende: Ich hätte in Auschwitz im Büro gearbeitet (wahr) und beim Registrieren Bekannte aus Siebenbürgen getroffen, die wußten, daß meine Eltern aus Bergen-Belsen geschrieben hatten (das klang wahrscheinlich, denn ich wußte, daß die Häftlinge im ‚Schweizer Lager' schreiben durften). Und als wir erfuhren, daß eine Gruppe nach Bergen-Belsen abfährt (davon hätten wir hören können), haben wir – Juli und ich – uns gemeldet, um mitfahren zu dürfen.

Und tatsächlich, eines Tages kam mir Adolf Haas entgegen, der Lagerkommandant, und ich hatte den Mut, ihn anzusprechen. Da standen wir auf der Lagerstraße: er mit dem Hakenkreuz am Ärmel, ich mit gelbem Dreieck auf der Brust. Und der Lagerkommandant hat sich tatsächlich mit mir auf ein Gespräch eingelassen. Ich erörterte ihm meine logisch aufgebaute Lügengeschichte. Wie erwartet, fragte er, woher ich wisse, daß meine Eltern dort seien. Er schien mir zu glauben und notierte sämtliche Daten über Julis und meine Eltern. Am nächsten Morgen wartete ich wieder beim Kaffeeholen auf den holländischen Jungen mit ein paar Zeilen, in denen ich meinem Vater mitteilte, daß ich schon alles in die Wege geleitet hätte, um zu ihnen zu kommen, er solle ja nichts unternehmen. Es gelang mir, mein Briefchen zu übergeben, aber der Junge konnte es nicht an meinen Vater weiterleiten.

Und da kam die Katastrophe: Meine Eltern erfuhren, daß sie in einigen Tagen in die Schweiz gebracht werden sollten; und von Panik erfaßt bei der Aussicht, mich hier lassen zu müssen, hat mein Vater von demselben Adolf Haas, mit dem ich schon gesprochen hatte, eine „Audienz" erbeten. Natürlich war die erste Frage des SS-Mannes, woher mein Vater wisse, daß wir uns dort befänden. Mein Vater hatte eine andere Lügengeschichte erfunden: er und Mutter hätten uns auf dem Waldweg gesehen, der zur ‚Sauna' führte. In Wahrheit waren wir nie in der ‚Sauna' gewesen. Das wurde wortwörtlich ihr Verhängnis. Als ihre Gruppe nach der Schweiz abtransportiert wurde, haben die SS-Behörden meine und Julis Eltern zurückgehalten und zur Strafe in einen viel schlimmeren Lagerabschnitt versetzt, das sogenannte ‚Sternlager', wie ich später erfahren habe. Als die englischen Truppen sich dann 1945 näherten, wurden meine Eltern auf Transport gesetzt – in Viehwaggons, aus denen man vor ihren Augen die Leichen von Häftlingen, die an Typhus gestorben waren, herausgeholt hatte.

Mein Vater starb an Flecktyphus einen Tag vor der Befreiung in diesem Waggon. Als der Zug hielt, wurde er neben den Schienen begraben, nie-

mand weiß genau wo. Meine Mutter erkrankte nach der Befreiung in Tröbnitz, wo sie am 14. Mai 1945 im Krankenhaus starb. Nun ruht sie dort, fremd und einsam auf dem Tröbnitzer Friedhof. Meine Schwester Maya überlebte und setzte ihr einen Grabstein, als sie noch aus Rumänien eine Reise in die DDR unternahm. Das ist mein ‚Gepäck aus Sand' – ein Leben lang[6].
All das, was mit meinen Eltern geschehen ist, habe ich später von Julis Mutter erfahren, die nach überstandenem Flecktyphus nach Klausenburg zurückkehrte. Die Erinnerung an die Geschehnisse in Bergen-Belsen wühlen mich immer noch heftig auf, und lange habe ich mich davor gefürchtet, sie zu beschreiben. Bis ans Ende meiner Tage werde ich den Gedanken nicht los, daß ich – obwohl ungewollt – den Tod meiner geliebten Eltern verschuldet habe.
Juli und ich wurden nicht lange in Bergen-Belsen festgehalten. Sie kam wieder zu Kräften, und bei der nächsten Gelegenheit wurden wir abtransportiert, wieder in plombierten Viehwaggons. Ziel unseres Leidensweges war diesmal die ‚Stadt des Kraft-durch-Freude-Wagens' bei Fallersleben (die heutige Stadt Wolfsburg). Hier wurden wir in das Volkswagenwerk gebracht, das alle möglichen Kriegsgeräte produzierte.
Man hatte uns in einem zerbombten Teil der Fabrik untergebracht, in einem riesigen Saal. Die Decke fehlte teilweise, aber es gab Zentralheizung, die sogar funktionierte. Die weißgekachelten Wände waren sauber, und die zahlreichen Duschnischen waren mit Kalt- und Heißwasser ausgestattet. Wahrscheinlich war dieser Teil der Fabrik vor der Bombardierung als Umkleide- und Duschräume für Zivilarbeiter bestimmt gewesen. Uns schienen diese Verhältnisse – nach den Zuständen in Auschwitz und Bergen-Belsen – wie ein wahres Paradies, besonders am Anfang. In diesem Lager waren schon seit einiger Zeit 500 Frauen, aber es gab Ende 1944 keine ‚Muselmänner', keine bis zum Skelett abgemagerten Häftlinge. Das hier war eine Fabrik, wo man Arbeitskräfte brauchte. War ihre Energie erschöpft, konnte man sie ins Stammlager zurückschicken, um sie dort zu vergasen.
Wir mußten zwölf Stunden pro Tag arbeiten, wechselweise in Tag- und Nachtschicht. Die Nachtschicht hatte den Vorteil, daß wir um Mitternacht eine Zusatz-Mahlzeit bekamen, was uns unheimlich wichtig war. Ein anderer Vorteil der Nachtarbeit war, daß dann ein älterer Wehrmachtsoldat die Aufsicht hatte, der mir immer ca. ein Pfund Brot gab, das ich gleich mit Juli teilte. Dieser Brotzuschuß bedeutete sehr viel für uns, denn in diesem Lager hatten wir überhaupt keine Möglichkeit, uns irgendeine zusätzliche Nahrung zu beschaffen. Die knappe Kost wurde von außerhalb gebracht, denn im Lager selbst gab es keine Küche.
Da wir im Untergeschoß der Fabrik einquartiert waren, konnten wir täglich nur zwei-drei Minuten lang frische Luft genießen, während unsere Posten

---

6 Anna Langfuß, Les bagages de sable, Paris 1962; deutsch: Gepäck aus Sand. Aus dem Französischen von Yvonne Meier-Haas, München 1964.

uns durch einen engen Hof zum Arbeitsplatz führten. Wir waren chronisch unausgeschlafen wegen der zahlreichen Fliegeralarme. Während der Arbeit waren wir auch bei Fliegeralarm an unseren Arbeitsplatz gebunden. Bei Alarm während unserer Ruhezeit hat man uns dagegen – manchmal drei- oder viermal die Nacht – geweckt und in den Bunker getrieben.
Im Lager waren meist jüdische Häftlinge aus Ungarn, aber wir waren auch mit holländischen Mädchen und jugoslawischen Partisaninnen zusammen, die ebenfalls in der Fabrik bei der Rüstungsproduktion arbeiteten. Wir waren jedoch so ausgemergelt, daß wir weder Zeit noch Lust hatten, mit ihnen in Kontakt zu treten. Selbst mit ‚Opas' Brotzuschuß war die Ernährung immer noch unzureichend. Dagegen war das Duschen nach zwölf Stunden Arbeit ein wahrer Segen für uns. Aber da wir nie Seife bekamen, waren wir gezwungen, aus der Fabrik Soda zu stehlen. Wie unsere Haut und unser Haar das Soda vertragen konnten, begreife ich heute nicht mehr.
In den ersten Tagen wurden wir in einen großen Maschinensaal eingeteilt, wo ohrenbetäubender Lärm herrschte. Man hat uns Arbeiten ausführen lassen, die uns unverständlich schienen. Nach einigen Tagen wurde ich in einem kleineren Saal einem Schweißgerät zugewiesen. Ich habe den Arbeitsgang rasch erlernt. Die Arbeit konnte ich im Sitzen verrichten, aber man gab uns keine Arbeitsschutzausrüstung. Das Schweißgerät sprühte Funken, und mein Gesicht und meine Hände waren ständig voll winziger Brandwunden. Die Arbeit hatten wir unter der Aufsicht eines deutschen Meisters auszuführen, der sich uns gegenüber niederträchtig benahm – er trieb uns rücksichtslos an. Herr Meyer war ein großer, hagerer, glatzköpfiger Mann. Ich, die nie blutrünstige Gedanken hatte, stellte mir leidenschaftlich vor, wie – wenn er rücklings vor mir stand – ich ihm ein scharfes Messer in den Nacken rammen würde. Ich glaube noch heute, daß ich das damals ohne zu zögern ausgeführt hätte, so sehr hat dieser Deutsche uns geschunden.
Am Sonntag, als ich mich auf meinem Strohsack ausruhte, kam von irgendwoher ein fernes Glockengeläut an mein Ohr. Es erinnerte mich schemenhaft an das Läuten der Glocken der Matthias-Kirche zu Hause. Ich schloß die Augen und sah mit Wehmut meine Heimatstadt Klausenburg.
Einige Wochen lang arbeitete ich am Schweißgerät, als eines Tages einige Herren von der Fabrikleitung erschienen, um ‚Kapos' – d.h. Arbeitsaufseher – auszuwählen. Ich wurde auch ausgewählt; ich nehme an, weil ich deutsch sprach und trotz der Vogelscheuchefetzen noch ganz gut aussah. Ungefähr zwölf Schweißgeräte standen unter meiner Aufsicht, an denen zwölf Mädchen arbeiteten. Meine Aufgabe war es, die Maschinen zu überwachen und auf einer schwarzen Tafel die Leistung jeder Maschine zu notieren. Nach kurzer Zeit leuchtete mir ein, daß sich hier eine Gelegenheit bot, etwas – wenn auch in geringem Umfang – gegen Hitlers Kriegsmaschinerie zu unternehmen. Ich hatte mit den Mädchen meiner Abteilung besprochen, den Arbeitsgang zu verlangsamen und nur dann zu beschleunigen, wenn ich ihnen einen Wink gäbe, daß Herr Meyer, der gefürchtete

Meister, sich nähere. Diesen Plan führten wir auch aus. Aber leider hat es nicht lange gedauert, bis unsere Henker herausbekamen, daß die Produktion wesentlich gesunken war, seitdem ich diese kleine Gruppe von Schweißmaschinen beaufsichtigte[7].

Man hat mich sofort aus der Fabrik gewiesen und zur Strafe dem Enttrümmerungskommando zugeteilt. Ich brauche nicht zu schildern, was es bedeutet, im frostigen Januar ohne jegliche warme Bekleidung (weder Mantel noch Handschuhe oder Kopftuch) zwölf Stunden unter freiem Himmel schwer zu arbeiten. Meine Finger froren buchstäblich an die Eisenstücke an, ich konnte die wuchtigen Betonblöcke kaum heben, um sie mit dem Karren zu der angegebenen Stelle zu schieben. Wäre ich längere Zeit in diesem Kommando geblieben, so hätte ich es nicht überlebt. Der Zufall wollte aber, daß Julis Tante, eine Zahnärztin aus Klausenburg, als Allgemeinärztin im Lagerrevier arbeitete. Ihr habe ich es zu verdanken, daß ich am Leben geblieben bin. Sie hat mich nach drei Wochen aus diesem schrecklichen Arbeitskommando gerettet. Wie sie das bewerkstelligte, ist mir bis heute ein Rätsel.

Ich wurde wieder in die Fabrik geschickt und einer Preßmaschine zugeteilt. Ich mußte eine glatte Metallplatte prägen. Die Platten waren derartig mit Öl verschmiert, daß sie häufig aneinander klebten, wenn ich sie in die Preßmaschine legte. Die ganze wuchtige Maschine blieb dann stehen. Ich lebte deswegen in ständiger Furcht. Wenn die Maschine stillstand, schrie Herr Meyer, daß ich sabotiere. Ich zitterte vor Angst, da ich schon gebrandmarkt war seit meiner Sabotageaktion.

Wenn die Maschine defekt war, holte man einen französischen Kriegsgefangenen, der als Maschinenschlosser und Einrichter tätig war. Er setzte sie wieder in Gang. Während er reparierte, kam er ganz nah an mich heran und flüsterte mir die neuesten Kriegsereignisse zu. Das war immer ein außerordentlich wichtiges Ereignis, denn wir waren vollkommen von der Welt abgeschnitten. Es gelangte keinerlei Nachricht zu uns in die geschlossenen Räume, wo wir arbeiteten und leben mußten. Wir waren völlig isoliert.

Anfang 1945 begann nun die Zeit quälenden Hungers. Man hatte unsere Rationen stark eingeschränkt. Bei der Arbeit mußte ich zwanghaft ans Essen denken. Während einer Nachtschicht tanzte vor meinen wirren Augen eine mit Marmelade bestrichene Brotscheibe wie eine im Wahn gezeichnete Comicfigur. Ich glaubte, ich würde durchdrehen.

Sonntags, wenn es zum Mittagessen nicht die gewöhnliche Suppe, sondern ein Stückchen Fleisch mit Pellkartoffel gab, haben wir gezählt, wieviel Stücke wir bekamen. Es wurde zum Gesprächsthema, wer wieviel gehabt hatte! Traurig stellten Juli und ich fest, daß wir in einen so tierisch-stumpfen Zustand abgesunken waren, daß so etwas zum Gesprächsstoff werden konnte.

---

[7] Wegen dieser Sabotageaktion wurde die Autorin 1971 von der „Amicale des anciens déportés“ (Verein der ehemaligen Deportierten) in Paris ausgezeichnet.

Ich versuchte, meine ganze Kraft zusammenzuraffen, um gegen den Hunger anzukämpfen. So lernte ich an der Maschine Jozsef Attilas Gedicht „*Begrüßung von Thomas Mann*" auswendig von einer Ungarisch sprechenden jugoslawischen Partisanin, die mir die Verse vorsagte. Zu dieser Zeit fand ich irgendwo ein kleines Büchlein. Es war Goethes Drama „*Egmont*". Auszüge daraus lernte ich auswendig und hielt das Heft in meinem Strohsack versteckt. In Klausenburg habe ich später erfahren, auf welche Weise mein Vater in Bergen-Belsen versucht hatte, sich moralisch aufrecht zu halten: Jeden Morgen vor dem Zählappell turnte er im Hof; jeden Abend nach dem Zählappell hielt er Juraseminarien, um sich von seinem Hunger abzulenken und um Geistesarbeit zu tun. Ich bin noch heute gerührt, wenn ich an sein Verhalten denke!
Ungefähr zu dieser Zeit begann bei mir eine schwere Avitaminose, da wir seit fast einem Jahr weder Obst noch Gemüse zu essen bekamen, auch sonst nichts, was Vitamine enthalten hätte. Ich konnte von Glück sagen, daß diese Krankheit nicht in Auschwitz ausgebrochen war. Bei dem physischen Zustand, in dem ich mich bald befand, hätte man mich dort bestimmt vergast. Hier habe ich meine mit Eiter verschmierte Unterwäsche täglich gewaschen und auf dem Heizkörper getrocknet, da wir keine Wäsche zum Wechseln hatten. Außer meinem Gesicht war mein ganzer Körper voll mit eiternden Furunkeln. Der Eiter meiner Fußwunde klebte am Strumpf fest, und täglich beim Ausziehen der Strümpfe riß die Wunde wieder auf. Es war eine qualvolle, schmerzhafte, langwierige Plage, die erst im Frühling verging. Dann wurden wir nämlich am Sonntag – statt uns auszuruhen – zur Feldarbeit hinausgetrieben. Dort, am Waldrand, fanden wir eine Pflanze, die nach Zwiebel roch und schmeckte und glücklicherweise nicht giftig war. Die aßen wir gierig, da sie eine zusätzliche Nahrung bedeutete und Vitamine enthielt.
So hat uns die Fabrikleitung um unsere Sonntage gebracht. Nach sechs Tagen Zwölfstundenarbeit in der Fabrik hatten wir am siebenten Feldarbeit zu leisten. Nie hatten wir die Möglichkeit, uns auszuruhen. Wir versuchten jedoch, das Gute an der Sache zu sehen, und haben die Feldarbeit so aufgefaßt, daß wir dadurch wenigstens einen Tag in der Woche frische Luft atmen und das Tageslicht sehen konnten.
Die Posten führten uns vom Werk durch ein Städtchen auf die Felder. Es gab uns einen Stich ins Herz, als wir die Privathäuser mit Gardinen sahen und die Zivilbevölkerung, schmuck und sonntäglich gekleidet. Wir waren betroffen darüber, daß – während wir als Maulwürfe vegetierten – draußen das Zivilleben weiterging. Das tat uns unheimlich weh. Juli nannte das Städtchen ‚Tulpendorf', denn die Gärten standen gerade voller Tulpen und Narzissen. Es schien uns so traumhaft schön, so märchenhaft, daß in unserer Nähe Menschen so leben konnten. Es schien uns so idyllisch, obwohl die Hitlerjungen aus diesem ‚Tulpendorf', als sie uns während eines Fliegeralarms im benachbarten Wald sahen, die Nase rümpften und riefen: „*Iiiihh, Judenweiber!*" Bei Fliegeralarm führten uns die Posten eben in den Wald.

Dort konnten wir uns auf den Waldboden setzen und uns ein bißchen ausruhen. In der Fabrik wurden wir ständig getrieben. Wenn die Maschine defekt war, durften wir nicht untätig bleiben – gleich kam der Befehl: *„Rein machen!"* Mit dem Besen in der Hand kehrten wir die Abfälle, den öligen Staub, manchmal das Nichts.

Man rief uns jeden Monat ins Büro zum Unterschreiben, daß wir *„unser Gehalt erhalten haben"*. Natürlich haben wir nie etwas bekommen. Wer weiß, wer unseren schwer verdienten Lohn eingesteckt hat. Aber Ordnung mußte sein: Mit unseren Unterschriften auf der Liste wurde fingiert, daß man uns bezahlt hatte. Das ergänzt das ganze verzerrte Bild, die verzerrte Maschinerie, das verzerrte System, die verzerrte Welt, die damals über uns herrschte.

Ein ähnlich ‚verzerrtes' Detail habe ich vergessen zu erwähnen: In Auschwitz wurden an einem Sonntag Postkarten verteilt – wir mußten nach Hause schreiben. „Schreiben" war übertrieben, da es vorgedruckte Postkarten waren. Wir durften nur ein paar Worte ergänzen. Die Karten trugen eine Datierung aus *Waldsee!* Es war eine Irreführung der Außenwelt, daß wir produktiv arbeiteten, daß wir wohlauf an einem so schön klingenden Ort waren wie ‚Waldsee' und nicht in einem Vernichtungslager.

Es war ein großes Dilemma für uns. Wir wollten nicht zur Irreführung der Welt beitragen; andererseits fiel es mir schwer, darauf zu verzichten, meinen Eltern ein Lebenszeichen zu geben. Sie wußten nur, daß ich am 20. April aus Budapest verschwunden war. Am Ende haben wir – Juli und ich – die Postkarten nach Klausenburg geschickt. Die Liebe zu unseren Teuersten hat gesiegt. Wie wir später erfuhren, war es unseren Familien eine Beruhigung, die Karten zu erhalten. Zu dieser Zeit hatte man sie noch nicht verschleppt.

Die amerikanische Befreiungsarmee näherte sich. Wir wurden wieder einmal in Güterwaggons zusammengepfercht und weitertransportiert zur Endstation auf unserem Leidensweg, nach Salzwedel. Hier hatte man uns in Holzbaracken untergebracht, aber wir bekamen überhaupt keine Verpflegung. Die Lagerleitung brach zusammen. Als die Amerikaner näherrückten, flohen die SS-Leute. Nur die hartnäckigsten waren noch zu sehen. Diese letzten Tage waren durch den schrecklichsten Hunger gezeichnet, und nur die Hoffnung, daß wir bald die Befreiung erleben würden, hielt mich am Leben. Wir hatten jedoch große Angst, daß die SS als letzte Verzweiflungstat unser Lager in die Luft sprengen würde.

Die Front näherte sich, die Schüsse und Detonationen wurden immer lauter – und wir immer schwächer vor Aushungerung. Einige von uns taumelten schon vor Hunger. Es hat uns in die verlassenen Verpflegungslager getrieben, wo wir nur einige Rüben fanden, die wir verteilten und roh aßen. Sie kamen uns wie eine Delikatesse vor. Wir kratzten die Rinde von den Bäumen und kauten sie. Wir versuchten, Gras zu essen, aber es gelang uns nicht. Es ist eigenartig, unter den heutigen Umständen sich all das vorzustellen. Man kann es mit gesundem Verstand kaum fassen.

Neben unserem Lager waren französische Kriegsgefangene untergebracht. Sie versicherten uns, daß sie auf uns aufpassen und Tag und Nacht Wache halten würden, um zu verhindern, daß die Nazis unser Lager sprengen.
Am 14. April 1945 hörte man Schüsse ganz aus der Nähe, und wir warteten entkräftet auf das Unvorstellbare: das Ende unserer Gefangenschaft. Um die Mittagszeit öffnete sich das Lagertor, und lächelnde, junge amerikanische Soldaten warfen aus den fahrenden Panzern Schokolade, Kaugummi, Camel-Zigaretten, alles was sie in den Taschen hatten. Die SS war verschwunden. Einige lagen erschossen auf dem Rasen vor dem Lager. Die Pforten aus Stacheldraht waren weit geöffnet – wir waren frei!
In dem großen Tumult verlor ich Juli. Ich hatte die Schokolade verwahrt, um sie mit ihr zu teilen, wenn wir uns wiedersehen würden – und sie tat das gleiche. Ich weiß nicht, wie ich die Gefühle beschreiben soll, die ich empfand: grenzenlose, unaussprechliche unbegreifbare Glückseligkeit!
Wir strömten durch die offenen Pforten auf die Straße in die Stadt, die unversehrt war, da die Bevölkerung keinen Widerstand geleistet hatte. Die amerikanischen Soldaten zogen weiter, da sie noch kämpften. Sie hatten sich jedoch die Zeit genommen, um uns die Läden zu öffnen und uns so freie Beutezüge zu ermöglichen. Wie ein Schwall fluteten wir – Hunderte und Aberhunderte von befreiten Arbeitssklaven – durch die Straßen des Städtchens, berauscht von Freiheit und vom Duft des Frühlings. Ich hatte Kunsthonig und Milchpulver erbeutet, ein Stück weiches, weißes Textilgewebe und für mich, Juli und unsere Freundinnen Eva und Agi vier blaue Leinenhosen. Am Abend trafen wir uns wieder im Lager und verteilten die ergatterten Güter. Wir bezogen zu Viert ein Zimmer der ehemaligen SS-Posten, um endlich wieder in richtigen Betten zu schlafen.
Wir konnten nicht einschlafen vor lauter Aufregung – die erste Nacht als freie Menschen, in einem richtigen Bett, voll von Hoffnungen und jetzt schon ausführbaren Träumen, aber auch mit Befürchtungen: Wen werden wir von unseren Lieben wiedersehen? Ob unsere Eltern am Leben geblieben sind? Grauen erfaßte uns bei dem Gedanken.
Am nächsten Tag, dem 15. April 1945, hat die amerikanische Armee den französischen Kriegsgefangenen Flugzeuge zur Verfügung gestellt. Eine Gruppe von dreißig jungen Franzosen erklärte jedoch, nicht eher heimkehren zu wollen, bis man das Frauenlager entsprechend untergebracht und organisiert hätte. Sie übernahmen alles: Die Besorgung der Nahrungsmittel, die Küche, das Krankenhaus, die ganze Administration. Es waren dieselben jungen Männer, die uns vor der Befreiung beruhigten und uns bewachten. All das war wichtig, denn die amerikanischen Truppen konnten sich nicht weiter mit uns beschäftigen. Der Krieg hielt noch an, und sie mußten noch kämpfen. Ohne es einander zu gestehen, fürchteten wir uns insgeheim, daß die Front sich noch ändern könne, die deutschen Truppen Salzwedel zurückerobern und uns hinrichten würden.

Ich habe zwischen Amerikanern und Franzosen gedolmetscht. Es war rührend, wie diese jungen Franzosen sich um uns kümmerten, so wie man sich sonst nur um nächste Verwandte kümmert. Wir Frauen übersiedelten in das Heim einer ehemaligen Fliegerschule, die in einem schönen Park lag, und die Soldaten zündeten die Häftlingsbaracken an, um Seuchen zu vermeiden.
Ich betätigte mich regelmäßig in der Küche, da man mit der Nahrung sehr vorsichtig sein mußte. Die Amerikaner wußten nicht, daß unsere durch Entbehrung geschwächten Körper Normalkost nicht vertrugen. Viele von uns starben wegen maßlosen Essens in den Befreiungstagen. Man mußte achtgeben, welches, wieviel und wie oft man Essen verteilte, denn unsere Mägen und die Verdauung konnten sich nur stufenweise an die ausgiebige, kalorienreiche Verpflegung gewöhnen. Es war der schrecklichste Anblick nach der Befreiung: Der Tod vieler Mädchen, die sich nicht beherrschen konnten und sich kaputtgegessen hatten.
Eine innige Freundschaft entwickelte sich zwischen mir und den jungen Franzosen, und ich befreundete mich mit Pierre Degas, dem Neffen des großen impressionistischen Malers Edgar Degas. Das menschliche Verhalten dieser jungen Männer hat mir meinen Glauben an die Menschen zurückgegeben – der blutige, tierisch-grausame Zweite Weltkrieg hatte nicht in allen die menschliche Würde, die Selbstlosigkeit ausgerottet. Dann kam der Tag, an dem die jungen Franzosen ankündigten, daß sie uns nun beruhigt verlassen könnten. Wir waren versorgt, sie kehrten am nächsten Tag nach Hause zurück. Der Abschied von ihnen war herzergreifend. Als wir uns umarmten, weinte ich bitterlich, auch in den Augen der Männer waren Tränen.
Am 9. Mai brach der Frieden aus. Es ist ein unbeschreibliches Gefühl, das erlebt zu haben! Abends durften wir aus Sicherheitsgründen nicht in die Stadt gehen. Wir – die vier Freundinnen Juli, Eva, Agi und ich – entschlüpften trotzdem durch einen Zaunspalt. Es war eine wunderbar milde Frühlingsnacht. Wir gingen Arm in Arm Richtung Stadtmitte. Es war uns bewußt, daß wir nie in diesem Leben wieder so sorglos sein würden wie an jenem Abend. Wir genossen das wunderschöne Feuerwerk, mit dem die amerikanische Armee den Frieden feierte. Es waren Augenblicke fürs Leben.
Wir waren am Hauptplatz des Städtchens angelangt – die Bewohner schliefen. In der großen Stille waren nur wir vier vor dem Springbrunnen. Das Feuerwerk zauberte herrliche Farben an den dunkelblauen Himmel, in einem verschlafenen Häuschen erklang eine Kuckucksuhr und schlug Mitternacht. Mein Leben lang werde ich dieses sonderbare Gefühl nicht vergessen: Die Freiheit, den Frieden in mir und um mich herum.

Im September 1945 kehrte ich zusammen mit Juli nach Klausenburg zurück. Ich nahm das Studium wieder auf und arbeitete dann viele Jahre als Sprachlehrerin im Gymnasium, gründete eine Familie und bekam zwei Töchter. Juli konnte sich zu Hause nicht mehr zurechtfinden und wanderte nach Australien aus, ich blieb in Rumänien, in unserer Heimatstadt.

1971 durfte ich zum ersten Mal aus Rumänien in den Westen reisen. Mein Vetter Béla, der sich auf wundersame Weise aus dem Krematorium-Kommando in Auschwitz hatte retten können, hatte mich zu sich in die Bretagne eingeladen - ein Erlebnis für eine Französisch-Lehrerin, endlich einmal nach Frankreich zu kommen.
Bei dieser Gelegenheit wollte ich durch die DDR reisen und das Grab meiner Mutter in Tröbnitz besuchen. Ich ging in Bukarest zur DDR-Botschaft, um ein Transitvisum zu bekommen. Man sagte mir, vielleicht werde man es genehmigen, aber ich dürfte den Zug nicht verlassen. Als ich erläuterte, daß ich zum Grab meiner Mutter wolle, die dort nach der Deportation gestorben sei, erwiderte der DDR-Botschaftsbeamte in barschem Ton: *„Dann bekommen Sie es mit der Volkspolizei zu tun!"* Durch diese Zurückweisung habe ich das wahre Gesicht des DDR-Regimes erkannt[8].

---

[8] Julia Kertesz kehrte 1974 Rumänien den Rücken und lebt jetzt in Köln.

Barbara Distel, Jürgen Zarusky

Dreifach geschlagen – Begegnung mit sowjetischen Überlebenden

Dachau, Anfang Mai 1992. Der ehemalige Appellplatz des Konzentrationslagers ist plötzlich leer und verlassen. Gerade noch waren Schulklassen und andere Besuchergruppen in großer Zahl über die weite, kiesbedeckte Fläche geeilt, die Luft war voller Stimmengewirr gewesen. Nun geht ein einzelner älterer Mann bedächtig in die Mitte des Platzes, er bleibt stehen und sieht sich lange um. Dann wendet er sich und geht an den Fundamenten der ehemaligen Baracken entlang. Er war als Jugendlicher aus einem Waisenhaus in der Ukraine hierher verschleppt worden. Heute gehört er zu einer Gruppe von elf Häftlingen des Konzentrationslagers Dachau, die aus verschiedenen Teilen der ehemaligen Sowjetunion siebenundvierzig Jahre nach ihrer Befreiung an diesen Ort zurückgekehrt sind und die nun mit ihren Erinnerungen und den auf sie einstürmenden Eindrücken kämpfen.

Es sind elf sehr unterschiedliche Persönlichkeiten mit unterschiedlichen Lebensgeschichten. Gemeinsam war ihnen jedoch der dringende Wunsch, noch einmal an diesen Ort zurückzukehren, wo sie, wie es einer von ihnen formulierte, „ihre Jugend gelassen hatten". A.P. aus Odessa hatte diesen Wunsch am eindringlichsten formuliert: „Nach all dem von mir Durchlebten bleibt mir die Verpflichtung gegenüber meinen Freunden und Kameraden aus dem Widerstand, die in den faschistischen Lagern gestorben sind. Ich als Überlebender bin meinen toten Kameraden gegenüber verpflichtet, mich vor ihrem brüderlichen Grab zu verbeugen. Ich bin nicht mehr jung, aber meine Pflicht muß erfüllt werden, weil ich nicht in die andere Welt gehen kann, ohne mich vor meinen Freunden aus dem Widerstand verneigt zu haben." W.J. hatte aus Riga an die Gedenkstätte geschrieben: „Ich bitte Sie, mir zu helfen, das zu besuchen, was von Dachau übriggeblieben ist. Ich denke, daß Sie dabei meine letzte Hoffnung sind. Ich wende mich an Sie alle, die dort saßen und bis heute am Leben sind und sich noch an jene Zeit erinnern, als wir uns gegenseitig halfen, so gut wir konnten, um zu überleben. Helfen Sie mir, Dachau ein letztes Mal zu besuchen. Ich sehe es seit jenen Zeiten im Traum: das Lager, den Block, die Aufstellung, den Appellplatz . . ."

Nun waren sie also noch einmal nach Dachau zurückgekehrt, nur eine kleine, zufällig zusammengewürfelte Gruppe aus vielen tausend Menschen, die ab 1941 in dieses Konzentrationslager und seine Außenlager gebracht worden waren.

I.

In der erhaltenen Statistik der Lagerschreibstube Dachau waren für den 26. April 1945 13536 „Russen“ verzeichnet worden, und damit hatten sie damals, zum Zeitpunkt der Befreiung, nach den polnischen Häftlingen die zweitgrößte nationale Gruppe gebildet[1].

Die sowjetischen Häftlinge des Konzentrationslagers Dachau hatten im wesentlichen aus zwei Gruppen von Kriegsgefangenen und Zwangsarbeitern bestanden:

Zunächst waren ab Oktober 1941 Kriegsgefangene nach Dachau gebracht worden, die von Spezialeinheiten der Sicherheitspolizei aus den Kriegsgefangenenlagern zur Ermordung in den Konzentrationslagern ausgewählt worden waren. Im Einsatzbefehl Nr. 9 des Chefs der Sipo und des SD vom 21. Juli 1941 hatte es geheißen: „Die Exekutionen sind nicht öffentlich und müssen unauffällig im nächsten Konzentrationslager durchgeführt werden[2].“ Für diese Gefangenen war zuvor in Dachau innerhalb des Lagers ein abgetrenntes, mit Stacheldraht umzäuntes sogenanntes Kriegsgefangenenlager errichtet worden. Die ersten Erschießungen wurden im Hof des als Bunker bezeichneten Lagergefängnisses von Angehörigen der Dachauer Lager-SS durchgeführt. Die Häftlinge, die im Wirtschaftsgebäude arbeiteten, dessen Fenster auf einer Seite zum Bunkerhof gingen, mußten während der Erschießungen in ihre Baracke gehen.

Später wurden die sowjetischen Kriegsgefangenen mit Lastwagen zu dem nahe gelegenen SS-Übungsschießplatz gebracht und dort erschossen, ihre Leichen wurden im Krematorium eingeäschert. Ihre Kleidung wurde ins Lager zurückgebracht und von den Häftlingen der zuständigen Arbeitskommandos desinfiziert, gewaschen und gebündelt. Über den Transport aus dem Kriegsgefangenenlager zur Erschießung in Dachau sagte der ehemalige SS-Obersturmbannführer Paul Ohler, Inspektor in Nürnberg und ab Anfang November 1941 Führer des Einsatzkommandos im Lager Hammelburg, nach dem Krieg aus. Frage: „Wer begleitete die Kriegsgefangenen vom Lager Hammelburg nach dem Bahnhof Hammelburg?“ Antwort: „Das war Sache der Wehrmacht ... Am Bahnhof Hammelburg wurden die Leute von uns übernommen, dann in Eisenbahnwagen verladen. Hier wurden immer zwei Mann zusammengekettet, um Fluchten zu verhindern. ... die Wagen, die wurden dann verschlossen und ... nach Dachau abtransportiert.“ F: „Können Sie mir sagen, wieviel Kriegsgefangene in jeden dieser Wagen hineingesteckt wurden?“ A: „Nun ja, 60, 80 Mann ... Bei der Ankunft in Dachau wurden die Leute einem Kommandoführer der SS übergeben ...,

---

1 International Tracing Service, Arolsen, Archiv der KZ-Gedenkstätte Dachau Nr. 845.

2 Bundesarchiv Koblenz, Bestand, R 58/272 (L 115/i).

zum Schießplatz geführt und dort auf Anlaß oder Befehl des Chefs der Sicherheitspolizei erschossen ...“[3].

In dem im Januar 1947 durchgeführten amerikanischen Militärgerichtsprozeß gegen den Kommandanten des Konzentrationslagers Dachau für die Jahre 1941/42 und seinen Adjutanten wurden 34 ehemalige Häftlinge zu ihrer Kenntnis über die Massenerschießungen sowjetischer Kriegsgefangener vernommen. Sie alle waren in irgendeiner Form mit den Kriegsgefangenen in Berührung gekommen, hatten, sofern sie russisch konnten, mit einzelnen gesprochen, konnten beobachten, wie die Lastwagen zum Schießplatz fuhren, oder mußten die zurückgeschickte Kleidung säubern und wieder instandsetzen. Die Einschätzung dieser Zeugen über die Gesamtzahl der in Dachau exekutierten sowjetischen Kriegsgefangenen war unterschiedlich. Da sie nicht in der Gefangenenstatistik verzeichnet wurden, wird diese Zahl auch nicht mehr zu ermitteln sein, – letztendlich muß man jedoch von mehreren tausend Opfern ausgehen[4].

Nach einigen Monaten wurden nicht mehr alle ausgewählten sowjetischen Kriegsgefangenen automatisch erschossen. Am 15. November 1941 hatte der Inspekteur der Konzentrationslager, Glücks, den Kommandanten mitgeteilt, daß sich der Reichsführer SS Himmler einverstanden erklärt habe, die Tötung der in den Konzentrationslagern eingelieferten ausgesonderten sowjetischen Kriegsgefangenen zunächst aufzuschieben und sie in einem Steinbruch einzusetzen, wenn sie noch arbeitsfähig seien[5]. Wie katastrophal jedoch der körperliche Zustand der sowjetischen Kriegsgefangenen war, der einen Arbeitseinsatz eigentlich unmöglich machte, läßt sich aus einem Schreiben des Chefs der Sipo und des SD vom 9. November 1941 ersehen, in dem es heißt: „Die Kommandanten der Konzentrationslager führen Klage darüber, daß etwa 5 bis 10 Prozent der zur Exekution bestimmten Sowjetrussen tot oder halbtot in den Lagern ankommen. Es erweckt daher den Eindruck, als würden sich die Stalags auf diese Weise solcher Gefangener entledigen. Insbesondere ist festgestellt worden, daß bei Fußmärschen, z. B. vom Bahnhof zum Lager, eine nicht unerhebliche Zahl von Kriegsgefangenen wegen Erschöpfung unterwegs tot oder halbtot zusammenbricht und von einem nachfolgenden Wagen aufgelesen werden muß. Es ist nicht zu verhindern, daß die deutsche Bevölkerung von diesen Vorgängen Notiz nimmt ...[6]“.

Die Einstellung gegenüber dieser Gefangenengruppe wird auch aus einem Brief des SS-Arztes Dr. S. Rascher deutlich, der im Lager Dachau an wehr-

---

[3] International Military Tribunal, Nürnberg, 1947, Fall XII, Dok. PS 582.

[4] Case OOO-50-2-23, 1947 (US Military Government Court vs. Piorkowski and Detmers).

[5] Alfred Streim, Die Behandlung sowjetischer Kriegsgefangener im „Fall Barbarossa“, Heidelberg 1981, S. 120 (Dokument Sammlung Zentrale Stelle, Ref. 319 Serie III, Ordner A, Bl. 839 f.).

[6] Staatsarchiv Nürnberg, Archiv der KZ-Gedenkstätte Dachau Nr. 3495.

losen Gefangenen grausame medizinische Experimente durchführte und der am 10.10. 1942 an den Lagerkommandanten schrieb: „Am 28. September wurde mir der russische Kriegsgefangene Chomitsch ... geb. 24.5. 1920 ... zu Versuchszwecken übergeben. Es handelt sich bei Chomitsch um einen Russen, welcher exekutiert werden sollte. Da mir vom RFSS befohlen wurde, für gefährliche Versuche zum Tode Verurteilte zu nehmen, wollte ich bei diesem Russen einen Versuch vornehmen, bei dem mit absoluter Sicherheit anzunehmen war, daß die VP den Versuch nicht überleben würde. Ich meldete ihm damals: „Sie können sich darauf verlassen, daß der Russe den Versuch mit Bestimmtheit nicht überleben würde und zu dem befohlenen Termin tot sei.“ Entgegen jeder Annahme überstand der betr. Russe 3 Versuche, die bei jedem anderen tödlich ausgelaufen wären. Entsprechend dem Befehl des RF SS, solche VPs, die zum Tode verurteilt sind, aber lebensgefährliche Versuche überstehen, zu begnadigen, bitte ich entsprechende Schritte vornehmen zu wollen. Es tut mir leid, daß durch unsere falsche Annahme nun Schreibereien entstehen. Mit bestem Dank und Heil Hitler[7].“ Auf eine Nachfrage bei Himmler vom 20. Oktober 1942, wird am 21. Oktober 42 lapidar geantwortet, „daß die seinerzeitige Anordnung des Reichsführers-SS über Begnadigung von Versuchspersonen nicht für Polen und Russen gilt.“[8].

In den Jahren 1943–1945 gab es nur noch vereinzelte Exekutionen sowjetischer Kriegsgefangener. Den Überlebenden aller Nationalitäten ist jedoch der Schrecken über die Hinrichtung von 92 sowjetischen Offizieren in Erinnerung geblieben, die am 4. September 1944 in dem vom übrigen Lager abgeschlossenen Bereich des Krematoriums erschossen wurden. Sie waren als Angehörige einer Widerstandsgruppe bereits im Sommer ins Lager Dachau eingeliefert und von den anderen isoliert untergebracht worden. Von dort aus wurden einzelne immer wieder zu Gestapoverhören gebracht, bei denen sie grausam gefoltert wurden. Es ist die einzige Gruppe der in Dachau ermordeten sowjetischen Kriegsgefangenen, für die eine Namensliste erhalten ist und die damit aus der Anonymität der namen- und zahllosen Opfer heraustritt[9]. Unter ihnen war auch ein junger Trompeter, Kirilenko, dem es gelungen war, seine Trompete im Lager zu behalten, und der seine Mithäftlinge öfter mit seinem Spiel erfreut hatte. Er wird in zahlreichen Erinnerungsberichten erwähnt. Der Wiener Schriftsteller Kolmar widmete ihm in seinem Buch „Zeit ohne Gnade“ ein ganzes Kapitel, in dem er schreibt: „Ich will nichts anderes als von meinem Trompeter Kirilenko erzählen, den sie im Frühjahr 1944 eines Abends mit anderen Russen abholten, um ihn auf einem abgesonderten Block zu isolieren. Wir durften nicht mehr mit ihm sprechen, durften ihm seine Trompete nicht mehr schicken, konnten

[7] IMT, Nürnberg 1947, Dok. 1971 c-PS
[8] IMT, Nürnberg 1947, Dok. 1971 e-PS
[9] Jefim Brodski, Im Kampf gegen den Faschismus, Berlin 1975, S. 492 ff.

ihn nur mehr gelegentlich durch den Zaun sehen, wenn er mit seinen Kameraden traurig im Hof kreiste, wie ein Tier in seinem Käfig ... Eines Tages stand der Trompeter Kirilenko am Zaun und weinte ... So vergingen ein paar Wochen. Es geschah nichts. Wir machten unsere Musik wie immer, ohne den ersten Trompeter, und warteten ab, weil uns nichts anderes übrig blieb ... An einem Samstag faßte sich einer von den Kameraden ein Herz, ging zum Lagerführer und bat ihn, Kirilenko für die Musik freizugeben. Wenigstens für eine Probe und das Konzert am Sonntag. Der Lagerführer dachte ein paar Herzschläge lang nach, dann stimmte er zu. Kirilenko kam. Er nahm seinen Platz vor dem Pult ein und spielte mit, wie er immer gespielt hatte ... Er blies, wie ich ihn niemals noch hatte blasen hören. Dann gab er seine Trompete ab, reichte uns allen die Hand und ging zu seinen Kameraden zurück in den abgesonderten Block. Er wußte damals schon, was wir erst am nächsten Morgen erfuhren ... Am nächsten Morgen ... wurden Listen verlesen. Die angetretenen Russen beantworteten den Aufruf ihrer Namen mit der Nennung ihrer Geburtsdaten ... Gegen 10 Uhr wurden die ersten zwanzig Mann ... ans Tor geführt. Hundert Schritte weiter lag das Krematorium. Also doch! – Abgang durch Tod. Darunter Kirilenko, der Trompeter[10]."

Ab 1942 und verstärkt ab 1943 kam die zweite Gruppe sowjetischer Häftlinge in die Konzentrationslager. Es waren zumeist junge Menschen, auch viele Kinder, die zur Zwangsarbeit nach Deutschland verschleppt worden waren und die sich aus den unterschiedlichsten Gründen, etwa weil sie versucht hatten, zu fliehen, in den Augen der Machthaber einer Verfehlung schuldig gemacht hatten und deshalb mit Konzentrationslagerhaft „bestraft" wurden. „Gestern ist wieder ein Russentransport angekommen, viele, viele Kinder sind dabei, meist barfuß. Auch einige Sechsjährige sind darunter. Bisher war unser jüngster Russe neun Jahre alt.", notierte der Häftling Edgar Kupfer-Koberwitz am 20. Oktober 1943 in sein heimlich geführtes Tagebuch[11]. Nach Aussage des französischen Häftlings Joseph Rovan, der in der Lagerschreibstube arbeitete, kamen vorwiegend Russen und Ukrainer, aber da die Eintragungen auf den Zugangsbögen mehr oder weniger unzuverlässig waren, hing es von den Angaben der Neueingetroffenen ab, ob auf den Häftlingskarteikarten „russisch" oder „ukrainisch" als Nationalität angegeben wurde[12]. Viele von ihnen wurden in die Außenlager weitergeschickt, wo sie wiederum zur Zwangsarbeit vornehmlich in Rüstungsbetrieben unter verschärften Bedingungen arbeiten mußten. In einem Erlaß des SS-Wirtschaftsverwaltungshauptamtes an die Kommandanten der Konzentrationslager vom 26. Februar 1943 wurde mitgeteilt, daß die

---

10 Rudolf Kolmar, Zeit ohne Gnade, Wien 1946, S. 81 ff.

11 Edgar Kupfer-Koberwitz, Die Mächtigen und die Hilflosen, Band II, Stuttgart 1960, S. 157.

12 Joseph Rovan, Geschichten aus Dachau, Stuttgart 1989, S. 80.

sowjetrussischen Zivilarbeiter (Ostarbeiter) aus den Konzentrationslagern nicht mehr zu entlassen seien: „Auf die bisherige Regelung, Ostarbeiter nach einer bestimmten Zeit aus den Konz.-Lagern zu entlassen und an ihre alten Arbeitsplätze zurückzubringen, die ursprünglich wegen der erzieherischen Wirkung dieser Maßnahme getroffen war, wird mit Rücksicht auf die Sicherung der in den Konzentrationslagern laufenden Rüstungsprogramme verzichtet[13].“ Auch aus den Konzentrationslagern gingen die allermeisten Fluchtversuche auf das Konto russischer und ukrainischer Häftlinge. „Heute nacht war Fliegeralarm“, notierte Kupfer-Koberwitz am 16. Juli 1943, „während des Alarms mußten wir antreten. Man hatte ein Loch im Zaun gefunden und vermutet, es sei jemand durchgegangen. Beim Zählen stellte sich heraus, daß die Zahl nicht stimmte. Nun wurden alle einzeln verlesen. Jeder der aufgerufen wurde, mußte ‚hier!‘ rufen. Keiner fehlte. Es wurde nochmals verlesen und die Russen dabei gesondert gestellt. Da zeigte es sich, daß vier Russen fehlten. Beim Aufrufen der Namen hatten die Russen für ihre fehlenden Kameraden ‚hier!‘ gerufen. Man konnte nicht feststellen, wer es getan hatte. Wir haben nur achtzehn Russen im Kommando, aber sie halten zusammen ... Vor zwei Uhr nachts müssen die Kerle durchgegangen sein. Sie haben den Draht durchschnitten und das Loch gemacht. So sind sie unter dem elektrischen Zaun durchgekommen ... Gut Glück sei mit ihnen!“ Und am 28. Juli 1943: „Es sind jetzt auch aus anderen Kommandos Russen aufgebrochen, insgesamt siebenunddreißig Mann. Den Russen wurde daraufhin bekannt gemacht, daß für jeden Russen, der flieht, fünf andere Russen erschossen werden.“ Am 31. Juli 1943 wurde vermerkt: „Drei geflohene Russen von unserem Kommando hat man wieder gefangen. Vom vierten weiß man nicht recht, ob er auf der Flucht erschossen wurde oder wieder entflohen ist, als man die anderen fing[14].“

Auch der Ukrainer S. P., der zu der Besuchergruppe der Überlebenden im Mai 1992 gehört, erinnert sich an mehrere Fluchtversuche, die er aus verschiedenen Zwangsarbeitslagern unternommen hatte: „Ich versuchte öfter zu fliehen,“ erzählt er, „versuchte es immer wieder – doch ohne Erfolg. Ich wurde immer wieder gegriffen, ganz gleich in welche Himmelsrichtung ich davonlief. So landete ich schon bald bei einer Strafkompanie in Stuttgart ... Eines Tages gelang mir auch aus dieser Strafkompanie ein Ausbruchsversuch. Zwei Monate war ich frei, dann schnappten sie mich wieder. Ich wurde wieder in eine Strafkompanie gebracht, ... genau dorthin, von wo ich geflohen war. Die Kameraden erkannten mich sofort. Du bist verloren, sagten sie. Und ich glaubte, daß ich verloren war. Auch die Bewachung erkannte mich wieder. Und bald tauchte auch ‚mein‘ Offizier auf. Ich wurde an die Wand gestellt ... es sollte ein Exempel statuiert werden. Vor mir standen 5 Männer mit normalen Gewehren, nicht mit Maschinenpistolen, wie sonst

---

13 National Archives, Washington, Archiv der KZ-Gedenkstätte Dachau, Nr. 7156.

14 Edgar Kupfer-Koberwitz, Die Mächtigen, S. 142ff.

bei Erschießungen üblich. Ich stand dort eine halbe Stunde. Dann kam ‚mein' Offizier und brach die Hinrichtung ab. Ich habe mich immer gefragt, wieso die Juden sich so willenlos, so ohne Auflehnung haben zu den Gaskammern bringen lassen. In dieser halben Stunde habe ich es begriffen. Ich war vollkommen ruhig und gelassen, völlig klar und hell im Innern. Mein ganzes Leben stand vor mir, ich wußte, daß es nun zu Ende war; ich hatte kein Bedürfnis zu kämpfen oder um mein Leben zu betteln. Diese Zeit des Wartens auf den Tod war völlig frei von Angst, Qual oder Leiden. Es war für mich eine gute Zeit[15]."

Diejenigen Gefangenen, die in der Rüstungsindustrie arbeiten mußten, standen unter der ständigen Drohung, wegen Sabotage angeklagt und zur Abschreckung vor den Augen aller Häftlinge hingerichtet zu werden. Am 24. Juli 1944 hatte Kupfer-Koberwitz vermerkt: „Kameraden, die im Revier waren, kamen aus dem Lager zurück. Sie sahen zwischen der Kantine und der Messerschmidt-Baracke, nahe der Lagerstraße, einen Galgen errichtet. An dem Galgen hing ein Russe, den man angeblich wegen Sabotage erhängte. Also man muß Exempel statuieren." Und unter dem Datum des 9. Oktobers 1944 findet sich eine detaillierte Schilderung einer Exekution in Dachau: „... Da kam Franchino zu mir in die Arbeitsecke. Er zitterte am ganzen Körper und war grau im Gesicht. Alles, was ich aus ihm herausbringen konnte, war: ‚Was sind das für Kanaillen!' ... Später erfuhr ich von den anderen Kameraden den Hergang: Der junge Russe war gehängt worden ... Er kam mit auf den Rücken gefesselten Händen in die Halle, stieg auf den Schemel und bemühte sich, fest und gefaßt zu sein. Ein SS-Henker und der grüne Capo standen neben ihm, ihn aufzuhängen. ‚Jungens ich grüße Euch' sagte er auf russisch. Weiter kam er nicht, der Häftling, der grüne Capo schlug ihn ins Gesicht ... Sie legten ihm die Schlinge um den Hals. Die SS-Offiziere standen da, lachten, rauchten, erzählten sich ... Dann hängten sie den 19-jährigen Russen und stießen den Schemel weg ..."[16].

Hermann Langbein, ehemaliger Häftling der Lager Dachau und Auschwitz, leitet in seiner Untersuchung über den Widerstand in den Konzentrationslagern das Kapitel über „Die Russen" folgendermaßen ein: „‚Da keine Juden im Lager waren, standen an unterster Stelle die Russen. Sie durften in kein gutes Kommando'. Diese Aussage von Julius Schätzle bezieht sich auf diejenige Zeit in Dachau, in der alle jüdischen Häftlinge bereits in KZs im Osten verlegt worden sind. Seine Feststellung hat auch für alle anderen Lager innerhalb des ‚Reiches' Gültigkeit; die SS zwang die Russen auf die unterste Stufe der von ihr gebildeten Hierarchie – Juden ausgenommen[17]."

Es gab im Lager Dachau am Ende einige wenige „prominente" Russen, un-

---

15 Gesprächsnotiz Stefanie Hajak, München, 8.5. 1992.

16 Edgar Kupfer-Koberwitz, Die Mächtigen, S. 201 ff.

17 Hermann Langbein, Nicht wie die Schafe zur Schlachtbank, Frankfurt/M., 1980, S. 166.

ter ihnen General Nikolaj Michailow, der als Sprecher der sowjetischen Häftlinge kurz vor und nach der Befreiung in Erscheinung trat, und sechs weitere hohe Militärs, die zusammen mit der Gruppe der prominenten politischen Geiseln verschiedener Nationalitäten am 28. April 1945 von Dachau aus nach Tirol gebracht und dort befreit wurden[18].
Die anderen erwarteten zusammen mit den Häftlingen aller Nationen in Dachau wie in den Außenlagern voller Ungeduld den Tag ihrer Befreiung. Als am 26. April 1945 die SS mit der Evakuierung des Lagers begann und etwa 7000 Gefangene in Richtung Süden in Marsch setzte, waren neben den deutschen und den jüdischen Häftlingen wiederum die sowjetischen Häftlinge zahlenmäßig die stärkste Gruppe. Wie viele von ihnen auf diesem Todesmarsch noch ums Leben gekommen sind, ist nicht mehr feststellbar. Und die Geretteten konnten nicht ahnen, daß für sie – im Gegensatz zu ihren Kameraden aus den anderen Ländern – mit der Befreiung aus dem Konzentrationslager die Zeit des Leids und der Verfolgung noch nicht beendet sein würde. Und daß viele, vielleicht die meisten von ihnen, zuhause erneute Repressionen, Diskriminierung oder Inhaftierung erwartete.

II.

„Diese armen Unglücklichen, die nach Deutschland deportiert wurden, werden zu Hause als Märtyrer angesehen und werden vom gesamten sowjetischen Volk mit offenen Armen aufgenommen", erklärte Ende Mai 1945 ein Vertreter der US-Besatzungstruppen in einem Interview[19]. Er gab damit nahezu wörtlich wieder, was der Bevollmächtigte für Repatriierungsangelegenheiten des Rats der Volkskommissare der UdSSR, Generaloberst Golikov, bereits Anfang November 1944 in einem Interview der sowjetischen Nachrichtenagentur TASS gesagt hatte: „Das Sowjetland denkt an und kümmert sich um seine Bürger, die in die deutsche Sklaverei geraten sind. Sie werden zuhause als Söhne der Heimat empfangen werden."[20]. Die Geschichte des Empfangs, den die sowjetische Heimat ihren aus deutschen Kriegsgefangenen-, Zwangsarbeiter- und Konzentrationslagern zurückkehrenden Söhnen und Töchtern bereitete, ist noch nicht geschrieben. Das Thema gehört zu den vielen „weißen Flecken" auf der historischen Landkarte der Sowjetunion[21]. Soviel allerdings steht fest: Ein festlicher Empfang, wie er dem biblischen verlorenen Sohn beschert wurde, war es nicht.

---

18 Archiv der KZ-Gedenkstätte Dachau, Nr. 272.
19 Zit. nach Wolfgang Jacobmeyer, Vom Zwangsarbeiter zum heimatlosen Ausländer. Göttingen 1985, S. 135.
20 Zit. nach V. N. Zemskov, K voprosu o repatriacii sovetskich graždan. 1944–1951 gody, in: Istorija SSSR 1991/4, S. 26–41, hier: S. 28.
21 Erste Aufschlüsse über die Nachkriegsschicksale sowjetischer Zwangsarbeiter darf man sich von einem Forschungsprojekt erwarten, das die Heinrich-Böll-Stiftung gemeinsam mit der der Aufarbeitung der kommunistischen Herrschaftsge-

Daß das Los derer, die in deutsche Hände gefallen waren, kein leichtes sein würde, zeichnete sich schon lange vor Kriegsende ab. So erging am 16. August 1941 der Befehl Nr. 270, der Rotarmisten, die von deutschem Militär gefangengenommen worden waren, pauschal als Feiglinge und Deserteure abstempelte und ihren Familien mit Entzug jeglicher staatlicher Unterstützung – was sich vor allem auf Lebensmittelrationen bezog – und im Falle von Kommandeuren sogar mit Verhaftung drohte[22]. Die Bevölkerung in den von der Roten Armee zurückeroberten Territorien stand unter pauschalem Kollaborationsverdacht. Viele aus deutscher Kriegsgefangenschaft geflohene oder von sowjetischen Streitkräften befreite Rotarmisten wurden in die Straflager geschickt[23]. Allein im Jahre 1943 nahm das NKWD 941549 Personen – 582515 Armeeangehörige und 349034 Zivilisten – in den zurückeroberten Gebieten fest, von denen 80296, wie es in einer Meldung des Geheimdienstchefs Berija heißt, „entlarvt und verhaftet" wurden[24]. Hoffnungen auf eine Lockerung des stalinistischen Regimes nach dem siegreichen Ende des Krieges wurden enttäuscht, auch wenn Generaloberst Golikov in seinem zu Propagandazwecken weit verbreiteten TASS-Interview erklärte: „In sowjetischen Kreisen rechnet man damit, daß sogar jene sowjetischen Bürger, die unter deutscher Gewalt und deutschem Terror eine Tätigkeit ausgeübt haben, die den Interessen der UdSSR widerspricht, nicht zur Verantwortung gezogen werden, wenn sie ehrlich ihre Pflicht, in die Heimat zurückzukehren, erfüllen werden[25]."

---

schichte in der Sowjetunion verpflichteten Gesellschaft „Memorial" durchführt; vgl. dazu „Ostarbeiter" in „Moskau News" (deutsche Ausgabe), Nr. 5, Mai 1991. Eine erste Annäherung der akademischen sowjetischen bzw. russischen Geschichtsschreibung an den Problemkreis stellt der oben zitierte Aufsatz von V. N. Zemskov dar, der das administrative Gefüge der Repatriierung eingehend erörtert, die schmerzhaften Fragen der Repression der Repatrianten jedoch weitgehend ausspart. Detailliertere Studien auf der Basis westlicher Quellen liegen zur Zwangsrepatriierung derjenigen sowjetischen „Displaced Persons" vor, die die Rückkehr verweigerten (zumeist handelte es sich um Angehörige von Hilfstruppen der deutschen Wehrmacht): Jacobmeyer, Zwangsarbeiter S. 123–152; Nicholas Bethell, Das letzte Geheimnis. Frankfurt a. M. u. a. 1974; Nikolay Tolstoy, Die Verratenen von Jalta. Englands Schuld vor der Geschichte. München u. a. 1977.

[22] Der Befehl ist in deutscher Übersetzung veröffentlicht in: Osteuropa, Jg. 39 (1989), S. 1035–1037. Robert Conquest, Stalin. Der totale Wille zur Macht. München u. a. 1991, S. 307. David J. Dallin, Boris I. Nicolaevsky, Forced Labour in Soviet Russia. London 1947, S. 282 f. Schon die aus Finnland heimkehrenden sowjetischen Gefangenen des Winterkriegs von 1939/40 wurden vielfach pauschal in Straflager eingeliefert; Tolstoy, Jalta S. 555.

[23] B. Jakovlev: Koncentracionnye lageri SSSR. München 1955. S. 36 f. Jaques Rossi, The GULAG Handbook. New York 1989, S. 263 und 349.

[24] Reinhard Rürup (Hrsg.), Der Krieg gegen die Sowjetunion 1941–1945. Eine Dokumentation. Berlin 1991, S. 179.

[25] Zit. nach Zemskov, K voprosu S. 28.

Der Appell an das Pflichtgefühl und das intensive Werben läßt ein erhebliches Interesse der sowjetischen Regierung an der Rückkehr ihrer verschleppten Bürger erkennen. Dahinter stand ein doppeltes Motiv, nämlich zum einen, die gigantischen Menschenverluste des Krieges nach Möglichkeit auszugleichen, und zum anderen, keine neue Emigration größeren Umfangs entstehen zu lassen, die zu einem Ausgangspunkt antisowjetischer Tätigkeit werden konnte. Immerhin drehte es sich um rund fünf Millionen Sowjetbürger, von denen sich ca. drei Millionen auf deutschem Gebiet befanden. Den größten Anteil unter letzteren hatten mit etwas mehr als zwei Millionen die zivilen Ostarbeiter, als zweitgrößte Gruppe folgten die etwa 700000 Kriegsgefangenen. In deutschen Konzentrationslagern befanden sich mehrere Zehntausend sowjetische Häftlinge; eine genaue Zahl ist nicht bekannt.

Neben diesen Gruppen gab es aber auch noch Angehörige von militärischen Einheiten, die unter der Kontrolle der deutschen Wehrmacht aufgestellt und eingesetzt worden waren. Dies waren zum einen Legionen aus Vertretern nationaler Minderheiten der Sowjetunion und zum anderen die sogenannte „Russische Befreiungsarmee“ unter General Wlassow[26]. Natürlich waren die Erwartungen, die die einzelnen Gruppen mit der Rückkehr in die Sowjetunion verbanden, sehr unterschiedlich. Die größten Befürchtungen und dementsprechend der größte Widerstand gegen die Rückkehr nachhause war selbstverständlich bei jenen anzutreffen, die unter deutschem Oberbefehl gekämpft hatten. Die weit überwiegende Mehrzahl der Angehörigen der anderen Gruppen sowjetischer Kriegsgefangener und DPs war jedoch zur freiwilligen Rückkehr entschlossen. In besonders hohem Maße war diese Haltung bei den ehemaligen KZ-Häftlingen anzutreffen. Generell war bei den Zivilisten die Überzeugung verbreitet, man werde sie nicht wegen nichts einsperren[27].

Die Mehrheit der während des Krieges verschleppten Sowjetbürger befand sich 1945 auf den von den Westmächten besetzten Territorien[28]. Zu ihnen gehörten auch die ehemaligen sowjetischen Häftlinge des KZ Dachau. Über die Repatriierung der sowjetischen DPs, die sich im Einfluß- und Besatzungsgebiet der Westalliierten befanden, wurde auf der Konferenz von Jalta im Februar 1945 ein Abkommen geschlossen, daß auch die zwangsweise Rückführung ermöglichte[29]. Zum Empfang der Rückkehrer wurde auf Weisung Stalins[30] ein eigenes Netz von Sammel- sowie Überprüfungs- und

---

[26] Einen Überblick darüber gibt Alexander Nekrich, Geschichte der Sowjetunion 1940–1980. Königstein i.Ts. 1982, S.114–125.

[27] Zemskov, K voprosu S.27.

[28] Ebenda S.31.

[29] Siehe dazu Jacobmeyer, Zwangsarbeiter S.126–129.

[30] Abgedruckt bei Dimitri Wolkogonow, Stalin. Triumph und Tragödie. Düsseldorf 1989, S.668.

Filtrationslagern errichtet. Insgesamt hundert Lager für je 10000 Insassen wurden an den zwei weißrussischen und den vier ukrainischen Fronten errichtet, 30 davon für die Aufnahme von Zivilisten, die anderen für Militärpersonal. Weitere 46 Sammelpunkte waren für die Aufnahme von Sowjetbürgern vorgesehen, die von der sowjetischen Armee befreit worden waren. Die Überprüfung der ehemaligen Wehrdienstleistenden der sowjetischen Armee oblag dem während des Kriegs gebildeten militärischen Geheimdienst „Smersch" (russ. Abkürzung für „Tod den Spionen"), die Zivilpersonen sollten von Überprüfungskommissionen aus Vertretern des Innenministeriums (NKWD), des NKGB (Volkskommissariat für Staatssicherheit) und des „Smersch" unter Vorsitz des NKWD-Vertreters überprüft werden. Nach den Vorstellungen Berijas sollte die Überprüfung in den Lagern nicht länger als 10 Tage dauern. Alle Zivilisten sollten danach zu ihrem ständigen Wohnort geschickt werden – wobei Moskau, Leningrad und Kiew von vorneherein ausgeschlossen waren –, wo die Sicherheitsorgane die Untersuchungen fortsetzen und abschließen sollten. Tatsächlich dauerte der Aufenthalt in diesen Lagern in der Regel ein bis zwei Monate, nicht selten erheblich länger[31].

Über die Verhältnisse in den Prüf- und Filtrationslagern (PFL) ist wenig bekannt, da nicht allzuviele die Möglichkeit hatten, darüber zu berichten. Alexander Solschenizyn schrieb über dieses Thema: „Diese Lager unterschieden sich in nichts von den Zwangsarbeitslagern ITL [Russ. Abkürzung für „Besserungsarbeitslager", Anm. d. Verf.], das Besondere bestand nur darin, daß die Insassen noch keine Strafen hatten und im Lager selbst auf das Urteil warten mußten. All diese PFLs standen nicht abseits, waren Betrieben, Bergwerken und Baustellen zugeordnet, so daß sich die früheren Kriegsgefangenen, die wiedergewonnene Heimat von hinterm Stacheldraht wie vordem Deutschland beäugend, vom ersten Augenblick an in den zehnstündigen Arbeitstag eingliedern konnten. Zur Mußestunde, an den Abenden und in den Nächten wurden die zu Überprüfenden verhört, zu welchem Behufe die PFLs mit einer Vielzahl von Einzelbeamten und Untersuchungsrichtern bestückt waren."[32]. Die Versorgungslage in den durch die deutsche Kriegsführung der „verbrannten Erde" verheerten westlichen Teilen der Sowjetunion war generell prekär. In den Lagern betrug die Brotration bis 1948 nur 300 Gramm pro Tag[33]. Nach den vorhandenen Zeugnissen wurde die „Überprüfung" der Repatrianten recht willkürlich vorgenommen. Die zuständigen Instanzen waren offenbar mit der gewaltigen

---

[31] Zemskov, K voprosu S. 31 f.; V. G. Safronov, Antifašistskaja bor'ba v nacistskich konclagerjach i učastie v nej sovetskich ljudej, in: Novaja i novejšaja istoria 1989/1, S. 45–62, hier: S. 47.

[32] Alexander Solschenizyn, Der Archipel GULAG 1. Reinbek bei Hamburg 1987, S. 229.

[33] B. Jakovlev, Koncentracionnye lageri SSSR. München 1955. S. 38.

Aufgabe der Untersuchung von Millionen von Menschen völlig überfordert[34] und von oft absurden stalinistischen Vorstellungen geleitet. Kriegsgefangene etwa sollten sich dafür rechtfertigen, daß sie während ihrer Gefangenschaft keine Deutschen oder Angehörige der Wlassow-Armee getötet hatten[35]. Manche Heimkehrer wurden aber auch in Arbeitslager geschickt, ohne daß sie jemals mit irgendeinem Vorwurf oder einer Untersuchungskommission konfrontiert worden wären. Elinor Lipper berichtet in ihren Erinnerungen von einer ukrainischen Zwangsarbeiterin, deren ganzer Transport zu zehn Jahren Lagerhaft verurteilt worden war. Erst als sie das Lager in Magadan erreichten, wurde ihnen diese Tatsache mitgeteilt[36]. Ursula Roland ist in den Lagern von Tajšet-Bratsk einer ehemaligen Zwangsarbeiterin begegnet, die mit einer Reihe von Leidensgenossinnen zusammen zu zehn Jahren Lagerhaft wegen Vaterlandsverrat verurteilt worden war. Sie hatte in Deutschland ein Liebesverhältnis zu einem Deutschen unterhalten und war von ihm schwanger geworden. Ihr Kind hatte man in ein Kinderheim verbracht[37]. Es kam auch zu Erschießungen von Repatrianten, allerdings, soweit bekannt, in verhältnismäßig geringem Umfang. Die Opfer waren in der Regel führende Mitglieder der Wlassow-Armee und der nationalen Legionen[38]. Die anderen Militärkollaborateure erhielten zumeist 25 Jahre Lagerhaft.

Den Umfang der Repression gegen Repatrianten zahlenmäßig zu bestimmen, ist beim gegenwärtigen Kenntnisstand praktisch unmöglich. Die kursierenden Angaben weichen weit voneinander ab. Nikolai Tolstoy etwa beruft sich auf die Schätzung eines ehemaligen NKWD-Offiziers, wonach 60 Prozent der Repatrianten und Bewohner der besetzten Gebiete zwischen 1943 und 1947 in irgendeiner Form bestraft wurden, ein Drittel davon mit der Todesstrafe oder 25 Jahren Lagerhaft. Nur knapp 20 Prozent hätten nachhause zurückkehren dürfen[39]. Dagegen führt Viktor Zemskov eine Statistik an, derzufolge bis März 1946 fast 58 % an einen „ständigen Wohnort“

---

34 Tolstoy, Jalta S. 567.

35 Vgl. den Bericht eines sowjetischen Leutnants in: David J. Dallin, Boris Nicolaevsky, Forced Labor in Soviet Russia. London 1947. S. 285–289.

36 Elinor Lipper, Eleven Years in Soviet Prison Camps. Chicago 1951 S. 283.

37 Ursula Roland, Wie eine Feder im Wind. Meine Zeit in Stalins Lagern. Berlin 1991, S. 170–175. Ein ähnliches Schicksal hätte der Frau im übrigen auch in NS-Deutschland gedroht. Liebesverhältnisse zwischen Deutschen und Fremdarbeitern, insbesondere Slawen, galten auch hier als Verbrechen, das mit KZ und nicht selten, vor allem bei slawischen Männern, auch mit standrechtlicher Hinrichtung geahndet wurde. In Deutschland geborene Kinder von Ostarbeiterinnen kamen zumeist in eigens eingerichtete Kinderheime, wo die Mehrzahl von ihnen aufgrund von Vernachlässigung und Unterernährung starb. Vgl. hierzu allgemein: Ulrich Herbert: Fremdarbeiter. Politik und Praxis des „Ausländer-Einsatzes“ in der Kriegswirtschaft des Dritten Reiches. Berlin u. a. 1985, S. 247–250.

38 Dallin/Nicolaevsky, Forced Labour, S. 283 f.

39 Tolstoy, Jalta S. 572 f.; dieselbe Schätzung zitiert auch Nekrich, Geschichte S. 140.

geschickt worden seien (was allerdings gemäß den Direktiven für die Repatriierung keineswegs das Ende der Überprüfung bedeuten mußte). 19% wurden danach zum Militärdienst eingezogen, 14,5% in Arbeitsbataillone des Verteidigungsministeriums. Dem NKWD seien nur 6,5% – in Zahlen: 272867 – der Repatrianten überstellt worden[40]. Der sowjetische Historiker und Dissident Roy Medvedev hingegen vermutet, daß sich die Zahl der repressierten Kriegsgefangenen und Zwangsarbeiter zwischen zwei und drei Millionen bewegt[41]. Alle diese Zahlen sind nicht frei von Unstimmigkeiten und lassen Fragen offen, die ohne eine eingehende systematische Analyse, welche auch die unterschiedlichen Facetten des stalinistischen Repressionssystems zu berücksichtigen hätte, nicht geklärt werden können. Gegenwärtig ist die Frage der Statistik des GULAG noch ein recht umstrittenes Thema[42].

Trotz vieler offener Fragen bleibt festzuhalten, daß keinen der Repatrianten – entgegen der Meinung des eingangs zitierten amerikanischen Offiziers – ein Empfang mit offenen Armen erwartete. Es gibt deutliche Hinweise darauf, daß dem von oben verordneten Mißtrauen „unten" häufig eine ganz ähnliche Haltung entsprach. So sah sich die Führung der Kommunistischen Partei schon Anfang August 1945 genötigt, die unteren Partei- und administrativen Einheiten daran zu erinnern, daß die Rückkehrer erneut alle Rechte sowjetischer Bürger genössen und es darauf ankäme, statt Mißtrauen zu schüren, sie zur gesellschaftlich-politischen Arbeit heranzuziehen – eine widersprüchliche Haltung, ging doch, wie auch Viktor Zemskov bemerkt, der auf der anderen Seite die staatliche Fürsorge für die Heimkehrer hervorhebt, das Mißtrauen gegen sie von den höchsten Ebenen des Staates aus[43]. War es hier vor allem die Einschätzung eines jeden, der mit dem Ausland in Berührung gekommen war, als potentielle Gefahrenquelle, so scheint im „einfachen Volk" die Ansicht verbreitet gewesen zu sein, Zwangsarbeiter und Kriegsgefangene hätten sich durch die für die Nationalsozialisten geleistete Arbeit moralisch disqualifiziert. Die ehemalige Krauss-Maffei-Zwangsarbeiterin N.T. schildert das Verhalten ihrer Landsleute ihr gegenüber so:

„In Rostow wußten zwar unsere Nachbarn, daß man uns gewaltsam abgeholt hat, aber manchmal haben uns junge Burschen auf der Straße mit Steinen beworfen und uns als ‚Faschisten' beschimpft. Ich habe dabei geweint, man hat mich ja geholt. Aber man kann das doch nicht jedem beweisen. Mein Vater ist im Krieg gefallen, mein Bruder auch, wir wissen nicht wo.

---

40 Zemskov, K voprosu S.36.

41 Roy Medvedev, Wer kennt die Opfer, nennt die Zahlen, in: Moskau News (deutsche Ausgabe) Nr.1, Januar 1989.

42 Vgl. dazu z.B. V.N. Zemskov, Zaključennye, specposelency, ssyl'noposelency, ssyl'nye i vyslannye. Statistiko-geografičeskij aspekt, in: Istorija SSSR 1991/5, S.151–165, hier: S.151f.

43 Zemskov, K voprosu S.39f.

Der andere Bruder kam verwundet nach Hause und starb. Meine ältere Schwester erkrankte unterwegs von Deutschland und starb zuhause. Arzneien gab es nach dem Krieg nicht und Ärzte wollten uns nicht besuchen. Man konnte sie damals nicht retten."[44].

Den Vorurteilen, auf die die Repatrianten stießen, stand in der Öffentlichkeit nichts entgegen. Über das, was sie in den deutschen Zwangsarbeiter-, Kriegsgefangenen- und Konzentrationslagern erlitten hatten, wurde im ersten Nachkriegsjahrzehnt öffentlich nicht gesprochen. Selbst der Widerstand sowjetischer Kriegsgefangener in Deutschland wurde von offizieller Seite als Gestapo-Provokation abgetan und herabgewürdigt. Erst in den sechziger Jahren gab es in dieser Hinsicht eine (zeitweilige) Öffnung[45]. An allen Repatrianten haftete zudem bis in die jüngste Zeit hinein der Makel, beim KGB aktenkundig zu sein.

In Dachau inhaftiert gewesen zu sein, sagt I. P., der heute in Gomel lebt, sei aus der Sicht der damaligen sowjetischen Machthaber ein Verbrechen gewesen. P. war drei Jahre lang Häftling des KZ Dachau und wurde unter anderem als Versuchsperson für Kälteversuche benutzt. Nach der Befreiung wurde er erneut zur Sowjetischen Armee eingezogen und mußte fünf Jahre Wehrdienst leisten. „Ich hatte Glück", sagt er, „viele meiner Kameraden aus Dachau wurden direkt in die sowjetischen Arbeitslager geschickt." Ab und zu hätten ihm später auch noch manche fanatische Kommunisten seine „deutsche Vergangenheit" vorgeworfen[46].

J. P. aus Kiew, der als Jude die deutschen KZs nur überlebte, weil es ihm gelang, eine falsche russische Identität anzunehmen, gehört zur Kategorie jener, die zwangsweise zur Arbeit in die Kohlegruben des Donbass geschickt wurden, wo äußerst schlechte Arbeitsbedingungen herrschten. In seine Heimatstadt durfte er nicht. Im Gegensatz zu den Insassen von Arbeitslagern konnten jene, die das Schicksal von J. P. teilten, sich in ihren Aufenthaltsorten frei bewegen und wurden für ihre Arbeit bezahlt. Ein leichtes Los war es dennoch keineswegs: „Es fällt mir schwer, darüber zu erzählen. Wir haben in den KZ überlebt, und hier in diesen Gruben sind einige unserer Kameraden gestorben. Wir haben unter sehr schweren Bedingungen gearbeitet. Ich denke, ich habe nur überlebt, weil ich dank dem Schwimmen, das ich

---

[44] Interview mit N. T., Dachau 7. 5. 1992. Die ziterten lebensgeschichtlichen Interviews sind im Zusammenhang mit dem Besuch ehemaliger sowjetischer Dachau-Häftlinge und Zwangsarbeiter entstanden. Sie wurden von den Autoren und Stefanie Hajak vorbereitet und von Elena Ilina durchgeführt. Deutsche Übersetzung der Transkripte im Archiv der KZ-Gedenkstätte Dachau.

[45] Jefim Brodski, „Offensichtlich Provokateure"? Über den Widerstand sowjetischer Kriegsgefangener in Nazi-Deutschland und über seine Tabuisierung in der Stalin-Ära, in: informationen – Zeitschrift des Studienkreises: Deutscher Widerstand, Nr. 33, Oktober 1991, S. 17f. Vgl. auch Safronov, Antifašistskaja bor'ba S. 47; Tolstoy, Jalta S. 558.

[46] Interview mit I. P., Dachau 7. 5. 1992.

vor dem Krieg betrieben hatte, kräftig war." Zwei Jahre verbrachte J.P. in den Kohlegruben[47].

Die Situation der in deutsche Lager Verschleppten hat sich im Grunde erst im Zuge des grundlegenden Wandels in der Sowjetunion beziehungsweise ihren Nachfolgestaaten geändert. Erst seit wenigen Jahren werden jene, die als Jugendliche verschleppt wurden (und sich heute zumeist im Rentenalter befinden), als Kriegsveteranen anerkannt und erhalten entsprechende Vergünstigungen, wie Freifahrkarten, vergünstigte Einkaufsmöglichkeiten etc. Für die Betroffenen ist es jedoch äußerst schwierig, ihren Aufenthalt in deutschen Lagern nachzuweisen, da ihnen im Zuge der Repatriierung alle entsprechenden Dokumente abgenommen wurden[48]. So haben sich in der jüngsten Vergangenheit viele ehemalige Häftlinge hilfesuchend an die KZ-Gedenkstätte Dachau gewandt. Berechtigt, eine Bestätigung über den Lageraufenthalt auszustellen, ist jedoch nur der Internationale Suchdienst in Arolsen. Dort scheint man dem neuen Ansturm von Anfragen nicht gewachsen zu sein. In Briefen und mündlichen Zeugnissen von ehemaligen sowjetischen KZ-Häftlingen, die eine Bestätigung aus Arolsen bekommen haben, ist jedenfalls übereinstimmend von Wartezeiten von mindestens einem Jahr die Rede. In der gegenwärtigen katastrophalen ökonomischen Situation in den Nachfolgestaaten der Sowjetunion zählen gerade die Rentner zu den am härtesten Betroffenen. Die Renten, wiewohl sie wiederholt erhöht wurden, decken bei weitem nicht das Existenzminimum. Welche Bedeutung in dieser Lage der Veteranenstatus haben kann, verdeutlicht die Aussage von N.T: „Ich bräuchte einen Ausweis für Freifahrten in den Vorortzügen. Mein Sohn als Kriegsveteran hat so einen Ausweis bekommen. [. . .] Ich habe eine Rente von 600 Rubel. Meine Enkeltochter ist krank. Die sechs Rubel, die ich für eine Fahrkarte ausgebe, um zu unserem Schrebergarten zu fahren, könnten wir sehr gut gebrauchen[49]."

Da es gegenwärtig nicht den Anschein hat, als würde es noch zu Lebzeiten der Betroffenen zu irgendeiner Entschädigungsregelung kommen[50], sollte deutscherseits wenigstens dafür gesorgt werden, daß die Hilfeleistungen der UdSSR-Nachfolgestaaten für jene dreifach Geschlagenen nicht an hiesigen bürokratischen Hindernissen scheitern.

---

47 Interview mit J.P., Dachau 7.5. 1992; Erinnerungen von J.P. im Archiv der KZ-Gedenkstätte Dachau.

48 Zemskov, K voprosu S. 37; Interview I.P.

49 Interview mit N.T.

50 Vgl. z.B. Friedemann Kohler, Unrecht wiedergutmachen, in: Das Parlament Nr. 40 v. 27.9. 1991.

Lilli Segal

Bereist die schöne freie Schweiz

Der schwierige Weg von Auschwitz in die Freiheit. Bericht über eine Flucht

Da sahen wir sie, die Lichter des Städtchens Steckborn auf der anderen Seite des Untersees, hell leuchtend ohne jegliche Verdunkelung. Da drüben, weniger als einen Kilometer entfernt, lag das Schweizer Städtchen, allerdings durch den See von uns getrennt. Seit 1939 hatte ich in der Nacht keine beleuchtete Stadt mehr gesehen – weder in Frankreich noch während des Transports vom Konzentrationslager Auschwitz in Polen bis ins Sudetengebiet. Wenn uns die Flucht aus dem Arbeitskommando bei Kratzau und dann die Reise durch halb Deutschland bis fast an die schweizer Grenze gelungen war, so verdankten wir dies der wirklich kompletten Verdunkelung auf deutschem Territorium.
Auf dem Weg vom Lager bis in die Fabrik wurden wir zwar von Aufseherinnen, den sogenannten Gretchen, bewacht, und am Anfang und am Ende des Zuges ging je ein SS-Mann mit Hund und einer abgeblendeten Laterne. Aber in der Dunkelheit, um fünf Uhr früh, konnten sie höchstens sehen, wenn jemand direkt stehen blieb oder hinfiel. Ansonsten versuchten sie, mit Stockschlägen und Geschrei die Gruppe von etwa 80 Frauen zusammenzuhalten. Auf dem Weg zur Fabrik mußten wir durch einen Tunnel hindurch, in dem es noch dunkler war als auf der Landstraße, wodurch sich ein unübersehbares Knäuel bildete.
So wie wir es vorher verabredet hatten, warfen wir uns kurz vor dem Tunneleingang in den Straßengraben und ließen den SS-Mann mit seinem Hund an uns vorüberziehen.
Aber die Dunkelheit und der Nebel wurden uns beinahe zum Verhängnis. Nachdem der winzige Lichtpunkt, der der abgeblendeten Laterne des SS-Manns entsprach, verschwunden war, kroch ich aus dem Graben hervor und blieb mitten auf der Landstraße stehen in der Hoffnung, meine Kameradin Anni Sußmann zu entdecken. Der Nebel war aber so dicht, daß ich nicht einmal den etwa zwei Meter entfernten Baum am Straßenrand erkennen konnte – und zu rufen schien mir zu gefährlich. Jeden Augenblick konnte ein Arbeiter oder sogar ein Aufseher die Straße entlang kommen. – Und dann kam es plötzlich – ein Rascheln der welken Blätter und ein leiser Ruf: „Teddy!“ Erst als Anni meine Hand ergriff, war ich ganz sicher, daß ich sie gefunden hatte.
Fast drei Stunden konnten wir ungehindert auf der Landstraße wandern, in Richtung des Gebirges und, wie wir hofften, in Richtung Zittau, der nächsten

deutschen Stadt. Als es dann hell wurde, stiegen wir einen dicht bewaldeten Hügel hinan – wir trugen zwar keine Häftlingskleidung, aber unsere Mäntel waren mit einem riesigen roten Kreuz auf dem Rücken verziert, ein Zeichen, das die Bevölkerung genau kannte, da die so gezeichneten Häftlinge in der Fabrik streng von allen andern getrennt waren. Verbot mit uns zu sprechen, oder uns irgendetwas zu geben! Trotzdem hatten die französischen und italienischen Zivilarbeiter es immer wieder fertiggebracht, uns ein paar tröstende Worte zuzurufen, uns Salz oder ein paar Stücke Zucker zuzustecken – und als ich an einem Tag im Hof in der Nähe der Italiener arbeitete, hatten sie mit äußerster Geschicklichkeit eine Zeitung und, auf meine Bitte hin, einen Plan der Gegend, beim Vorbeigehen auf meine Schaufel fallen lassen.

Aber selbst das Waldgelände erschien uns noch nicht sicher genug. Schließlich fanden wir im Gestrüpp eine Grube, die bis oben hin mit Laub gefüllt war. Wir gruben uns im wahrsten Sinne des Wortes hinein und deckten uns völlig mit dem kalten, nassen Laub zu. Wie lange wir so lagen und sogar etwas schliefen, weiß ich nicht. Aber plötzlich wurden wir durch Hundegebell aufgeschreckt. Unter uns auf der Landstraße hörte man mehrere Männer rufen, irgendwie schienen dort gestiefelte Männer mit Hunden etwas zu suchen, ja einmal war sogar ein Schuß zu hören.

Wir rührten uns nicht, denn wir hatten Angst, daß man das Gelände absuchen würde. Das wäre die einzige Möglichkeit gewesen, uns zu finden. Sicher hatte man inzwischen herausgefunden, daß wir bei der Arbeit fehlten, aber trotz der Hunde war es unmöglich, eine Spur zu verfolgen. Alles, was wir besaßen, trugen wir auf dem Leibe. Wenn es uns gelungen war, ein Stück Tuch zu ergattern, mit dem wir uns nach dem Waschen abtrocknen konnten, so trugen wir es am Gürtel oder um den Hals, damit es uns niemand wegnehmen konnte. Wir hatten nichts, was uns allein gehörte – Suppennapf und Löffel erhielten wir während der Mahlzeit zugeteilt. Wäsche oder Kleidung zum wechseln gab es nicht. Man schlief in seinem Hemd, wenn man ein solches besaß, oder sonst in seinem Kleid. Nicht einmal die Pritsche, auf der wir schliefen, trug unsere Spuren. Wenn wir morgens aufgestanden und zur Arbeit gegangen waren, schlief ein anderer Häftling, der früh von der Nachtschicht zurückgekehrt war, auf unserer Matratze.

Auf jeden Fall warteten wir die Dunkelheit ab, bevor wir weiterwanderten.

Und wieder war die Verdunkelung unsere Rettung. Als wir dicht bei der Stadt Zittau eine Brücke überquerten, die völlig leer erschien, hörten wir plötzlich ein paar französische Brocken. Ohne zu wissen, wer da sprach, stürzte ich mich auf die Gestalten und sagte auf französisch: „Vous êtes Français? Nous sommes juifs, évadés d'un camp de concentration – aidez nous!“[1] Jetzt erst, als ich sie beinahe berührte, erkannte ich, daß sie Uni-

---

[1] Sie sind Franzosen? Wir sind aus einem Konzentrationslager geflüchtete Juden. Helfen Sie uns!

form trugen. – Es waren französische Kriegsgefangene, die beim Bauern arbeiteten und jetzt abends ins Kriegsgefangenenlager zurückkehrten. Wir schrieben November 1944, und man hatte schon nicht mehr genügend Wachpersonal, um die Kriegsgefangenen bei ihrer Tätigkeit zu begleiten.

Interessant war, daß die beiden bereits durch irgendwelche Kameraden oder Fremdarbeiter gehört hatten, daß es seit 3 Wochen ein Lager gab, in dem Französinnen und Holländerinnen unter unvorstellbaren Bedingungen lebten und in einer großen Fabrik bei Kratzau arbeiteten – während die Bevölkerung des Ortes, vor deren Fenstern man uns täglich vorbeitrieb, unsere Anwesenheit in der Fabrik ignorierte.

Wieder schützte uns die Dunkelheit. Die beiden Franzosen kehrten mit uns zum Bauernhof zurück, ohne daß uns jemand beobachtet hätte, und versteckten uns dort auf einem Heuboden, den die Bewohner normalerweise nicht betraten und in dem die Franzosen ihre Arbeitsgeräte unterbrachten. Im Schutze der Dunkelheit versorgten sie uns, stahlen sogar einen alten Mantel, der den hellen Sommermantel mit dem roten Kreuz ersetzte, und mobilisierten einen französischen Zivilarbeiter, der, nachdem er Billetts für uns gekauft hatte, uns am dritten Tage nachts um 1 Uhr auf Umwegen zum Bahnhof brachte. Auch hier im Zug half uns die sparsame Beleuchtung, so daß man unseren merkwürdigen Aufzug kaum sehen konnte.

Immerhin war unsere Kleidung und unser Aussehen noch so ungewöhnlich, daß, als ich mich am nächsten Morgen in Dresden an eine frühere Angestellte meiner Großmutter wandte und sagte: „ich bin die Enkelin vom Generalkonsul Schlesinger, ich bin aus einem Judenlager entflohen," Frau Bäckermeister Rehn keinen Augenblick an meiner Aussage zweifelte, sondern nur fragte: „Die Lilli oder die Gerda?" Gerda ist meine 6 Jahre ältere Schwester.

Dank der Hilfe von drei christlichen alten Damen, die sich noch daran erinnerten, daß ich als kleines Mädchen meine Ferien bei ihnen verbracht hatte und immer die beste in der Sonntagsschule war, konnten wir unsere Flucht bis zur Schweizer Grenze planen und waren nicht nur sauber gewaschen, sondern trugen auch normale Kleidung.

Wir brauchten ganze drei Tage, um die Strecke von Dresden nach Radolfzell in Personenzügen zu bewältigen, indem wir, wie es erlaubt war, immer nur 100 km fuhren, um dann auszusteigen, ein neues Billett zu kaufen und einen weiteren Zug zu nehmen, der oft erst 5–6 Stunden später den Bahnhof verließ. Als wir in Nürnberg zum ersten mal von einem Fliegeralarm überrascht wurden, half uns wieder die Verdunkelung. Die Sirenen ertönten, und wir wußten nicht, wie man sich benehmen mußte. Im Gefängnis und im Lager war die Warnung nur für die Deutschen gültig gewesen – wir mußten im Militärgefängnis Fresnes in unseren Zellen bleiben –, denn nur die deutschen Häftlinge und die Wachhabenden durften den Luftschutzkeller betreten. Auch im Lager Auschwitz hatten wir einen Fliegerangriff erlebt. Als die Sirenen heulten, wurden die Tore unserer Baracke geschlossen. Die Soldaten auf den Wachtürmen und einige SS-Schützen richteten die Maschinengewehre auf den Ausgang des Blocks und erklärten, auch wenn ein Brand entstünde, werde man auf jeden schießen, der den Block zu verlassen suche . . .

„Komm“, sagte meine Kameradin Anni, „wir müssen uns unter die Leute mischen. Versuch, Dich zwischen die Frauen zu drängen,“ was aber gar nicht so einfach war. „Haben Sie denn gar kein Gepäck?“ fragte eine Frau mißtrauisch, als wir versuchten, uns ihr anzuschließen. Aber alle waren so müde und nervös, daß wir uns ungefährdet in eine Ecke hocken konnten, und eine Kontrolle war in diesem Gewühle kaum zu fürchten.

Als wir nun auf der Landstraße standen und die Lichter auf dem gegenüberliegenden schweizer Ufer des Untersees sahen, vergaßen wir die Warnung, die uns zwei Arbeiter am Bahnhof Radolfzell zugerufen hatten, als wir nach dem Weg nach Hemmenhofen fragten. „Das ist Sperrgebiet“, hatten sie erklärt, „da müssen Sie eine Sondererlaubnis haben, wenn Sie in diese Gegend wollen. Da müssen Sie erst zur Feldpolizei, und heute abend ist es sicherlich zu spät.“ Statt einen Waldpfad zu suchen, der uns über die Hügel oberhalb des Sees geführt hätte, stapften wir unbekümmert die Straße entlang, die Augen immer auf die Lichterpunkte gerichtet, die allerdings noch undeutlich waren.

Ich hatte sie nicht einmal gehört oder gesehen. Aber Anni stieß mich an und ging ganz ruhig auf die beiden Gestalten und den Hund zu, die plötzlich aus dem Wald herausgetreten waren. An ihren Helmen erkannte ich, daß sie Uniform trugen. „Mei“, sagte Anni mit absichtlich piepsiger Stimme, „haben Sie mich aber erschreckt! Ich hab schon geglaubt, da kämen Banditen aus dem Wald und wollten uns überfallen!“ „Na was hätten sie dann getan?“ fragte der eine Soldat neugierig und lachte dabei. „O Gott“ piepste Anni und sah ihn schmachtend an, „wir hätten versucht davonzulaufen, aber wenn das nicht gelungen wäre, so hätten Sie sich sicher beeilt und wären uns zu Hilfe gekommen.“ Das Eis war gebrochen. Beide lachten vergnügt und fragten weder nach unseren Papieren noch nach unserer Erlaubnis für das Sperrgebiet.

„Aber wo wollen Sie denn in der Dunkelheit hin? Sind Sie von hier?“

„Zum Schloß Gaienhofen“, sagte ich rasch, denn nur die Anwohner der Gegend bezeichneten das Landschulheim am See als Schloß, das es früher einmal gewesen war.

„Arbeiten Sie dort?“ kam die Frage. „Nein“ antwortete ich. „Wir kommen aus Freiburg, wir sind völlig ausgebombt worden und jetzt will ich zu meiner Tante Frl. Dr. Haldimann, die wird uns bestimmt aufnehmen, und wir werden uns hier beim Arbeitsdienst melden, der wird uns dann entsprechend einsetzen.“

Anscheinend kannten sie das Schloß und den Namen Haldimann. Sie sagten uns ein paar tröstliche Worte und scherzten sogar noch ein wenig mit uns, wir sollten vorsichtiger sein, nicht so unbekümmert herumlaufen – und dann gingen sie weiter in der Richtung nach Radolfzell.

Wir beherzigten ihren Ratschlag und verließen die Landstraße, kletterten den Hügel hinauf und fanden einen Weg, der etwa 300–400 m über der Straße durch Wald und Gärten führte. Als ich noch im Internat (im „Schloß" Gaienhofen) war, hatte ich diesen Weg oft benutzt. Im Frühjahr und im Herbst konnte man von hier oben in der Ferne die schneebedeckten Gipfel des Berner Oberlandes sehen, bei ganz klarem Wetter sogar manchmal das Jungfraujoch erspähen. Ich war als Kind und als junges Mädchen sehr oft in die Schweiz gereist und hatte nur die besten Erinnerungen an meine Aufenthalte in den verschiedensten Kantonen, aber ebenfalls an meine Kontakte mit Schweizer Bürgern.

Hinzu kam, daß das Landerziehungsheim Gaienhofen von einer deutschen und einer schweizer Lehrerin geleitet wurde, die beide um 1900 studiert hatten, damals eine mutige und fortschrittliche Haltung für eine Frau. An der Schule unterrichteten mehrmals Schweizer Bürger, die sich auch, besonders wenn ich sie mit unseren verknöcherten und damals oft reaktionären Lehrern in Berlin verglich, durchaus demokratisch verhielten.

Da ich in Berlin in eine Oberschule gegangen war, in der als Fremdsprache nur Englisch unterrichtet wurde, mußte ich während der zwei letzten Jahre vor dem Abitur, als ich die Schule in Gaienhofen besuchte, sieben Jahre französischen Unterricht nachholen. Meine Lehrerin, Fräulein Banderet, wohnte in Steckborn und war Schweizerin. Die Familie Banderet war eine französisch-schweizerische Familie, in der man bereits seit zwei Generationen den Lehrerberuf gewählt hatte. Die Mitglieder der Familie waren alle bewußte und verantwortliche Eidgenossen, die im wahrsten Sinne des Wortes bereit waren, für die Freiheit und Unabhängigkeit ihres Landes mit allen Mitteln zu kämpfen. Fräulein Banderet hatte aber außerdem ein ausgeprägtes soziales Bewußtsein und protestierte gegen jegliche Ungerechtigkeit. Ihre Haltung in sozialen Fragen, ihre aufrechte und sogar kämpferische Abneigung gegen jegliche faschistischen Tendenzen, wie ich sie bei den meisten Oberschullehrern in Berlin gespürt hatte, prägten ihren Unterricht. Obgleich dies sicher nicht beabsichtigt war, haben sie und Fräulein Dr. Haldimann mir den Weg zur bürgerlichen fortschrittlichen Literatur eröffnet, während in Berlin die deutsche Literatur ungefähr bei Hebbel und Binding endete. Ja wenn ich es darauf anlegte, konnte ich nicht nur Thomas Mann, Werfel und Brecht lesen, sondern auch die Geschichte der Sozialdemokratie studieren. – Das hieß für mich, vor allem nachdem meine rechtsgerichtete Stiefmutter in unserem Haus das Sagen hatte, ein neuer Ausblick. Auch meine Klassenkameradin, Kätti Schieß, die aus einer der alteingesessenen Baseler Patrizierfamilien stammte, war einfacher, fortschrittlicher, und ich möchte sagen bedeutend demokratischer als alle Sprößlinge aus deutschen Offiziers- oder Fabrikantenfamilien, die ich damals kannte. Gewiß, da gab es den „Kantönligeist". Die Baseler sahen z.B. auf die Appenzeller oder Thurgauer herab – aber weder in der Kleidung noch im Lebensstil oder im Benehmen unterschied sich die Erbin aus wohlhabendem Hause von dem normalen Bürger der Stadt Basel. Wenn es eine Trennwand gab, so war sie nach außen hin in keiner Weise sichtbar, während die Töchter „aus gutem Hause" in Norddeutschland sich schon in Bezug auf Kleidung, Haltung, Sprache und Lebensweise ganz eindeutig von den einfachen Leuten abgrenzten.

Jetzt konnten wir von der Höhe aus die Lichter des Landschulheims Glarisegg am Schweizer Ufer entdecken, ein Jungeninternat, in dem Fräulein Banderet und ihr Bruder unterrichtet hatten oder vielleicht noch unterrichteten. – Wir hatten mit den Jungens der Schule immer ein gutes Verhältnis gehabt und unsere wohlerzogenen Mädchen hatten sich gerne dem weniger steifen und demokratischeren Ton der Gymnasiasten angepaßt. – Es schien mir also normal, die Schweizer Bürgerin Fräulein Doktor Haldimann, H. H., wie wir sie genannt hatten, um Hilfe zu bitten. Sie wohnte in einem kleinen Holzhäuschen nur wenige Meter von dem Schloßgebäude entfernt, das sowohl die Lehrer als auch die Schüler und die meisten Klassenräume beherbergte. – In der Dunkelheit (es war etwa 9 Uhr abends) konnten wir unbemerkt die Treppe zum oberen Stock des Hauses hinaufsteigen und bei H. H. anklopfen. – Ich nannte meinen Namen und bat um Hilfe. Auch hier auf dem Dorfe schien man zu wissen, was man mit den Juden gemacht hatte. Die Schuldirektorin war durchaus nicht überrascht, sondern reagierte rasch und vorwurfsvoll: „Wie könnt Ihr es wagen, hier in mein Haus zu kommen. Man könnte Euch ja gesehen haben und dann würde nicht nur ich, sondern auch Talis (die andere Leiterin) und die Lehrer schwer bestraft werden. Ja man würde vielleicht sogar die Schüler nicht verschonen. Ich kann sowieso nichts für Euch tun."

Wir baten sie, wenigstens Anni ein paar Wollsocken zu geben, denn ihre Füße waren wund und blutig gelaufen. Tatsächlich holte sie ein paar selbstgestrickte Socken aus der Schublade und gab sie mir mit der Ermahnung, keine Zeit mit dem Umziehen zu verlieren. – „Gibt es vielleicht noch Paddelboote, die hier unten am See liegen?" fragte ich. „Nein, die sind schon lange alle weggeräumt, und außerdem gibt es ständig Streifen, die das Seeufer bewachen. Es gibt nur eine Möglichkeit – über die Hügel durch den Wald zu laufen und zu versuchen, bei Stein am Rhein über die Grenze zu gehen. – Aber vor allem müßt Ihr unser Grundstück so schnell wie möglich verlassen."

Nachdem wir Annis Fuß an der Pumpe gewaschen und die dicken Socken angezogen hatten, kehrten wir zu den Hügeln zurück. Mühsam kämpften wir uns Stunden durch Wiesen, Waldstücke und auch Gärten hindurch. Dabei mußten wir mehrmals Stacheldrahtzäune übersteigen. Aber der Anblick der Lichter überm See gab uns immer wieder Mut und Anni die Kraft, die Schmerzen zu ertragen.

Trotz des dichten Nebels konnten wir erkennen, daß der See zu Ende war und unter uns das Flußtal des Rheins lag. Und dann plötzlich sahen wir unter uns ein beleuchtetes Haus. – Aber der Pfad, der uns den Berg hinunter führte, war unterbrochen. Vor uns streckte sich ein langer Stacheldraht, und um ihn zu erreichen, mußten wir durch einen Graben klettern. Jetzt waren die Lichter des Städtchens Stein am Rhein ganz deutlich zu sehen. Unter und hinter dem umzäunten Weinberg schien eine Straße in den Ort zu führen.

Als wir den Stacheldraht mit Leichtigkeit überstiegen hatten und ich beim Überqueren des Weinbergs einige Steine zum rollen brachte, hielt Anni mich am Arm fest. „Teddy“, flüsterte sie, „um Gottes willen sei vorsichtig. Was ist das da oben, das langgestreckte Gebäude am Waldrand.“ „Ach, wahrscheinlich ein Heuschober, du siehst ja Gespenster“, antwortete ich, „komm, wir sind bestimmt schon in der Schweiz.“

Um auf die Straße zu gelangen, mußten wir noch einmal über einen Stacheldraht steigen. Kaum hundert Meter weiter kam uns ein Mann in Uniform entgegen.

„Sind Sie Deutscher oder Schweizer?“ fragte ich in all meiner Aufregung.

„Ich bin Schwyzer, sehen Sie das denn nicht?“ kam die Anwort, „aber wo seid Ihr denn hergekommen“?

„Da durch den Weinberg und die Gräben, und dann sind wir über den Stacheldraht geklettert“.

Entgeistert sah er uns an: „Das ist doch kaum möglich. Es ist zwar Nebel, aber ihr seid nur einen Steinwurf unter dem deutschen Posten vorbeimarschiert – und niemand hat geschossen!“ Da fingen wir beide an zu lachen und zu weinen. Schluchzend stürzten wir uns auf ihn, umarmten und drückten ihn, so daß er beinahe seine Würde als eidgenössischer Wachtposten nicht mehr wahren konnte.

„Hier ist es aber kalt und naß“, sagte er nach einigen Augenblicken und führte uns in sein etwa 100 m entferntes Wachhäuschen. Jetzt wollte er erst einmal wissen, wer wir seien, woher wir kämen und was wir für Papiere hätten. Unsere Aussagen waren sicherlich etwas unklar. Wir erzählten ihm, daß wir aus einem Arbeitslager für Juden im Sudetengebiet entflohen seien, daß wir mit Hilfe von französischen Kriegsgefangenen, deutschen Freunden, die uns Geld und Kleider beschafft hätten, mit der Eisenbahn von Dresden bis Radolfzell gefahren waren, – daß wir keinerlei Papiere hätten, da diese uns im Lager fortgenommen wurden. Ich sei Litauerin und seit 1940 Sowjetbürgerin, dagegen sei Anni Österreicherin, die seit 1939 in Frankreich als Refugié gelebt hatte. Wir wären aus Frankreich nach Auschwitz in Polen deportiert worden.

Seine Antwort: Ja, was mich beträfe, so ginge das höchstwahrscheinlich in Ordnung. Wenn ich Litauerin sei, so gehöre ich einem Staat an, der mit Deutschland im Kriege sei, und nach Internationalem Recht könnten mich die Schweizer Behörden aufnehmen und schützen. Was aber meine Kameradin beträfe, so sei sie als Österreicherin ja deutsche Staatsbürgerin, und da würde sie nicht so einfach als Kriegsgefangene anerkannt werden, da könnte es große Schwierigkeiten mit den Behörden geben.

Wir waren völlig fassungslos. Wußte man in der Schweiz wirklich nicht, was die Judendeportationen zu bedeuten hatten? Ich weiß nicht, wer von uns zuerst auf den Gedanken kam, aber nach wenigen Augenblicken hatten wir beide unsere Arme frei gemacht und zeigten ihm die Tätowierungsnummer, die wir auf dem Unterarm trugen. Vor allem aber nahm ich meinen Schal und Anni ihre Kapuze vom Kopf – und da waren wir nun mit unseren Haarstoppeln, die senkrecht hoch standen und die man nicht einmal kämmen oder durch einen Scheitel etwas ordnen konnte. Einige Jahre später hätte man vielleicht geglaubt, man hätte mit ungeeigneten Mitteln versucht, uns eine Schnittlauchfrisur zu verpassen, eine Haartracht, bei der man Jungens und Mädchen nicht mehr so genau unterscheiden konnte, doch auch das wäre jedem unwahrscheinlich erschienen. Aber zu einer Zeit, wo ein sogenannter Bubikopf, zumindest auf dem Land, eine Seltenheit war, starrte der uniformierte Vertreter Helvetiens uns ungläubig an. „Das ischt ja nit zu glauben", sagte er schließlich und überlegte einige Augenblicke. In einem wirklich mitleidigen Ton teilte er uns dann mit, daß er gezwungen sei, uns an die Polizei und die Militärbehörden auszuliefern. Aber er nehme doch an, daß wir hungrig und kalt seien. Hier in Stein am Rhein gäbe es einen Bäkkermeister, der sei ein alter Sozialdemokrat, der hätte schon so manchem politischen Flüchtling aus Deutschland erst einmal eine warme Mahlzeit geboten.

Und so geschah es denn, begleitet von unserem Zöllner stiegen wir in die Stadt hinunter, betraten ein Haus, in dem vorne eine Bäckerei und hinten eine große Küche war. Da saßen sie, eine ganz normale Familie, Männer, Frauen und Kinder. Jeder hatte eine Tasse oder einen Becher vor sich, und auf dem Tisch standen Brot und weiße Brötchen, Butter und Marmelade, wie in Friedenszeiten vor 5 Jahren. Die Küche war warm und gut erleuchtet. Unser „Schutzengel" stellte uns dem Bäckermeister vor, und die Meisterin brachte so ganz selbstverständlich zwei Tassen und zwei Teller für uns. Ich weiß nicht, ob man uns etwas gefragt hat, ob es irgendeine Unterhaltung gab, ich erinnere mich nur an das Bild des Friedens und der Normalität und das fast unbegreifliche Gefühl der Sicherheit, das mich erfaßte.

Während wir aßen, hatte unser Zöllner einen Polizisten geholt, der uns ebenfalls freundlich begrüßte, prüfend ansah und, wie er uns erklärte, leider gezwungen sei, uns im Kantonsgefängnis in der Stadt Schaffhausen abzuliefern. Er führte uns also zum Bahnhof in Stein am Rhein und wir bestiegen den Zug, der uns nach Schaffhausen führen sollte.

Unser uniformierter Begleiter versuchte, unsere Lage so diskret wie möglich zu verschleiern. Wir saßen gemeinsam auf einer Bank ihm gegenüber und konnten uns frei bewegen – trotzdem blieb keinem Beobachter verborgen, daß wir aus einer fremden Welt kamen. Nicht nur unsere Kleider, in denen wir jetzt schon sechs Tage unterwegs waren, unsere ungewöhnlichen Kopfbedeckungen und die kaputten Schuhe lenkten die Aufmerksamkeit der Reisenden auf uns. Wir sahen so blaß und so überarbeitet aus, daß ein Mitreisender unsern Wachtmann gerade heraus fragte. Als er erklärte, wir seien zwei Frauen, die aus einem Konzentrationslager in Deutschland entflohen seien, zeigten sich die Mitreisenden doch bewegt. Ja nach einer Weile kam ein älterer Herr und sagte freundlich: „Na, das haben Sie sicher lange, lange Zeit nicht mehr gesehen", und steckte uns zwei kleine Täfelchen Milchschokolade zu. Wir waren so gerührt, daß wir uns wahrscheinlich nicht einmal richtig bedankt haben. Sogar ich, die ich noch im Lager den Aufsehern freche Antworten gegeben hatte, brachte kein richtiges Wort heraus . . .

Um die Mittagszeit traf unser Zug in Schaffhausen ein, und unser Polizist lieferte uns im zentralen Gefängnis der Stadt ab, wobei er kurz erklärte, woher wir kämen, und man möchte doch etwas Rücksicht auf unsere Verfassung nehmen. Der diensthabende Polizeibeamte sagte daraufhin bedauernd, daß es Mittagszeit sei, und man würde uns erst einmal etwas zu essen geben. Er verließ den Raum und kam mit einem zweiten Mann gemeinsam zurück, der zwei Suppenschüsseln trug. Die stellte er vor uns hin, gab jedem von uns einen Löffel und ein Stück duftendes frisches Brot. „Ach", sagte der Beamte; „das tut mir aber leid, jetzt kriegen Sie nur noch die dicke Bohnensuppe. Es ist schon zu spät, da gibt es keine Würste mehr. Sie müssen also mit der Suppe vorlieb nehmen." Weder er noch sein Kalfaktor konnten verstehen, weshalb wir zu kichern begannen und uns mehrmals bei ihm bedankten. Ich glaube, die Suppe erschien uns nicht nur gut, sondern sie war wirklich ordentlich und mit Verstand gekocht. Ich muß übrigens sagen, daß sowohl im Gefängnis als auch in den Militärlagern der deutschen Schweiz die Küche gut und ausreichend war. Nach dem, was mir auch andere erzählt haben, hat man in der deutschen Schweiz immer darauf geachtet, daß die Gefangenen auch das erhielten, was für sie vorgesehen war, und daß es ordentlich zubereitet wurde. Ich möchte beinahe sagen, daß dies für die Deutschschweizer eine Prestigefrage war.

Dann wurden wir sozusagen in unsere Zelle geführt. In Wirklichkeit war es ein großer heller Raum, in dem mehrere Betten standen. Auf einem Bett hatte sich bereits eine junge Dame niedergelassen, blond, schlank und mit einem Wollkostüm bekleidet. Das Alter war nicht leicht festzustellen, wir hielten sie für 26 bis 30 Jahre alt.

Als sie uns deutsch sprechen hörte, faßte sie sofort Vertrauen und begann uns ihre „Leidensgeschichte" zu erzählen. Sie war eigentlich Schauspielerin und hatte durchaus Chancen gehabt, diesen Beruf auszuüben, hatte wohl auch in einem Film oder Theaterstück mitgespielt. Aber dann, im Herbst 1944, wurden alle nicht voll beschäftigten Frauen für die Luftwaffe oder für den Arbeitsdienst mobilisiert „. . . und stellen Sie sich vor, man hat mich in eine Fabrik geschickt, wo ich an irgendwelchen Maschinen arbeiten mußte, da man den Fremdarbeitern diese Maschinen nicht anvertrauen wollte. „Sehen Sie sich meine Hände an, die Nägel abgestumpft, die Haut abgeschürft, und der Daumen ist ganz geschwollen. – Wie soll ich da später als Schauspielerin mit solchen Händen und Gelenken auftreten?“ Sie hatte gehofft, daß Freunde in der Schweiz ihr sofort helfen würden, aber sie dürfe vorläufig nicht einmal mit ihnen telefonieren, sondern sei seit zwei Tagen hier im Gefängnis eingesperrt. So habe sie sich die schweizer Neutralität nicht vorgestellt!.

Wir waren im wahrsten Sinne des Wortes sprachlos. Unsere Mitteilung, daß wir aus einem Judenlager geflohen seien, in dem wir 10 Stunden pro Tag ohne eine warme Mahlzeit an den Maschinen stehen mußten, machte ihr keinerlei Eindruck. Einzig die geschorenen Köpfe und die Tätowierung auf dem Arm lösten eine Reaktion bei ihr aus. – „Stellen Sie sich vor, wozu die imstande waren, und da sollte ich ganz ruhig für diese Leute arbeiten und mitmachen?“ erklärte sie uns. – Wir setzten uns auf ein Bett, möglichst weit von ihr entfernt. Gegen abend wurde an die Tür geklopft und ein Polizist trat in den Raum. Er trug ein Tablett mit zwei Tellern darauf und auf jedem lag ein Kuchen. Ein richtiges Tortenstück mit Vanillekrem darinnen. – „Einen schönen Gruß von der Frau Kantonspräsidentin (der langjährige Präsident des Kantons Schaffhausen – Gingolf? – war ein bekannter Sozialdemokrat, über den man viel gesprochen hatte) und sie hat gehört, daß hier zwei Frauen sind, die aus einem Judenlager entflohen sind, und da organisiert sie immer irgendetwas, um es ihnen zukommen zu lassen.“ – Wir waren außer uns vor Freude, und Anni hatte schon den Löffel ergriffen, um die Kuchenstücke in drei Teile zu zerschneiden – da sagte die deutsche Dame: „Natürlich um die Juden kümmert sich die Frau vom Kantonspräsidenten, um die anderen armen Flüchtlinge nicht – sie soll ja selber Halbjüdin sein, sagt man.“ Wir sahen uns nur an, und dann setzten wir uns extra an den Tisch, um unseren Kuchen langsam und genüßlich vor den Augen der deutschen Dame zu verzehren.

Ich glaube, bis sie am nächsten Tag geholt wurde, haben wir nicht mehr miteinander gesprochen.

Im übrigen schliefen wir in den Feldbetten warm zugedeckt, tief und sorgenlos, bis man uns am nächsten Morgen früh mit lautem Klopfen weckte. Irgendwie denke ich an Wärme, Sicherheit und auch Freundlichkeit, wenn ich an die zwei Tage Internierung in Schaffhausen zurückdenke.

Am Nachmittag erhielten wir den Besuch eines Journalisten, soviel ich mich erinnere des Vertreters einer lokalen Zeitung. Er war der erste, der uns nach den Verhältnissen in einem deutschen Lager fragte, der wissen wollte, wie die Zwangsarbeit aussah, und schließlich auch auf Auschwitz und die Judenvernichtung zu sprechen kam. Das Interview dauerte vielleicht zwei Stunden, und beim Abschied sagte er nicht nur ein paar verständnisvolle, sondern auch herzliche Worte, und erklärte, er würde sich bemühen, über unser Schicksal zu berichten. Ich habe später erfahren, daß er einen langen Artikel geschrieben hat, der aber nur teilweise abgedruckt und vor allem von keiner der führenden Zeitungen übernommen wurde. Auch im Dezem-

ber 1944 konnten die Deutschen noch verhindern, daß in der Schweiz über bestimmte Dinge gesprochen und vor allem geschrieben wurde.
Auf der Reise von Schaffhausen nach Basel wurden wir wiederum von einem Gendarmen begleitet. Ich glaube, er war extra aus Basel gekommen, um uns zu übernehmen. Diesmal gab es keine Diskretion. Unser Wachtmann saß zwischen uns und hatte sichtbar ein paar Handschellen parat. Er gab auch genau acht, daß keiner der Mitreisenden sich uns näherte oder uns ansprach. Wir wurden zwar nicht direkt unfreundlich behandelt, aber doch wie Strafgefangene.
An die Ankunft in Basel, wo wir in ein Militärlager gebracht wurden, das in der Stadt, nicht allzu weit vom Elsässischen Bahnhof lag, kann ich mich nicht erinnern. Das Haus war recht groß, und es war entweder ein sehr einfaches Hotel oder irgendein Heim gewesen. – Die Diele war so geräumig, daß der Kommandant jeden Morgen alle Insassen des Lagers dort zu einem Appell versammelte. Für uns, die wir in Auschwitz stundenlang in der prallen Sonne oder bei Regen stramm gestanden hatten oder auf den harten Kieseln niederknien mußten, eine irgendwie böse Erinnerung. Die Stockschläge, die auf uns niederregneten, wenn wir nicht richtig standen oder sogar ohnmächtig wurden, waren in unserem Gedächtnis noch äußerst lebendig. Wenn wir jetzt im geheizten Raum warteten, daß die Nachzügler auch hinzukamen oder jemand aufgerufen wurde, weil er am Vortage die Nähstube zu früh verlassen hatte, so erschien uns dies alles wie eine lächerliche Karikatur eines KZ-Appells. Ja, der Kommandant hielt uns eine große Rede, daß die Italiener sich endlich ihre Bärte abrasieren sollten, das wäre ungehörig und undiszipliniert. Wenn in den nächsten Tagen da nicht Ordnung geschaffen würde, dann würden wir alle bestraft werden und keiner Weihnachtsfeier im Militärlager beiwohnen. So merkwürdig dies erscheinen mag, für uns waren diese so komfortablen Morgenappelle eine wirkliche Qual. Gerade weil hier alles anscheinend ungefährlich und eher lächerlich war, weckte es in unseren Köpfen die schrecklichsten Erinnerungen, und ein oder zweimal hatten wir beide Tränen in den Augen. Irgendwie fühlten wir, daß wenn der Militärkommandant des Lagers irgendeiner Nazibehörde unterstellt würde, er mit derselben Akribie die von ihm geforderte Disziplin und Ordnung herstellen würde, daß ein Appell Stunden dauern könnte, und daß wenn irgendwelche „Schwächlinge" in Ohnmacht fielen, er das als einen Disziplinbruch ansehen würde. Sicher lag das daran, daß wir übersensibel und gereizt waren, aber dies Gefühl hat mich während unseres dreiwöchigen Aufenthalts in dem Baseler Militärlager nicht verlassen, vielleicht gerade deshalb, weil wir zum ersten Male keiner wirklichen Gefahr ausgesetzt waren.
Die Unterkunft war sauber, die Betten weiß bezogen, mit genügend warmen Decken versehen. Das Essen war nicht nur reichlich, sondern auch mit Verstand und ich möchte beinahe sagen mit Liebe gekocht. Nach wenigen Tagen übergab uns die Lagerleitung 10 oder 15 Franken, die Beihilfe der jüdi-

schen Gemeinde, aber niemand von dieser Organisation ließ sich sehen oder fragte nach uns. Es ist allerdings möglich, daß der Kommandant des Lagers niemandem erlaubte, mit uns Kontakt aufzunehmen, so lange die 20 Tage Quarantäne nicht vorüber waren. Fräulein Banderet, der ich ein paar Zeilen nach Steckborn gesandt hatte, schickte uns zwar einen Brief, der völlig neutral war, und ein Paket mit einigen warmen Sachen, die sie mit Verstand und Herzensgüte ausgesucht hatte, sie versuchte aber in keiner Weise mit uns Kontakt aufzunehmen. Wie sie mir später erklärte, die Bestimmungen und Quarantänevorschriften seien für die Schweiz notwendig gewesen, und selbst wenn sie in unserem Fall zu hart erschienen, mußte man sie einhalten. Ein Brief, den ich an Dr. Wildhaber, einen schweizer Lehrer, den ich gut kannte, schrieb, wurde mir vom Kommandanten zurückgegeben. Ich hatte in dem Brief gesagt, wir wären aus einem deutschen Lager entflohen. Ich hätte zwar immer noch Stoppelhaare und trüge auf dem Arm die Tätowierungsnummer, die mir die Deutschen verpaßt hätten, im übrigen sei ich aber noch in verhältnismäßig gutem Zustand. Dieser Satz war rot angestrichen und darunter stand die Bemerkung, daß es mit der Schweizer Neutralität nicht vereinbar wäre, Aussagen über deutsche Läger zu machen.

Unser Tagesablauf war gut geregelt. Ein Teil der Internierten mußte das Haus sauber halten. Ein Teil arbeitete in der Küche. Soviel ich mich erinnern kann, gab es für die Männer irgendeine Werkstatt, in der sie beschäftigt wurden – die Frauen dagegen arbeiteten, wenn sie sonst nicht beschäftigt waren, in der Nähstube unter der Leitung einiger älterer Damen, die dem Roten Kreuz angehörten.

Sowohl in Bezug auf ihre Frisuren als auch in Bezug auf ihre Kleidung und ihr Auftreten erinnerten sie uns lebhaft an die deutschen Aufseherinnen im Militärgefängnis Fresnes. Die Damen waren ja auch keine normalen Gefängnisangestellte gewesen, sondern meistens alleinstehende oder ältere Frauen, die man während des Krieges für diese Arbeit mobilisiert hatte. Besonders die apolitischen und aus Versehen internierten Französinnen nähten und strickten für sie die schönsten Sachen. Dafür erhielten wir in der Zelle nicht nur Nadel, Faden und Trennmesser, sondern konnten unsere Zelle mit den Wollresten ausschmücken, die wir mit Vorliebe blau-weiß-rot gestalteten. Die Aufseherinnen waren nicht nur freundlich, sondern in einigen Fällen versuchten sie älteren Damen das Leben zu erleichtern – ja die katholischen Wärterinnen unterstützten den Kontakt mit den katholischen Priestern, die ja auch im Militärgefängnis Fresnes vielen Frauen geholfen haben.

Eine ältere Dame, der man die „gute“ Baseler Familie sowohl ansah als auch anhörte, nahm uns gleich in den ersten Tagen unter ihre Fittiche. Sie nahm auch Rücksicht darauf, daß Anni sichtlich Sehstörungen hatte und keine feinere Näharbeit ausführen konnte. Sie hatte bereits einiges über uns erfahren und brachte das Gespräch immer wieder auf die Situation der KZ-Häftlinge, auch die besondere Lage der Frauen. Ich weiß nicht mehr, was wir ihr erzählten oder nicht erzählten, aber am dritten oder vierten Tage nahm sie erst Anni und dann mich ins Gebet. „Als Sie im Lager ankamen, da haben die SS-Männer doch die jungen Mädchen und Frauen vergewaltigt!“ Als wir dies beide energisch verneinten, legte sie die Hand um unsere Schulter und sagte beschwörend: „Na, mir können Sie es doch erzählen. Ich kann ja verstehen, daß Sie sich genieren, aber Sie können doch nichts dafür. Wir wissen, wie die SS mit den Häftlingen umgegangen ist.“ Und da setzte sowohl Annis als auch mein Humor und geistige Widerstandskraft aus. Wir waren völlig ratlos, kopflos, unfähig eine klare Antwort zu geben. Ich weiß heute noch nicht, weshalb wir gerade auf diese wohlmeinende, beschränkte ältere Dame so unvermutet reagierten. Vielleicht gerade weil diese Vermutung so wahnwitzig, so widersinnig war, wenn wir an unsere Ankunft in Auschwitz und die Situation im Lager dachten.

Nach vier oder fünf Tagen Fahrt in Viehwaggons, in denen 75 Menschen ohne genügende Belüftung und ohne genügend Trinkwasser eingepfercht waren, waren wir auf einem Gleis im Lager Auschwitz mit Schlägen aus den Waggons getrieben worden. Dort hatten der SS-Arzt Dr. Mengele und zwei Helfer die älteren Männer und Frauen, die Kinder und die Frauen mit Kindern von uns getrennt.

Wie eine Herde Schafe wurden wir über einen Sandweg getrieben, der an einem großen fensterlosen Bau endete. Rechts und links standen SS-Leute, die darauf aufpaßten, daß niemand den Weg verließ. Mit einem Faustschlag oder mit dem Gewehrkolben wurden die wenigen Mädchen, die sich etwas aus der Gruppe absonderten, in die Reihen zurückgestoßen. Die Männer blickten wirklich über uns hinweg, so wie man eine Viehherde betrachtet. Und doch gab es einige, die noch eine menschliche Regung zeigten. Ein paar Mädchen, die deutsch konnten, riefen: „Meine Mutter, meine Geschwister, wo kommen sie hin?“ Ein oder zwei Wachleute antworteten: „Die kommen in ein Lager für Alte und Schwache, wo sie nicht zu arbeiten brauchen – ihr kommt in ein Arbeitslager.“ Ob sie nur ihren Anweisungen folgten oder ob sie wirklich etwas wie Mitleid verspürten, kann ich nicht sagen.

Und dann standen wir in der Halle, deren Fensteröffnungen nicht verglast waren, und ringsherum SS-Leute und einige Häftlinge in blaugestreiften Anzügen. „Ausziehen!“ Ein anonymer Befehl, wer ihn nicht genügend schnell befolgte, dem wurden die Kleider und vor allem die Schmuckstücke vom Leibe gerissen. Zwei SS-Leute bedeuteten uns, daß wir unsere Ringe und Eheringe vom Finger nehmen sollten. Genau wie bei vielen anderen Frauen ging mein Ehering nicht ohne weiteres vom Finger. Eine Männerhand näherte sich – mit einer normalen Zange bewaffnet. Er knipste den Ring vom Finger, wobei auch ein Stück Haut mitgerissen wurde. Während wir nackt unter der Dusche standen, sahen die SS-Leute teilweise unbeteiligt aus den fensterlosen Öffnungen. Als man uns dann die Haare abschor, bildeten sie eine Art Ring um uns, damit niemand entweichen konnte. Wer versuchte, sich aus der Reihe zu schlängeln, erhielt unter Umständen einen kräftigen Fußtritt. Im Gefängnis, ja sogar im Judenlager Drancy, hatten uns auch die Wachhabenden noch irgendwie normal angesehen, einem besonders hübschen Mädchen nachgeschaut. Dies hier war eine völlig andere Welt. Hier wurden wir nicht nur nicht mehr als Menschen behandelt, sondern auch nicht mehr als menschliche Wesen betrachtet. Eine Nummer in der Arbeitsplanung.

Wenn man das alles gesehen und gefühlt hatte, dann schien einem die Idee der Vergewaltigung so abwegig, daß man es nicht einmal mehr komisch fand, und unsere Reaktion war so trotzig und so skurril, daß noch Monate später, als ich meinem Mann davon erzählte, auch dieser meine Empörung nicht begriff. „Man könnte ja meinen, die Schweizer hätten Euch eingesperrt und mörderisch behandelt, so wie Du daherredest", sagte er kopfschüttelnd.

Auf jeden Fall benutzten wir jede Gelegenheit, um den „mitfühlenden" Damen zu entfliehen. Dazu fanden wir auch eine Möglichkeit. Wir meldeten uns freiwillig zum Säubern der Krankenstuben. An und für sich hätten wir das in einer Stunde pro Tag erledigen können, aber unserer Putzwut wurden keine Grenzen gesetzt. Wir schrubbten den Boden, wir putzten jede Klinke zweimal, staubten die Regale jeden zweiten Tag gründlich ab, putzten die Fenster von außen und innen und reinigten die Metallbetten mit irgendeiner desinfizierenden Flüssigkeit. – Der einzige Patient in der Krankenstube war ein katholischer Priester, ein Italiener, der mit einer Gruppe von Partisanen im Val d'Aosta gekämpft hatte. Als der Winter einbrach und es den deutschen Truppen gelang, sie nach Süden, d. h. nach Italien hin abzuriegeln, war er mit seinen Kameraden in die Schweiz geflohen, war aber noch von einer deutschen Kugel am Bein verletzt worden. Er verstand recht gut Französisch, und selbst komplizierte Dinge erzählte er in einem so klaren und deutlichen Italienisch, daß wir mit ihm über die schwierigsten Probleme sprechen konnten. Natürlich war auch ihm nicht bekannt, was in Auschwitz geschehen war, aber es genügte, ihm andeutungsweise über unser Schicksal zu berichten, um sein Interesse und sein Mitgefühl zu wecken. Sofort fühlten wir uns mit ihm und noch einigen Italienern solidarisch, weil wir gegen denselben Feind gekämpft hatten, und vor allem, weil wir spürten, daß nicht nur der Geistliche, sondern auch frühere Mitglieder der Fascio oder paramilitärischer Organisationen mit uns an derselben Front standen, gegen die Unmenschlichkeit, gegen die *moderne Barbarei,* die von Wissenschaftlern und Ärzten geleitet wurde. Mit allen Mitteln versuchten wir dem Priester seine Lage zu erleichtern, und sein dankbares Lächeln und sein Händedruck bedeuteten eine wirkliche Belohnung für uns.

Die Krankenstation unterstand einem Schweizer Sanitäter (in Uniform), einem verhältnismäßig jungen Mann, der seine Pflichten als Chef sehr ernst nahm.

Mit professionellem Wohlwollen verfolgte er unsere Bemühungen, dem Italiener den Aufenthalt in der Krankenstube zu erleichtern, erteilte auch hin und wieder einen nützlichen Rat. Aber seine wirkliche Sympathie sicherten wir uns, als wir begannen, Stuben, Betten, Fenster mit wahrer Begeisterung zu schrubben und zu putzen. Er ahnte nicht, daß wir dies nur taten, um die Zeit in der Nähstube so weit wie möglich zu verkürzen, sondern glaubte an unseren lobenswerten Reinmachefimmel. „Ja", sagte er dann eines Tages, „wie man noch immer dazu lernt. Da wird behauptet, daß die Juden nicht mit ihren Händen arbeiten können oder wollen. Aber in Wirklichkeit gilt dies nur für die reichen Juden aus der Großbourgeoisie und dem Bürgertum, die wüßten mit ihren Händen nichts anzufangen und könnten nur Geschäfte machen. Aber die armen Juden, wie diese Frauen hier, die können halt gut arbeiten – und die einfachen Juden, die könne man durchaus erziehen und gebrauchen". – Wenn man bedenkt, daß ich die Tochter eines äußerst reichen Berliner Arztes bin und Anni aus einer Familie stammte, die mehrere Fabriken besaß, so hätten wir eigentlich darüber lachen müssen. Aber wiederum war unsere Reaktion beinah tragisch. Wir schlichen uns in unsere Stube und hatten beide Tränen in den Augen. Ich glaube, wenn uns unsere Sympathie mit dem Italiener nicht davon abgehalten hätte, wir hätten in den nächsten Tagen die Krankenstube absichtlich verdreckt . . .

Während die Italiener für uns eine moralische und politische Stütze bedeuteten, wurde unser Verhältnis zu den Emigranten aus Deutschland bald zu einem wirklichen Problem. Wir schrieben Dezember 1944, und bereits seit einem halben Jahr hatte man in Deutschland begonnen, auch die „Halbarier", in einigen Fällen sogar die Vierteljuden, d.h. die Personen mit einem jüdischen Großvater oder einer jüdischen Großmutter einzusammeln. Ihr Schicksal war äußerst verschieden, aber es hatte sich doch herumgesprochen, daß eine ganze Reihe von ihnen nach dem Osten deportiert worden waren und man niemals mehr von ihnen gehört hatte. Schon die Art, wie man diese Zwangsverschickungen in die Lager als „Aussiedlung" oder als „Sonderbehandlung" bezeichnete, ergab für jeden, der sich mit den Fragen auch nur etwas befaßt hatte, daß auch die Halbjuden oder Halbarier zur Vernichtung bestimmt waren.

Hier im Quarantänelager gab es ein junges Ehepaar mit einem etwa vierjährigen kleinen Mädchen. Ich weiß nicht, ob die beiden mir selbst ihre Geschichte erzählt hatten, oder ob jemand anders mich auf sie aufmerksam gemacht hatte. Sie waren beide „Halbarier", seit 5 oder 6 Jahren miteinander verheiratet. Der Mann hatte noch eine Stelle in einer größeren Privatfirma gehabt. Da sie aber gemeinsam vier jüdische Großeltern hatten, fielen sie nun unter die Rassengesetze. Im Oktober 1944 verlor er seine Stellung, und im November warnte sie jemand, man würde sie jetzt abholen und nach dem Osten verschieben. Daraufhin beschlossen sie, die Flucht in die Schweiz zu wagen. Soviel ich mich erinnern kann, sind sie durch den Rhein geschwommen, und der Vater trug das Kind auf seinen Schultern. Sie waren bereits auf Schweizer Boden, der Mann hatte das kleine Mädchen abgesetzt, da feuerten die deutschen Grenzsoldaten mehrere Schüsse ab. Glücklicherweise war es neblig trübe, und die Kugel fiel dicht neben dem Kind zu Boden, denn unter diesen Umständen konnte auch ein guter Schütze sein Ziel verfehlen. Ein Schweizer Posten protestierte laut, und die Familie war gerettet.

Wir hatten uns mehrmals recht freundlich unterhalten und auch mit den Schweizer Wachsoldaten Wichtiges und Unwichtiges diskutiert. Irgendwie hatten auch die Soldaten, die sich im wahrsten Sinne des Wortes vor der Tür oder im Vorraum langweilten, etwas von unserer Geschichte mitbekommen. Wenn wir zum Duschen in die öffentliche Badeanstalt geführt wurden, begleitete uns eine Wache. Natürlich nahmen wir die Gelegenheit wahr und wuschen uns die Haare mit einem wohlriechenden richtigen Champoon, das wir von unserem Taschengeld mit als erstes gekauft hatten. Da man wirklich um unser leibliches Wohl besorgt war, durften wir so lange im Vorraum der Badeanstalt sitzen bleiben, bis unsere Haare trokken waren. Da hatten die Soldaten unsere geschorenen Köpfe genau sehen können. Es gab auch einige Fragen, die wir natürlich recht ausführlich beantworteten.

Ich traute meinen Ohren kaum, als nach einem solchen Ausgang der nichtarische Flüchtling erklärte, er habe mit mir eine ernsthafte Angelegenheit zu besprechen. Wir setzten uns in eine Ecke, und dann begann er in etwas unsicherem Ton. „Wir können ja verstehen, daß Sie vieles Böse erlebt haben und daß Sie nicht gut auf die Deutschen zu sprechen sind. Aber ich möchte Sie doch bitten, vor den Schweizer Wachen etwas zurückhaltender zu sein. Die Männer waren doch sehr beeindruckt von dem, was Sie gesagt haben und was sie durch Sie erfuhren. Bedenken Sie doch, wir Deutschen sind hier in der Schweiz schon genügend unbeliebt. Wenn Sie dann noch solche Einzelheiten erzählen, dann wird der Deutschenhaß noch schlimmer, dann traut man sich kaum noch zu sagen, daß man Deutscher ist. Und schließlich kann man doch auch nicht alle Deutschen dafür verantwortlich machen, was einige Nazis getan haben." Mir verschlug es im wahrsten Sinne den Atem, ich war unfähig zu antworten. Auch hier war Anni wieder diejenige, die ihren kühlen Kopf behielt. „Na, wenn Sie der Meinung sind, daß man nicht erzählen soll, was dort drüben vor sich geht, daß man die Deutschen nicht belasten soll, damit kein Deutschenhaß entsteht, dann gibt es eine einfache Lösung für Sie: Sie können sich ja mit den Deutschen solidarisch erklären und nach Deutschland zurückkehren. Falls Ihre Frau auch Ihrer Meinung ist, so brauchen Sie ja die Hilfe der Schweiz nicht in Anspruch zu nehmen!" Er wurde puterrot und sagte verwirrt: „Na so habe ich es wiederum auch nicht gemeint, ich habe nur Angst, daß die Kritik an den Deutschen sich gegen uns kehren wird" ... Inzwischen hatte ich mich etwas erholt. Ich weiß nicht mehr, was ich ihm gesagt habe, aber von da an gab es keinerlei Unterhaltung mehr zwischen uns.

Das zweite Erlebnis mit einem deutschen „Halbarier" war noch tragischer. Im Lager gab es eine jüdische Dame von etwa 55 Jahren, die ebenfalls mit

ihrem Sohn und ihrer Tochter in die Schweiz geflohen war, da man sie im November 1944 abholen wollte. Bekannte, ich glaube sogar jemand, der bei der Polizei arbeitete, hatten sie beizeiten gewarnt. Die Familie war bis zum Sommer 1944 geschützt gewesen, denn der Ehemann war „Arier" und ein Techniker, der irgendeine wichtige Stellung innehatte. Was die Tochter arbeitete, weiß ich nicht, aber der Sohn (christlich erzogen) hatte eine Stellung als Chemiker bei einer Zweigstelle der Badischen Anilinwerke. Vor einigen Wochen hatte die Dame die Mitteilung erhalten, da sie noch Jüdin sei und ihr arischer Ehemann tot sei, hätten sie und ihre Kinder keinen Anspruch mehr auf irgendwelchen besonderen Schutz. Sie und ihre Familie müßten Deutschland verlassen. Soviel ich mich erinnere, hatte der Sohn bis dahin unter besonderen Bedingungen weiter gearbeitet. Sie waren also alle drei illegal über die Schweizer Grenze gegangen, und auf Grund ihrer Papiere hatten die Schweizer sie als Flüchtlinge anerkannt.
Jetzt kam die Mutter völlig aufgeregt zu uns. Sie bat uns, mit ihrem Sohn zu sprechen, ihm von Auschwitz und dem Schicksal der deportierten Juden zu erzählen, ihm klar zu machen, was ihn, seine Mutter und seine Schwester erwarte, wenn sie den Deutschen in die Hände fielen. Wir verstanden zuerst nicht, was sie eigentlich wollte, aber dann erzählte sie uns Einzelheiten.
Nach der Ankunft in der Schweiz und bevor über das Schicksal des Flüchtlings entschieden wurde, gab es eine Kommission, der, so viel wir feststellten, einige Experten und meistens auch eine Militärperson angehörten, die einen befragte. Da ihr Sohn bis zuletzt in einer chemischen Fabrik gearbeitet hatte, wurde er von der Kommission sehr viel genauer und ausführlicher befragt als seine Mutter und seine Schwester. Man wollte genau wissen, wo er gearbeitet habe, in welcher Stellung er noch so lange als Halbjude beschäftigt worden war. Vor allem aber gab es sehr gezielte Fragen über die Art seiner Tätigkeit. Was in seiner Abteilung hergestellt wurde und wieweit die Arbeit der Wehrmacht diente. Seine Antwort; „Das kann ich Ihnen doch nicht sagen. Ich kann doch nicht einfach militärische Geheimnisse mitteilen, ich kann doch mein Vaterland nicht verraten!" Das war auch den wohlmeinendsten Schweizern der Kommission zuviel: „Wenn Sie sich so Ihrem Vaterland gegenüber gebunden und verpflichtet fühlen, dann tun Sie wohl am besten daran, dorthin zurückzukehren. Wir sehen in diesem Falle keinen Grund, Sie als bedrohten Flüchtling aufzunehmen und vor den deutschen Behörden zu beschützen, denen gegenüber Sie sich ja immer noch als moralisch gebunden betrachten." Ich weiß nicht, ob die Kommission mit der Mutter gesprochen hatte, oder ob der Sohn es ihr erzählt hatte.
Es fiel uns nicht leicht, mit dem jungen Mann ein längeres Gespräch zu führen. Immerhin gelang es uns doch, ihm begreiflich zu machen, was seine Mutter und auch ihn und seine Schwester in Deutschland erwartete, daß die Schweizer durchaus das Recht hätten, uns über die militärischen Einrichtungen der Deutschen zu befragen. Das erlaube ihnen nicht nur, die eigene Bevölkerung zu beschützen, sondern auch all diejenigen zu verteidigen, die

nicht nur von deutschen Soldaten bedroht wurden, sondern von den Mördern in Uniform, die die Gaskammern organisierten und betrieben.
Immerhin gelang es uns schon am ersten Abend, ihn umzustimmen, so daß er am nächsten Tag der Schweizer Kommission Rede und Antwort stand.
Aber im Gegensatz zu dem italienischen Padre und seinen Kameraden, mit denen uns eine gefühlsmäßige und geistige Freundschaft verband, waren die deutschen Halbjuden und oft auch Juden zwar unsere Schicksalsgenossen, aber eben nicht unsere Kameraden. Natürlich war ich bereit, sie zu warnen und ihnen soweit ich konnte zu helfen, aber – um es einmal sentimental und primitiv auszudrücken – für den Padre hätten wir unser Leben riskiert, wenn man die Italiener bedroht hätte, hätten wir uns vor sie gestellt, um die Schläge abzufangen, so wie wir es auch des öfteren in Auschwitz für die französischen, holländischen und auch polnischen Jüdinnen getan hatten. Ich glaube nicht, daß ich für die deutschen „Nichtarier" irgendeine Gefahr auf mich genommen hätte.
Auf Bitten der Mutter unterhielten wir uns noch mehrmals mit dem jungen Chemiker, der immer noch unter Gewissensbissen litt, weil er doch den Schweizern nachgegeben hatte. Unter anderem erzählte er von seinen persönlichen Problemen als Nichtarier. Ihn hatte eine lange Freundschaft mit einer Kollegin verbunden, einem besonders klugen und guten Mädchen. Die Trennung von ihr war auch der Grund, weshalb er mit seiner Situation nicht fertig wurde. Wer weiß, wie lange der Krieg dauern würde, wann und ob er sie wiedersehen würde – es war die wirklich große Liebe für ihn und für sie gewesen. Anni stellte die Frage, ob das Mädchen angesichts der großen Liebe nicht die Kraft gefunden hätte, mit ihm gemeinsam in die Schweiz zu gehen. Er sah Anni völlig fassungslos an und erklärte dann energisch: „Aber das konnte sie doch nicht. Sie konnte doch in Kriegszeiten ihr Vaterland nicht verlassen. So pflichtvergessen ist sie doch nicht, das müssen Sie doch verstehen."
Wir verstanden eben nicht und vermieden daraufhin jeglichen Kontakt mit ihm – und auch die Mutter zeigte Verständnis für unsere Haltung. Da unterhielten wir uns doch noch lieber mit den Damen vom Roten Kreuz als mit den deutschen arischen und nichtarischen Flüchtlingen.
Bereits in den ersten 14 Tagen erholte ich mich, dank der guten Ernährung und der Vitamine, die ich mir gekauft hatte. Mein blutendes Zahnfleisch war abgeschwollen und von den Furunkeln, die meine Arme und Beine bedeckt hatten, waren nur noch einige rote Flecke oder Narben zu sehen. Anni dagegen machte mir wirklich Sorgen. Sie sah nicht nur weiterhin blaß und krank aus, sondern sie hatte des öfteren Unterleibsschmerzen und verlor sogar etwas Blut. Diese unregelmäßigen Blutungen erschienen mir besonders gefährlich, denn aus den Erfahrungen unserer Gruppe und aus meinen Beobachtungen als Krankenschwester in Auschwitz in einem Block mit etwa 1000 Frauen wußte ich, daß über 95% der Frauen im Lager bereits nach 8–14 Tagen ihre normale Periode nicht mehr bekamen. Ammennor-

rhoe ist das medizinische Wort für dieses Ausbleiben der Blutung. Das Phänomen war schon lange Zeit in den Gefängnissen bekannt gewesen. Dabei schob man das Ausbleiben der Regel sowohl auf psychologische Ursachen als auch auf eventuelle Beruhigungsmittel, die an Internierungsorten der Nahrung beigefügt wurden. In Auschwitz aber waren die Verhältnisse so extrem, daß die Frauen nur in ganz seltenen Fällen eine Blutung bekamen, die dann meistens so stark war, daß man sie in den Krankenblock einlieferte.
Anni aber hatte in Auschwitz im fünften Monat eine Fehlgeburt gehabt. Das Kind war in einer dunklen Ecke des Blocks auf einer Decke zur Welt gekommen. Heimlich, so daß es die Blockälteste nicht merkte, hatten wir in der Nähstube einen Faden und eine Schere gegen ein Stück Brot und zwei Stück Zucker eingetauscht, und jemand hatte in Windeseile das bereits tote Kind abgenabelt. Heimlich in eine Decke gewickelt hatten wir Anni in den Krankenblock getragen, wo es einer jüdischen Ärztin gelang, sie illegal auf einer Pritsche unterzubringen. Gynäkologische Instrumente gab es nicht, Warmwasser war im Krankenblock nur morgens vorhanden, wenn ein Faß mit irgendeinem heißen Kräutertee gebracht wurde. Dann stahlen die Häftlingsärztinnen etwas davon, um Wunden auszuwaschen oder eine Wärmflasche damit zu füllen. Mit kaltem Wasser, dem man etwas Permanganat beigemischt hatte, wurde Anni gewaschen, und der Ärztin gelang es, die Nachgeburt so schmerzlos wie möglich zu entfernen. Jetzt, drei Monate später, verlor sie ab und zu etwas Blut und klagte auch, sobald sie sich etwas anstrengte, über Schmerzen.
Ich wandte mich also an unseren Sanitäter, erklärte ihm die Situation, wobei er mich völlig ungläubig ansah und mehrmals den Kopf schüttelte. Er war sichtlich davon überzeugt, daß ich maßlos übertriebe. Aber irgendwie war er doch beeindruckt, sagte aber, daß er das nicht entscheiden könne, sondern daß für eine Arztvisite die Lagerleitung zuständig sei. Tatsächlich hat er die Angelegenheit dem Kommandanten vorgetragen, und wir erhielten auch eine Antwort. Wir sollten uns noch ein paar Tage gedulden, bis die Quarantänezeit beendet sei. Dann würde er das Nötige unternehmen. Da aber Weihnachten vor der Tür stehe, wisse er nicht, ob man es noch vor den Feiertagen einrichten könne. Tatsächlich wurden wir drei Tage vor Weihnachten in ein anderes Militärlager nach Montreux verfrachtet, und Anni hat den Baseler Gynäkologen niemals gesehen.
Mit Ungeduld erwarteten wir das Ende der Quarantäne. Zwei deutsche Flüchtlinge, frühere Ministerialbeamte, die im November 1944 plötzlich entdeckt hatten, daß sie gar nicht für Hitler seien, daß sie Familie und sogar Geld in der Schweiz hätten, erhielten die erste Besuchserlaubnis und sogar Ausgang in die Stadt. Daraufhin beantragte ich schriftlich beim Kommandanten, mir doch einen Besuch beim französischen Konsul zu gestatten, damit ich meinem Mann, der ja in Frankreich geblieben war, eine Nachricht senden könne. Vor allem aber wollte ich versuchen zu erfahren, was mit meinem vierjährigen Sohn André geschehen war, der, als ich verhaftet wur-

de, mit einer Knochentuberkulose im Gipsbett lag und von Franzosen versteckt worden war. Hätten die deutschen Besatzer ihn gefunden, hätten sie ihn nach Auschwitz in die Gaskammer deportiert.
Der Kommandant ließ mich kommen und erklärte mir, daß er nicht über genügend Personal verfüge, um mir eine Begleitung zum französischen Konsul mitzugeben. Ich erwiderte ziemlich spitz, daß ich ja die Stadt Basel kenne, daß ich mich auch verständlich machen könne und also den Weg alleine finden würde. Was ich mir denn einbilde, er könne mich doch nicht unbeaufsichtigt auf die Straße oder mit dem Konsul sprechen lassen. Die Diskussion wurde etwas schärfer, und schließlich schlug der Kommandant mit der Hand auf den Tisch: „Seins zufrieden, daß Sie Ihr Leben gerettet haben und noch unverletzt davongekommen sind. Sie sollten uns lieber dankbar sein, statt uns hier noch Schwierigkeiten und Probleme zu bereiten!" Das war wirklich zuviel. Wutentbrannt antwortete ich ihm, wahrscheinlich mit entsprechender Lautstärke: „Wenn wir unser Leben gerettet haben, so verdanken wir das in erster Linie französischen Kriegsgefangenen und französischen Arbeitern, außerdem der Jungfer meiner Großmutter und vor allem deutschen Christen, die uns mutig beigestanden haben, obgleich sie wußten, welches Risiko sie auf sich genommen haben. Mir haben auch deutsche Christen während meines Aufenthaltes im Militärgefängnis Fresnes geholfen. Aber während der dreizehn Monate Gefangenschaft habe ich nie erlebt, daß das Schweizer Rote Kreuz oder irgend eine Schweizer Behörde einem politischen Gefangenen oder einem Juden geholfen hätte. Die Schweizer Soldaten an der Grenze haben weggeschaut, wenn die Deutschen gegen jegliche Menschenrechte gehandelt haben."
Damit war unsere Unterredung beendet, und es ist durchaus möglich, daß, als man uns drei Tage vor Weihnachten in ein anderes Militärlager nach Montreux abschob, diese meine Worte dazu beigetragen haben.
Viel später erfuhr ich durch einen Schweizer Bekannten, der aus irgendeinem Grund meine Akte bei den Behörden einsehen konnte, daß im Bericht des Baseler Kommandanten dick unterstrichen geschrieben stand: „Hat eine äußerst negative Einstellung zur Schweizer Bundesarmee und zu unsern Soldaten!"
Wie gesagt, wir haben nicht erfahren, ob die Italiener sich vor der Weihnachtsfeier den Bart abrasiert haben und ob der Baseler Arzt durch den Kommandanten daran gehindert wurde, Anni zu untersuchen, denn am 21. Dezember 1944 wurden wir – immer noch unter militärischer Begleitung – nach Montreux am Genfer See geschickt.
Hier hatte man das Auffanglager in einem leerstehenden Hotel untergebracht, das etwas oberhalb des Sees lag. Von unserem Zimmer aus und von der verschneiten Terrasse des Hotels hatte man einen wunderschönen Blick auf den Genfer See. Wenn der Nebel stieg, konnte man etwa 4 km entfernt am gegenüberliegenden Ufer des Sees St. Gingolph erkennen, das bereits in Frankreich lag. War der Himmel klar, so erstrahlten die über dreitausend

Meter hohen Schneeberge, die etwa 25 km entfernt waren: Les Dents du Midi.
Doch man soll auch nicht ungestraft die Schönheiten der Schweizer Alpen genießen. So schön die Lage des Hotels auch war, so sehr uns der Blick aus unserem Fenster begeisterte, die Räume waren kaum geheizt, und auch die Beleuchtung war recht sparsam. Gleich am ersten Tag wurde uns klar, daß man nicht nur an Kohle sparte, sondern auch am Essen. Es gab kaum Fleisch und Fett und selbst die Milchrationen waren knapp bemessen. Ich weiß nicht, ob der Kommandant im Kanton Genf soviel weniger Geld zur Verfügung hatte, oder ob die Unterbringung in dem großen Hotel soviel teurer war, jedenfalls machte mir Annis Zustand unter diesen Umständen wirklich Sorgen. Immerhin war dies der sechste Internierungsort für mich, und bereits im französischen Gefängnis bei den Nonnen hatten wir gelernt, daß man sich den Umständen anpassen mußte. „Organisieren" hatten die deutschen Soldaten es genannt, wenn sie sich zu recht oder zu unrecht etwas beschafften oder aneigneten. „Débrouiller", sich aus der Klemme helfen, nannten die Franzosen in allen öffentlichen Anstalten und in der Armee diese inoffizielle und oft nicht legale Methode, sich weiterzuhelfen.
Wir stellten sehr bald fest, daß der Fourrier, der Quartiermeister, d.h. der Offizier, der alle organisatorischen und praktischen Fragen regelte, ein Schweizer war, der jahrelang in Frankreich gelebt und sich dort bis zu einem gewissen Grade assimiliert hatte. Schon die Tatsache, daß wir aus Frankreich deportiert worden waren, aber vor allem auch die Möglichkeit, sich mit uns auf französisch ohne Schwierigkeiten zu unterhalten, ja sogar Witze zu erzählen, weckte sein Interesse für uns. Bereits am zweiten Tage kam er abends in unser Zimmer, brachte zwei warme Wolldecken und ein Plumeau sowie Kissen für Anni und legte alles mit einem warmen Lächeln auf ihr Bett. Wir erhielten auch neben dem obligatorischen Eßnapf und dem Besteck zwei Tassen, die sonst nur im Speiseraum oder in der Küche ausgegeben wurden. Ich weiß es nicht mehr ganz genau, aber ich glaube, daß er mir riet, mich zum Küchendienst zu melden, da würde immer etwas herausspringen.
Die Arbeit in der Küche war leider schon vergeben, aber man bot mir an, beim Frühstück und beim Mittagessen am Tisch der Offiziere zu servieren. Ich war zwar niemals besonders geschickt in solchen etwas feineren Arbeiten, aber ich nahm sofort an und trat pünktlich am Morgen um acht Uhr meinen Dienst an. Im Gegensatz zu unseren kärglichen Mahlzeiten aß man am Tisch der Offiziere reichlich und gut. Wenn ich das Essen rein- oder raustrug, ließ ich daher ein Brötchen oder sogar ein Hörnchen, mehrere Stücken Zucker sowie ein paar Scheiben Käse in meinen weiten Kniehosen verschwinden. (Fräulein Banderet hatte mir als erstes ein Paket mit warmer und bequemer Kleidung geschickt.) Schwieriger war es, Milch oder Kakao zu stibitzen. Aber auch da fand sich ein System. Ich füllte die Flüssigkeit in eine hohe leere Konservendose, die ich dann in meiner Hose über dem

Kniebund unterbrachte und die Büchse gut festhielt, während ich die Treppe zu unserem Zimmer hinaufstieg. Beinah wäre mir diese Technik zum Verhängnis geworden. Ein Offizier hielt mich im Flur an, um mir irgendeine Mitteilung zu machen und mich vor der zu engen Freundschaft mit den italienischen Insassen des Lagers zu warnen. Heute kämen zwei von ihnen aus dem Gefängnis zurück. Man habe sie dort eingesperrt, weil man sie ertappt habe, daß sie mit Schweizer Bürgerinnen anbandelten. Genaueres sagte er nicht. Mir wurde im wahrsten Sinne des Wortes heiß. Ich konnte ja nicht während dieser Unterhaltung meine Hände in den Taschen behalten, um den Topf mit dem heißen Kakao festzuhalten. Der verräterische Behälter neigte sich also etwas zur Seite und die heiße Flüssigkeit floß langsam mein Bein entlang. Die Furcht, der moralisierende Herr könnte etwas merken, war größer als der Schmerz, so daß ich ganz ruhig stehen blieb. Allerdings bekam Anni an diesem Morgen nur ein paar Löffel zu trinken und außerdem waren wir vollauf damit beschäftigt, meine Hose soweit zu reinigen, daß man keine Kakaospuren mehr darauf erkennen konnte.

Aber meine so einträgliche Arbeit endete auf eine weit unangenehmere Art. Wie gesagt, ich bin nie besonders geschickt gewesen, und bei uns zu Hause wurden mir im allgemeinen eher grobe oder ungefährliche Arbeiten übertragen, während unserer Köchin oder unserem Stubenmädchen die etwas anspruchsvolleren Tätigkeiten oblagen. Man schickte mich in die Küche, um Salz oder Brot zu holen, aber ich erinnere mich nicht, jemals ein Tablett mit heißen Speisen gehandhabt zu haben. Und da geschah es! In der Küche hatte man mir ein Tablett mit 5 vollgefüllten Suppentassen übergeben. Ich trat mit demselben an den Tisch, um dem Kommandanten die erste Tasse hinzustellen. Irgendwie muß ich das Tablett aber nicht gerade gehalten haben. Die Suppentasse und der Teller rutschten – ich wollte zugreifen, aber die Tasse mit der heißen Flüssigkeit lag bereits auf der Sonntagsuniform des Kommandanten. Was er und seine Mitstreiter sagten, weiß ich nicht mehr, aber noch am selben Abend wurde mir mitgeteilt, daß die Schweizer Armee meine Dienste nicht mehr benötige. Ich war gar nicht so unzufrieden, nur Anni tat mir leid, denn sie konnte die Aufbesserung unserer Ration durchaus gebrauchen.

Inzwischen wurde uns klar, weshalb man uns so schnell von Basel in ein Militärlager an den Genfer See gebracht hatte. Offiziell war die Grenze nach Frankreich gut bewacht. Auch unser Kommandant verfügte über eine Gruppe von Soldaten, die eigentlich einen Teil des Seeufers zu bewachen hatten, damit niemand die Grenze illegal überqueren konnte. Es gab Appelle und Übungen, wobei die Soldaten während der Schießübungen sich hinlegen sollten, wahrscheinlich damit man sie nicht so einfach sehen konnte. Diese Übungen wurden auf der Terrasse des Hotels durchgeführt, und damit die Kämpfer nicht ihre verhältnismäßig neuen und gut gehaltenen Uniformen schmutzig machten, wurde die Terrasse vorher mit alten Hotelmatratzen ausgelegt. Alle Männer, aber auch Anni und ich, konnten sich

das Lachen nicht verbeißen, wenn die auf den Matratzen ausgestreckten Kämpfer auf Befehl mehrmals in die Luft schossen, dann aufsprangen und zum See hinunterliefen.
In der Nacht hörten wir auch ein- oder zweimal Schüsse und sahen, daß Scheinwerfer angeschaltet wurden. Aber anscheinend immer zu spät, denn am nächsten Morgen erzählten uns die Soldaten, heute Nacht wären wieder Polen, Litauer oder Italiener nach Frankreich übergesetzt. Wir schrieben Januar 1945. Der größte Teil Frankreichs war schon seit einem halben Jahr befreit. Die französische Armee, die Amerikaner und die Engländer hatten fast überall gegen die Deutschen gesiegt. Es war also nicht erstaunlich, daß junge Leute, die seit Jahren in Deutschland gefangen waren oder die als Fremdarbeiter unter menschenunwürdigen Bedingungen für die Deutschen arbeiteten, versuchten, illegal über die Schweiz nach Frankreich zu gelangen, um dort gegen ihren eigentlichen Feind zu kämpfen. Offiziell konnte die neutrale Schweiz niemandem erlauben, die Grenze zu überschreiten, um sich irgendeiner Armee anzuschließen. Offiziell, – aber gerade hier in der französischen Schweiz, wo man recht genau wußte, was die deutschen Besatzer angerichtet hatten, wo man vielfach mit den Franzosen sympathisierte, sah man eben nicht so genau hin.
Aus dem Verhalten einiger Schweizer ging hervor, daß man auch in unserem Falle damit gerechnet hatte, daß wir die Nähe der französischen Grenze benutzen würden, um nach Frankreich zurückzukehren. Damit wäre das Problem unserer Einstufung und unserer Behandlung durch die Behörden ein für allemal gelöst worden. Aber wir fanden, daß wir bereits genügend Abenteuer und Gefahren hinter uns hatten, so daß wir nicht unnötigerweise, ohne Erlaubnis, ohne Papiere, ohne Geld und ohne eine Anlaufadresse eine verbotene Grenze überschreiten wollten. Schließlich waren wir zwar aus Frankreich deportiert worden, aber wir waren keine Französinnen – noch dazu aus Berlin und aus Wien stammend. Die Fremdenfeindlichkeit der Franzosen war uns zur genüge bekannt, und auch die Kämpfer der Resistance waren Ausländern gegenüber oft sehr mißtrauisch gewesen. In unserem Falle hätte ich es den Militärs nicht einmal übelgenommen.
Hinzu kam aber noch ein besonderer Faktor, der nicht einer gewissen Komik entbehrte. Bereits in Deutschland und dann von irgendwelchen Lagerinsassen in der Schweiz hatten wir gehört, daß die Franzosen nach der Befreiung, besonders in kleinen Provinzstädten, französische Frauen, die sich öffentlich oder für die Nachbarn provozierend, mit deutschen Soldaten eingelassen hatten, als Verräterinnen betrachteten. Immerhin gab es nach einem Brief des Reichsärzteführers Conti, den er 1942 an Himmler gesandt hatte, 50000 Kinder, die deutsche Väter (sehr oft SS-Leute) und französische Mütter hatten. Conti schlug damals vor, die Kinder zum größten Teil nach Deutschland zu überführen, und wenn sie rassisch gut waren, der Stiftung Ahnenerbe zur Germanisierung zu übergeben. Glücklicherweise haben nur sehr wenige Französinnen ihre Babies dem Ahnenerbe oder dem

Lebensborn anvertraut. Die leichten Damen dagegen, die sich auf der Straße, in Restaurants und Nachtlokalen mit deutschen Offizieren und Soldaten recht gerne gezeigt hatten, bekamen den Zorn der Bevölkerung zu spüren. Vor allem in den südlichen und westlichen Provinzen schnappte man die Damen und schor ihnen die Köpfe kahl. Das war im August und September 1944, zur selben Zeit, als man uns bei der Ankunft im Konzentrationslager Auschwitz die Haare mit einer sogenannten doppelnull-Maschine abrasiert hatte. Irgendwie hatten wir den Eindruck, daß wenn man in Annecy oder einem anderen Ort unsere Haarstoppeln entdecken würde, die seit 5 Monaten mühsam gewachsen waren, so würde man nicht lange fragen, sondern uns für SS-Bräute halten. Und wie lange es dauern würde, Militär oder Polizei vom Gegenteil zu überzeugen, war gar nicht abzusehen: Soviel Wagemut hatten wir nun doch nicht. Schließlich fühlten wir uns zwar manchmal etwas kühl und unbehaglich, aber sicher und moralisch irgendwie gut aufgehoben.
Wirklich skurril wurde die Angelegenheit an einem kalten Winterabend. Nach dem Abendessen hatte uns unser Beschützer, der Quartiermeister, in unserem Zimmer aufgesucht. „Passen Sie heute abend gut auf, verlassen Sie Ihr Zimmer nicht. Wenn es Alarm gibt, dann melden Sie sich gleich in der Wachstube. Die Polen und Litauer haben die Absicht, abzuhauen. Ein Boot für die Überfahrt liegt irgendwo versteckt. Aber diesmal habe ich aufgepaßt, ich habe alle Decken, Handtücher und Becher eingesammelt, damit sie die nicht mitnehmen können. Das letzte Mal haben die Kerle alles aus ihren Zimmern mitgenommen, was nicht niet- und nagelfest war. Das kann ich doch nicht erlauben, das ist doch Staatseigentum."
Tatsächlich, etwa eine Stunde später gab es Alarm. Irgendeine Glocke klingelte laut. Eine Sirene war zu hören. Die Scheinwerfer am See wurden eingeschaltet, ein paar Männer kamen über die Terrasse. Befehle, und dann ein paar Schüsse, ganz nah beim Haus. Wir verließen unser Zimmer und begaben uns in die Wachstube, wo auch schon andere Hotelinsassen versammelt waren. Nach etwa fünf Minuten kam ein Offizier und sagte erleichtert: „Da sind Sie ja, als ich Ihre Tür offen fand, dachte ich, Sie wären auch dabei! Na, das hätte ja Schwierigkeiten gegeben!" Der Alarm dauerte noch eine ganze Weile. Wir hörten auch noch ein- oder zweimal Schüsse, woher sie kamen, konnten wir nicht feststellen. Befehle wurden gerufen, die Scheinwerfer gerichtet. Und dann Stille und keine Sonderbeleuchtung mehr. Irgendjemand sagte draußen auf der Terrasse: „Na, jetzt haben sie es geschafft, die sind schon drüben, und wir können nichts mehr tun". Wir schliefen in dieser Nacht ruhig und tief und waren dem Fourrier doch recht dankbar.
Wieder fühlten wir uns besonders zu den Italienern hingezogen. Man hatte uns zwar vor den bösen Buben, die mit Schweizerinnen angebandelt hatten, gewarnt, aber sie waren uns von Anfang an besonders sympathisch. Sie erzählten uns fröhlich, daß es im Gefängnis eigentlich besser gewesen wäre als im Militärlager. Das Essen war reichlicher, und vor allem waren die Zellen

gut geheizt und recht gemütlich. Die Wachhabenden hätten auch durchaus Verständnis für ihre Zuneigungen für junge Schweizerinnen gehabt, auch wenn sie die Anweisungen der Bundesbehörden respektierten. Unsere neuen Freunde weihten uns auch in ihr System D, d.h. ihre Eskapaden ein. Wenn man gut aufpaßte, konnte man ungesehen in den Heizungskeller des Hotels gelangen. Wenn man über ein paar Kohlenberge kletterte, kam man zu einem kleinen Kellerfenster. Das stieß man einfach auf und gelangte – natürlich unter entsprechenden Vorsichtsmaßnahmen – auf einen kleinen Weg, der hinunter in den Ort führte.

Ein paar Insassen des Lagers waren auf diese Weise in den Ort gelangt, und da sie Hunger hatten, gingen sie in eine Bäckerei und kauften Brötchen und etwas Brot. Sie hatten zwar Geld, um das Gebäck zu zahlen, aber keine Marken. Sie klagten der Verkäuferin ihr Leid, diese hatte Mitleid mit ihnen und verkaufte ihnen Backwerk, das irgendwie im Laden vorhanden war. Die Burschen waren sehr glücklich und sprachen über die netten Schweizer. Am nächsten Tag erhielt der Kommandant des Lagers einen Brief des Bäkkermeisters, der ihn auf die disziplinarischen Vergehen seiner Internierten aufmerksam machte. Es gab eine kleine Versammlung und eine Strafpredigt, und ich glaube, das Kellerfenster wurde eine Zeitlang effektiv verschlossen.

Dank des Fourriers ging es uns ja verhältnismäßig gut, außerdem hatten wir von der jüdischen Gemeinde in Lausanne nicht nur etwas Geld, sondern auch ein paar Toilettenartikel, wie Zahnputzgläser, etwas Creme und Seife bekommen. Zum Neuen Jahr kam auch ein Paket aus Basel, in dem etwas Schokolade und Weihnachtsgebäck war.

Das große Ereignis für uns war eine Einladung von Dr. Weingort, einem Rabbiner in Montreux, der uns zu sich nach Hause zu einer Besprechung einlud. Wir durften ohne Begleitung zum See hinuntergehen, wo er in einem eleganten neuen Mietshaus wohnte. Allein dieser Spaziergang war ein Erlebnis. Wie gesagt, Dr. Weingort wohnte im zweiten oder dritten Stock des neuen Gebäudes. Ein Pfeil wies uns auf den Fahrstuhl hin. Als wir in der genannten Etage ankamen, war am Fahrstuhl keine Tür, sondern wir befanden uns direkt vor einer Wohnungstür, die wir einfach aufdrückten, und zu unserem Erstaunen traten wir in einen größeren Vorraum, der mit Bücherregalen und Stühlen ausgestattet war. Erst viel später erklärte uns jemand die Ursache dieser Anordnung.

Das elegante und neue Haus am See hatte zwar Fahrstühle, die direkt vor der Wohnungstür hielten, aber keine Treppen. Nun darf ein frommer Jude am heiligen Sabbat kein Licht anzünden. Am Beginn des Feiertages am Freitag abend werden in den orthodoxen Familien Kerzen angebrannt, der sogenannte Schabbesleuchter, und mit diesem Licht muß man sich begnügen. Wenn man einen elektrischen Klingelknopf betätigt, käme dies nach biblischem Verständnis dem Feueranmachen oder einer Arbeit gleich, und diese Handlung darf von einem Gläubigen nicht vorgenommen werden.

Wie man die Frage des Fahrstuhles geregelt hatte, erinnere ich mich nicht mehr. Wenn man aber auf der Etage anlangte, auf der der Rabbiner wohnte, gab es keine Fahrstuhltür, sondern man befand sich vor einer Zimmertür, die nur angelehnt war, und man konnte eintreten, ohne irgendeinen elektrischen Knopf zu betätigen. Wir öffneten also die sichtlich nicht verschlossene Pforte und befanden uns in einem normal möblierten Raum, in dem mehrere Männer saßen – alle mit einem Käppchen auf dem Kopf, wie es die Religion vorschreibt.
Dr. Weingort, der Rabbiner, ein verhältnismäßig junger Mann von etwa 30 Jahren, begrüßte uns sehr sehr freundlich. Er führte uns auch erst einmal in ein anderes Zimmer mit einer herrlichen Aussicht auf den Genfer See und die Berge. Dort stellte er uns seiner Frau und seinen beiden Kindern vor, mit denen wir gemeinsam Kaffee tranken. Frau Weingort stammte aus einer frommen Schweizer Familie (sie trug einen „Scheitel", die Perücke, die die verheirateten jüdischen Frauen über ihrem kurzgeschnittenen Haar tragen müssen, damit kein fremder Mann ihre Haare sieht – allerdings muß sich der eigene Mann mit ihrem kurzgeschorenen Kopf begnügen). Obgleich wir vor den Kindern natürlich nicht über unsere Erlebnisse sprachen, verstand es Frau Weingort, uns irgendwie ihr Mitgefühl und ihr Verständnis zu zeigen. Wie ich zu Anni nachher sagte, hatte ich den Eindruck von Geborgenheit und, wenn ich die wirklich unbeschwerten Kinder sah, von Hoffnung. Meine Kameradin Anni reagierte völlig anders auf diese glückliche Insel. Verbittert sagte sie nachher zu mir: „Wenn ich daran denke, was wir erlebt und gesehen haben – und dann sitzen die Schweizer Juden hier und sonnen sich in ihrem Familienglück, als ob es draußen noch eine heile Welt gäbe."
Nach diesem für mich so positiven Intermezzo begann die Unterhaltung mit den Männern. Es stellte sich heraus, daß Dr. Weingort aus dem Ort Auschwitz stammte. Er selbst hatte in der Schweiz studiert und war Schweizer Bürger, mit einer Schweizerin verheiratet. 1939 war es ihm noch gelungen, einigen wenigen Mitgliedern seiner Familie zur Emigration ins Ausland zu verhelfen. Doch es blieben noch genügend Verwandte in Polen, die im Winter 1940/41 in Auschwitz interniert wurden. Am Anfang konnten sie noch vorgedruckte Karten senden und auch unter bestimmten Umständen Pakete erhalten.
Während der Jahre 1942 und 1943 gelang es noch einigen Polen aus der Gegend zu flüchten, und einige wenige illegale Nachrichten gelangten bis in die Schweiz. Unsere Berichte erschienen den Anwesenden also nicht unglaubwürdig, sondern bestätigten vieles, was sie wußten, und ergänzte ihre Informationen. Dr. Weingort stellte die wichtigsten Fragen. Haben Sie Familie? Wissen Sie, wo Ihr Mann und Ihr Kind sind? Ich erklärte ihm, daß ich eine Nachricht über das Rote Kreuz nach Frankreich geschickt hatte, aber nachdem was mir andere erzählten, würde es wahrscheinlich einige Monate dauern, bevor ich eine Antwort erhielt. Dann berichtete ich

über meine vergeblichen Versuche, in Basel mit dem französischen Konsul Kontakt aufzunehmen, um zu erfahren, was mit meinem Mann und meinem Kind geschehen sei, und über die wenig menschenfreundliche Haltung des Kommandanten. Dr. Weingort war durchaus bereit, die militärische Bürokratie zu ignorieren. Nach dem, was ich später über die Verhältnisse in der französischen Schweiz erfuhr, drückten die welschen Behörden (anscheinend auch das Militär) die Augen wohlmeinend zu. Einige Tage später holte er einen Brief an meinen Mann ab, da eine jüdische Delegation nach Paris fuhr und das Schreiben direkt befördern konnte. Bei dieser Gelegenheit übergab er uns auch ein Briefcouvert mit 2 Zehnfrankenscheinen darin, die irgendwie von seiner frommen Gemeinde kamen. Als wir ihm mitteilten, daß wir bereits Geld von der jüdischen Gemeinde in Lausanne erhalten hatten, war er richtig gerührt, daß es noch so ehrliche Flüchtlinge gab. „Sie können das Geld ruhig behalten, ich nehme an, daß Sie es vernünftig verwenden werden." Außerdem zog er aus seiner Tasche noch Fleischmarken. (Auch in der Schweiz gab es während des Krieges fast alle Lebensmittel nur auf Karten.) „Hier", sagte er, „das ist meine Fleischration für diesen Monat. In der Schweiz ist seit jeher das Schächten, d.h. das Töten der Tiere ohne Betäubung, entsprechend dem jüdischen Ritus, verboten. Früher bekamen wir das „koschere" Fleisch aus Italien. Aber seit einigen Jahren ist es unmöglich, das Fleisch aus Italien einzuführen. Daraufhin essen wir eben vegetarisch und tauschen unsere Ration gegen irgendetwas anderes ein. Ich nehme aber an, daß Sie bestimmt nicht die religiösen Riten respektieren."

Gleich am selben Nachmittag erhielten wir eine Ausgangserlaubnis und kauften uns für die geschenkten Fleischmarken geräucherten Schinken. Während mehrerer Tage ergänzte dieses Produkt unsere recht ärmlichen Mahlzeiten – wie Anni es ausdrückte: „Jetzt essen wir koscheren Schinken, weil der Rabbiner ihn uns geschenkt hat!"

Aber Dr. Weingort und seine Mitstreiter begnügten sich nicht damit, uns persönlich so weit wie möglich zu helfen. Bereits beim ersten Treffen fragten sie: „Sehen Sie irgendeine Möglichkeit, Ihren Kameradinnen aus dem Lager zu helfen?" „Ja", war unsere Antwort. „Das Arbeitskommando muß ja offiziell registriert sein. Daß wir aus dem Lager entflohen sind, weiß man ja inzwischen wohl auch. Schicken Sie doch Decken, etwas warme Kleidung und Lebensmittel für die Holländerinnen und Französinnen, die seit Anfang November im Lager Kratzau untergebracht sind."

Nach 8 Tagen ließ uns Dr. Weingort wieder kommen. Das Schweizer Rote Kreuz hatte sich an das Deutsche Rote Kreuz gewandt und um Erlaubnis ersucht, Kleider und Lebensmittel für eine Gruppe von französischen und holländischen Jüdinnen nach Kratzau zu senden. Die Antwort: „Es gibt kein Arbeitslager in dieser Gegend, in dem jüdische Häftlinge untergebracht sind. Im gesamten Sudetengebiet gibt es keine holländischen und französischen Zwangsarbeiterinnen."

Das Schweizer Rote Kreuz hatte sich mit dieser Auskunft begnügt und mitgeteilt, daß die Aktion nicht stattfinden könne. Jetzt fragte man uns: „Können wir dem Schweizer Roten Kreuz sagen, daß wir genau wissen, daß dieses Lager besteht, denn zwei Frauen mit den Tätowierungsnummern A 16806 und 16807 sind im November aus dem Lager entflohen und haben genau darüber berichtet?" „Selbstverständlich", war unsere Antwort, und außerdem teilten wir noch die Namen von einigen Internierten mit, die die Pakete bestätigen sollten. Es war immerhin Januar 1945.
Und siehe da, das Deutsche Rote Kreuz antwortete daraufhin, es sei ein Versehen passiert, ein solches Arbeitslager bei Kratzau gebe es. Ein Lastwagen mit Kleidern und Lebensmitteln verließ Genf. Alles wurde im Lager abgeliefert, und mehrere Französinnen bestätigten den Empfang eines Paketes.
Man hat uns gefragt, ob wir nicht Angst hätten, Namen von Kameradinnen anzugeben. Aber auf Grund unserer Erfahrungen hielten wir dies nicht für gefährlich. Die Anonymität, die Heimlichkeiten, die Tatsache, daß niemand fragte: wie, wohin, wozu? hat es den nationalsozialistischen Mördern ermöglicht, ihre Verbrechen ungestört durchzuführen. Sobald ihre Unmenschlichkeit, ihre Grausamkeiten Aufsehen errregten und diskutiert wurden, haben sie stets die Öffentlichkeit gefürchtet. Als 1940/41 die Tötung der unheilbar Kranken in mehreren Anstalten in West- und Mitteldeutschland durchgeführt wurde, hatte es in kirchlichen Kreisen, vor allem seitens der Katholiken, ernsthafte Proteste gegeben. Schließlich führten Aktionen mehrerer kirchlicher Würdenträger und vor allem ein Hirtenbrief des Bischofs von Münster, des Grafen von Galen, der fast von allen Kanzeln verlesen wurde, dazu, daß die Tötung der Kranken in West- und Süddeutschland mindestens offiziell eingestellt wurde.
Wir haben mehrere unserer französischen Kameradinnen in Paris wieder getroffen. Sie umarmten und küßten uns, als sie uns wiedererkannten. Tatsächlich waren die Sendungen aus der Schweiz noch im Januar im Lager Kratzau angekommen. Noch bevor alles verteilt wurde, hatte man die Französinnen, die auf unserer Liste standen, geholt. Sie hatten jede ein extra großes Paket bekommen und mußten unterschreiben, daß sie die Sendung erhalten hatten. Der Erfolg: die Lagerleitung und vor allem auch der verantwortliche SS-Mann des Lagers behandelten sie von da ab mit einiger Achtung und Rücksicht. Das Schweizer Rote Kreuz hatte also auch eine moralische Wirkung erzielt.
Auch in Montreux war es nicht möglich gewesen, Anni direkt von einem Frauenarzt untersuchen zu lassen. Die ärztliche Betreuung im Lager war sowieso sehr sporadisch und sparsam. Auf unsere Bitte hin hatte man uns gesagt, daß der zuständige Gynäkologe auf Winterurlaub sei, und ich hatte den Eindruck, daß man aus Basel mitgeteilt hatte, wir wären wohl vor allem psychisch mitgenommen und Hypochonder, die man nicht zu ernst nehmen sollte.

Mitte Januar hieß es dann plötzlich: übermorgen würden wir in ein anderes Militärlager überführt – nach Rikon im Tösstal, etwa 15–20 km südlich von Winterthur, ein kleiner Bergort, der sogar allen meinen Schweizer Freunden völlig unbekannt war. Weshalb den Behörden so daran gelegen war, uns schleunigst vom Genfer See zu entfernen und uns unter besondere Militärbewachung an einen Ort zu transportieren, wo sich sozusagen die Füchse gute Nacht sagten, weiß ich heute noch nicht. Es gab dort eine Militärbasis, jedenfalls eine ganze Reihe von Soldaten, aber die Bewohner haben wir kaum gesehen, man hatte den Eindruck, daß sie Winterschlaf hielten.
Eine Erklärung wäre, daß man so komplizierte Flüchtlinge gerne los sein wollte. Als wir die Gelegenheit, nach Frankreich zu „verschwinden“, so gar nicht benutzten, wollte man uns lieber in einem kleinen Ort unterbringen, in dem wir keinerlei Kontakte aufnehmen konnten, und wo man uns sozusagen an der Schneekette festhielt und im Griff hatte. Dies war wahrscheinlich ein Grund für unsere Spazierfahrt in die Berge.
Es ist aber durchaus möglich, daß man uns vor allem daran hindern wollte, weiterhin die Hilfe von Dr. Weingort zu erhalten. Sicher hatte man inzwischen erfahren, daß seine jüdischen Mitstreiter illegal die Nachricht von unserer gelungenen Flucht nach Frankreich vermittelt hatten. Vor allem aber dürfte die Aktion zur Entsendung von Lebensmitteln in ein Arbeitskommando, das von einem KZ abhing, höheren Orts bekannt geworden sein. Immerhin hatten wir ja das Schweizer Rote Kreuz mobilisiert. Man gab uns auch keine Gelegenheit, uns von Dr. Weingort zu verabschieden oder uns bei ihm zu bedanken.
An das Tösstal erinnere ich mich kaum. Wir waren in einem einfachen größeren Gebäude untergebracht, das aber gut geheizt war, und so weit ich mich erinnere, war auch das Essen reichlich und schmackhaft. Wir waren wieder in der Obhut des deutsch-schweizerischen Militärs. Ich erinnere mich weder an die Wachmannschaften noch an die übrigen Insassen des Lagers – mit einer Ausnahme.
Am zweiten Abend sprach uns ein etwa 30 bis 35 Jahre alter Mann in unverfälschtem österreichischen Dialekt an. Er stellte sich vor als Herr Pacher, Buchhändler aus Innsbruck. Soviel wir später erfuhren, gehörte er einer österreichischen katholischen Gruppe an, die sich im Winter 1944/45 zusammengeschlossen hatte, um die militärischen Anstrengungen der Deutschen, vor allem der protestantischen Nationalsozialisten zu sabotieren. Im Dezember waren einige Mitglieder seiner Widerstandsgruppe von den „Preußen“ erwischt worden. Im letzten Moment war es ihm gelungen, auf Skiern über die Berge bis in die Schweiz zu gelangen, wo er glücklicherweise als politischer Flüchtling anerkannt wurde.
„O mei“ seufzte er mehrmals. „Daß jemand das fertig bringt, aus Auschwitz lebendig herauszukommen – das hätte ich nicht für möglich gehalten. Das ist ein wirkliches Wunder, da kann nur die heilige Jungfrau geholfen haben, da muß man ihr danken“.

Wir waren völlig perplex. Schließlich hatten ja die Deutschen alles dazu getan, damit kein normaler Zivilist etwas über die Vernichtungslager erfuhr und besonders nicht über Auschwitz. Wie konnte es da geschehen, daß ein Buchhändler aus Innsbruck das Lager kannte? Und dann erzählte er uns seine Geschichte.

Im Winter 1940/41 war er mobilisiert worden. Obgleich er keiner Partei angehörte, wurde er direkt in die Feldgendarmerie eingegliedert. Da eine ganze Reihe der Polizisten seiner Einheit österreichische Katholiken waren, nahm er an, daß man dies absichtlich getan hatte, um die Katholiken verschiedener Nationalität und Sprache gegeneinander zu hetzen. Die Kommandanten und höheren Offiziere waren fast alle Protestanten und Reichsdeutsche. Seine Einheit wurde nach Polen entsandt, und ihre Aufgabe im Winter 1940/41 bestand darin, in den entferntesten Dörfern und Städten der früheren polnischen Republik die Priester und katholischen Mönche zu verhaften und sie ins Lager Auschwitz zu führen. Es war kalt, Schnee und Frost auf den Wegen. Von den Polizisten bewacht, wurden die Geistlichen wie eine Viehherde vorwärtsgetrieben. Wer umfiel oder nicht mehr weiter konnte, wurde erschossen, manchmal auch lebendig eingegraben. Wenn die Polizisten versuchten, den Polen zu helfen, wurden sie schwer dafür bestraft.

Nach dem, was er gesehen und gehört hat, sind fast 40000 Katholiken verhaftet worden. Als nach mehrwöchigem Marsch die Kolonne in Auschwitz anlangte, waren es noch etwa über 4000. Einige Monate später kam er nochmals mit einem kleinen Transport nach Auschwitz, und da lebten nur noch etwa 400 der polnischen Priester.

Ich glaube nicht, daß er dies anderen oder den Schweizer Behörden erzählt hat. Noch nachträglich schämte er sich ernsthaft, und nur unsere Geschichte hatte diese unerwartete Reaktion bei ihm hervorgerufen.

Und dann geschah es! Ich kann mich weder an das Datum noch an die genauen Umstände erinnern, wer mir den Brief gab, ob irgendeine Ermahnung damit verbunden war, ob er mir aus Lausanne nachgeschickt worden war – ein Brief aus Frankreich in Jaschas Handschrift, zwei oder drei Seiten lang. Er hatte die illegale Mitteilung, die das jüdische Komitee an Professor Piéron am Collège de France übermittelt hatte, in den ersten Januartagen erhalten. Er konnte es zuerst gar nicht glauben, denn, wie er schrieb, hatte man ihm nach der Befreiung von Paris schonend mitgeteilt, ich sei von den Deutschen erschossen worden. Ich hatte im Gefängnis einer Französin, die entlassen wurde, die Photographien meines Sohnes gegeben. Ich mußte befürchten, daß, wenn die Deutschen die Bilder fänden, sie systematisch nach dem Kind suchen würden, und dann wäre mein Sohn André deportiert und vergast worden. Ich bat sie also, die Fotos an Frau Professor Piéron ans Institut zu senden und mitzuteilen, daß man ihn unbedingt an eine andere Adresse bringen müßte. Sie hat aber bis zur Befreiung von Paris gewartet und dann die Photographien an das Institut gesandt, zusammen mit einem

Zettel, der besagte: „Der letzte Gruß von Lilli Segal aus dem Gefängnis.“ So wie die Dinge damals in Paris lagen, und nachdem man wußte, daß ich im Militärgefängnis Fresnes unter der Anschuldigung der „Sabotage innerhalb der Deutschen Armee“ einsaß, schien eine Erschießung durch die Gestapo durchaus verständlich. Mein Mann und seine Freunde hatten also gar nicht versucht, etwas Näheres über mein Schicksal zu erfahren. Wie Anni behauptete, war der Brief verhältnismäßig kurz und kühl. Ich empfand dies durchaus nicht so. Jascha teilte mir mit, daß er ebenfalls durch einen Glückszufall die Illegalität überlebt habe, daß er wieder als Chargé de Recherche in seinem alten Labor am Collège de France arbeite, daß aber vor allem unser Sohn André mit Hilfe von französischen Freunden und von französischen Ärzten gerettet werden konnte, da man ihn unter falschem Namen auf dem Lande untergebracht hatte. Allerdings wäre er immer noch krank, seine Knochentuberkulose sei noch nicht geheilt, und er befände sich bei einer Krankenpflegerin, da er im Gipsbett liege. Er sei aber immer noch ein fröhliches und aufgewecktes Kind, das seine Umgebung mit Singen und Rezitieren von Gedichten unterhalte.

Und dann teilte er mir mit, daß sich unser Freund Max Gall mit seiner Frau und seinen zwei Kindern in der Schweiz befinde, in Noyon, im Hotel du Lac. Max Gall war ein deutscher Fabrikant (mit einer Französin verheiratet), der einer katholischen bayerischen Gruppe angehörte, die, wo es möglich war, gegen die offizielle nationalsozialistische Politik gekämpft hatte. Wir hatten in Paris 1941 Kontakt mit ihm aufgenommen, und er hatte uns nicht nur wichtige Informationen vermittelt, sondern auch einigen deutschen Antifaschisten und Juden geholfen. Als man ihn im Juni 1944 mobilisieren wollte, gelang es ihm, mit seiner Familie in die Schweiz zu fliehen, wo er beste Verbindungen hatte, denn er war immer für die neutrale Schweiz und ihre Bürger eingetreten. Jascha und ein französischer Freund hatten nach der Befreiung von Paris über seine Hilfe und seine Tätigkeit berichtet und sich bei den Behörden für ihn verbürgt. Wie Jascha schrieb, würde er sich bestimmt bei den schweizer Behörden für mich einsetzen und eventuell auch unsere Rückkehr nach Frankreich beschleunigen. Professor Piéron und mein Professor am Institut National Agronomique waren natürlich auch bereit, für mich zu intervenieren.

Ich schrieb also sofort an Herrn Max Gall, Hotel du Lac, Noyon und teilte ihm mit, wo ich mich befand. Das Dumme war nur, daß es in der Schweiz keinen Ort Noyon gibt. Nur in Nordfrankreich an der Oise gibt es eine solche Stadt. Max Gall und seine Familie befanden sich in Nyon, einem hübschen kleinen Ort am Schweizer Ufer des Genfer Sees. Allerdings stimmte der Name des Hotels. Trotz dieser Verwechslung erhielt ich zwei Tage später den ersten Anruf von Max Gall, der versicherte, er werde alles Notwendige tun, um uns aus dem Militärlager in ein Zivillager überführen zu lassen. Die Schweizer Post hatte nicht einmal 12 Stunden gebraucht, um die falsche Adresse zu korrigieren und unserem Freund den Brief zuzustellen.

Mein Sohn André befand sich 1947–1949 in einem Sanatorium in Leysin. Leysin war seit der Jahrhundertwende der bekannteste Luftkurort für Kranke, die unter Knochentuberkulose litten. Die Anzahl der Patienten entsprach etwa den 2000 Einwohnern, die fast alle in den zahlreichen Heilstätten, Kliniken und Pensionen tätig waren.

Wir hatten einer Freundin, die ihre Ferien in der Schweiz verbrachte, Andrés Adresse mitgeteilt, denn bei einem Aufenthalt am Genfer See wollte sie ihn besuchen. Irgendwie hatte sie die Mitteilung verlegt und schrieb eine Karte: André Segal Leysin, um den Tag ihrer Ankunft mitzuteilen. Noch am selben Tag stellten die Postbeamten fest, in welcher Klinik der Junge untergebracht war, und benachrichtigten die Leitung von dem beabsichtigten Besuch.

Durch Zufall lernte ich einen verantwortlichen Mitarbeiter der Post kennen und bedankte mich bei ihm. Da lachte er nur und erklärte, daß dies wirklich der unkomplizierteste Fall gewesen sei. Sehr oft kommen Briefe ohne Adresse, aber auch ohne einen lesbaren Namen an. Wobei die Anschrift oft in kyrillischen, arabischen oder nur wenig bekannten alphabetischen Zeichen vorläge. Ja, manchmal gingen die Korrespondenten so weit, daß sie statt des Namens der Klinik irgendeine Zeichnung anfertigten, die diesen Namen repräsentierte. „Aber in 90% der Fälle gelingt es uns doch, den Adressaten ausfindig zu machen, auch wenn es manchmal einige Tage dauert", konnte er mir versichern, und nach allem, was ich in dieser Hinsicht in der Schweiz erlebt und gesehen hatte, glaubte ich ihm aufs Wort.

Ich weiß nicht mehr, wie lange es gedauert hat, eine oder $1^1/_2$ Wochen, aber bereits in den ersten Februartagen waren wir in einem Heim für Flüchtlinge untergebracht, in dem, vom Heimleiter angefangen, nur Zivilpersonen unser Leben organisierten. Es gab zwar bestimmte Beschränkungen. Nachts durften wir das Heim nicht verlassen, und falls wir uns über eine bestimmte Kilometerzahl entfernten, brauchten wir eine Sondererlaubnis. Wir mußten eine gewisse Anzahl von Stunden arbeiten, die Frauen meistens in der Nähstube, und wir erhielten für diese Beschäftigung sogar ein Taschengeld. (Auch ich, die es auf Grund mangelnder Nähkünste bestimmt nicht wirklich verdiente.)

Die Insassen des Heims waren in erster Linie Juden, aber auch andere Ausländer, die sich in die Schweiz gerettet hatten, um der Gefangenschaft oder der Mobilisierung durch die deutsche Armee zu entgehen.

Die meisten von ihnen waren 1942 und 1943, als man in Frankreich alle Juden, Männer, Frauen, Greise und Kinder, verhaftete und deportierte, über die Schweizer Grenze geflohen und als Flüchtlinge anerkannt worden. Einige wenige waren 1939 oder 1940 aus Polen geflüchtet und auf Umwegen über Österreich oder Italien bis in die Schweiz gelangt. Natürlich wußten sie, daß die Deportation etwas Schreckliches, nicht Definierbares bedeutete. Von den Verwandten, Freunden und Bekannten, die aus Frankreich nach dem Osten transportiert worden waren, gab es keine Nachricht, keine Lebenszeichen – aber die ganze Wahrheit war nur einigen wenigen bekannt. Die meisten klammerten sich noch an die Hoffnung, daß man die Leute in Arbeitslager oder Ghettos deportiert hatte und daß die Kräftigen, die Arbeitsamen oder die Klugen überlebt hätten.

Durch das jüdische Komitee in Lausanne, durch ein oder zwei Zeitungsnotizen, in denen von zwei Frauen die Rede war, die aus einem Arbeitslager entflohen seien, vielleicht auch durch die Indiskretion einiger Beamten, erfuhr man von unserem Dasein. Mehrere Wochen lang erhielten wir Briefe aus den verschiedensten Gegenden des Landes. So schrieb uns eine Frau, ihre Mutter sei 1942 aus Frankreich deportiert worden und sie hätte eine vorgedruckte Karte aus Auschwitz erhalten; ob wir ihre Mutter nicht im Lager getroffen hätten. In einem anderen Brief fragte man uns nach einer jüdischen Frau mit zwei Kindern, die 1943 aus Drancy, dem Sammellager bei Paris, von dem aus die Deportationen von Juden nach Auschwitz erfolgten, nach dem Osten geschickt worden war. Wir wußten wirklich nicht, wie wir die Briefe beantworten sollten. Schließlich konnten wir ja nicht einfach schreiben: alle Frauen mit Kindern sind direkt ins Gas geschickt worden. Oder Leute, die nicht mehr arbeitsfähig waren, sind direkt von der Rampe aus in den Tod gegangen. Wir schrieben also an die Betroffenen, daß Hunderttausende aus ganz Europa nach Auschwitz geschickt wurden, und daß wir 1944 in dem Lager Birkenau keine Frauen angetroffen haben, die 1942/1943 Drancy verlassen hätten. In einem oder zwei Briefen ließen wir durchblicken, daß die meisten Kinder nicht überlebt hätten, daß es aber immerhin irgendwelche Ausnahmen gab, daß wir in einigen Fällen auch im Lager Mütter mit Kindern angetroffen hätten. Wie man mir später erzählte, war man unter den Emigranten allgemein der Meinung, daß man uns nicht ernst nehmen könne, daß alles, was wir erzählten, stark übertrieben sei.

Noch komplizierter war das Verhältnis zu unseren jüdischen Mitbewohnern in unserem komfortablen Flüchtlingsheim. Es begann schon damit, daß wir ja inzwischen durch gute Ernährung und Vitamine im wahrsten Sinne des Wortes aufgepäppelt waren. Anni war zwar noch sehr blaß, doch trotz unserer kurzen Haare sahen wir recht normal aus. Irgendwie stimmte unser Aussehen, aber vor allem auch unser unbeschwertes und anscheinend sorgloses Auftreten nicht mit den tragischen Erlebnissen überein, von denen wir ab und zu sprachen. Auch hier im Lager hatten wir beschlossen, nicht die ganze schreckliche Wahrheit zu sagen. Die meisten Juden hatten zwar nicht alle Grausamkeiten der deutschen Besatzung erlebt, aber in den meisten Fällen wußten sie, was das Wort Deportation bedeutete. Viele hatten Verwandte und Freunde, die seit zwei oder drei Jahren einfach „verschollen" waren.

Bei einigen Gelegenheiten berichteten wir zwar über die deutsche Politik der Vernichtung, aber wir versuchten, die Dinge so darzustellen, als ob es doch noch für einen Teil der Juden Rettungsmöglichkeiten gäbe. Immer wieder versuchten wir darzulegen, daß man jetzt im Februar und März 1945 noch viele Menschen retten könne, wenn man gegenüber den deutschen

Behörden energisch auftreten würde, wenn z.B. eine Erklärung des Internationalen Roten Kreuzes vorläge. Man müßte darin festlegen, daß, wenn von jetzt ab, bei der Evakuierung eines Lagers, bei dem Transport von Gefangenen, bei der Umstellung oder Verschickung von Zwangsarbeitern, irgendjemand verletzt, getötet oder mißhandelt würde, man nicht nur die SS-Wachen bestrafen würde, sondern auch ihre Frauen und nahen Verwandten mit zur Verantwortung ziehen würde.

Wir stießen nicht nur bei unseren Leidensgefährten auf völliges Unverständnis für unsere Forderung, sondern die Organisationen und Privatpersonen, an die wir uns wandten, erklärten: So etwas ist unmöglich, das würde ja bedeuten, daß wir dieselben Methoden anwenden wie die Nationalsozialisten. Wir können auch nicht mit solchen Maßnahmen drohen, selbst wenn sie nur zur Abschreckung dienen sollen, das wäre absolut unmoralisch ...

Wenn man heute bedenkt, daß in den letzten Monaten des Jahres 1945 mehr als 50000 Menschen bei der Evakuierung und Liquidierung der Lager unbarmherzig hingemordet wurden, so scheint diese Haltung unverständlich. Ich möchte aber doch zur Entschuldigung der meisten in der Schweiz lebenden Menschen sagen, daß sie das ganze Grauen, die Ungeheuerlichkeit des Holocaust wirklich nicht begriffen. Sie ahnten zwar, daß Schreckliches, Unbegreifliches, nie wieder Gutzumachendes geschehen sei – aber sie wollten doch noch hoffen – es nicht wahr haben. Ich glaube, daß es sich hier um eine natürliche Abwehrreaktion handelt; wenn man die ganze Wahrheit erfährt, ist es zu schrecklich. Wir waren in Auschwitz einige politische Häftlinge unter den Französinnen. In unserer Gruppe gab es eine Reihe von jungen Mädchen, die bei der Ankunft auf der Rampe von ihren Eltern und von ihren kleinen Geschwistern getrennt worden waren. Obgleich wir wußten, daß diese Gruppe direkt in die Gaskammern geführt wurde und auch die Blockältesten und die alten Häftlinge uns das immer wieder sagten, beschlossen wir, die untrüglichen Zeichen, die brennenden Öfen und die Selektion der nicht Arbeitsfähigen im Krankenblock, einfach zu leugnen. Immer wieder gelang es uns, den jungen Mädchen zu erzählen, die Gaskammern seien nur eine Erfindung unserer Peiniger und ihrer Helfershelfer. Tatsächlich gab es auch immer wieder Einzeltransporte oder kleinere Gruppen, die nicht selektiert wurden. Im Nebenlager gab es Frauen mit Kindern, und selbst im Hauptlager gab es manchmal kleinere Kindergruppen, wobei einige alte Häftlinge versuchten, diese möglichst bei irgendwelchen Appellen und Aufmärschen zu verstecken.

So gelang es unserer kleinen Gruppe von Widerstandskämpferinnen, den jungen Mädchen einzureden, ihre Eltern und kleinen Geschwister wären in einem anderen Lager, dessen Insassen nicht zum Arbeitseinsatz bestimmt waren.

Als 1945 Anni nach der Befreiung einige der jungen Mädchen in Paris traf, fragten diese: „Ja hast Du denn wirklich gewußt, daß es Gaskammern gab und daß unsere Familien gleich bei der Ankunft getötet wurden?“ Als Anni

dies energisch bejahte, fragten sie: „Und Lilli Segal, hat die es ebenfalls gewußt?" „Natürlich", antwortete Anni, „sie hat ja sogar eine Selektion in der Krankenbaracke miterlebt". „Ja", erklärte ein junges Mädchen, „aber sie hat doch immer so überzeugend davon gesprochen, daß die Öfen nur eine Erfindung der Wächter und der Kapos seien, die uns damit quälen wollten und die bezweckten, uns auf diese Weise apathisch und gefügig zu machen."
Wenn es uns also in Auschwitz angesichts der brennenden Schlote gelungen war, das sichtbare Grauen zu leugnen, dann erscheint es nicht mehr so unlogisch, daß man über tausend Kilometer entfernt das Grauen ignorierte.
Hinzu kommt aber noch ein weiterer Faktor. Unter den Flüchtlingen, die sich in die Schweiz retten konnten, gab es verhältnismäßig viele Juden aus Deutschland und Österreich. Im Gegensatz zu den Juden aus Frankreich, Holland und vor allem aus den Ländern des Ostens, hatte man ganze Gruppen deutscher und österreichischer Juden nach Theresienstadt (Terezin) gebracht, ein Lager, das niemals als Vernichtungslager eingestuft war. In Theresienstadt gab es eine ganze Reihe von Intellektuellen und Künstlern, denen man sogar noch die Möglichkeit zur kulturellen Betätigung gab, und vor allem konnten auch die alten Leute unter den Bedingungen des Lagers noch überleben. Diejenigen, die zur Liquidierung bestimmt waren, wurden aus diesem, in der Tschechoslowakei gelegenen Ort, nach Auschwitz verfrachtet. Im Lager selbst wurde, soviel ich weiß, niemand getötet. Terezin war das Vorzeigelager, in das man verschiedene Delegationen führte, um ihnen zu zeigen, daß alle Gerüchte über die Vernichtung der Juden eine Erfindung seien. Auch das Schweizer Rote Kreuz und das Internationale Rote Kreuz konnten unter bestimmten Voraussetzungen eine Delegation dorthin schicken. Ich glaube sogar, daß Insassen des Lagers Pakete durch das Rote Kreuz erhalten haben.
Die Internierung der Juden in Theresienstadt war in der Schweiz also allgemein bekannt, man hatte darüber geschrieben und gesprochen. Was wir da mit aller Vorsicht berichteten, war durch kein Dokument, durch keinen Zeitungsartikel, ja nicht einmal durch irgendwelche mündlichen Berichte belegt. Hinzu kam, daß wir auf Grund unserer ersten Erfahrungen in den Schweizer Militärlagern uns darüber klar waren, daß man auf unsere Berichte nicht vorbereitet war und sie irgendwie beiseite schieben wollte.
Es gab noch einen besonderen Umstand. Einer deutschen Jüdin, Sozialhelferin, die bis Ende 1943 ein jüdisches Altersheim in München geleitet hatte, war die Flucht oder der Transfer in die Schweiz gelungen. Sie kam zu einem Vortrag über das Schicksal der deutschen Juden in unser Heim. Daraus ging hervor, mit welcher Akribie und Genauigkeit man die Juden entrechtet und degradiert hatte, um sie schließlich in ein Ghetto wie Theresienstadt zu transportieren. Dort konnte auch der wohlmeinendste und mutigste Deutsche ihnen nicht mehr helfen.
Unser Versuch, in die Diskussion einzugreifen, schlug völlig fehl – man beendete die Sitzung recht schnell, und die Rednerin vermied es, mit uns nach

dem Vortrag zu sprechen. Dabei glaube ich, daß sie ehrlich davon überzeugt war, daß wir nicht ganz ernst zu nehmen seien.

Auch hier fanden wir wieder wirkliches Verständnis und Solidarität bei den italienischen Insassen des Heims. Sehr schnell freundeten wir uns mit einem Ehepaar an, Kinder von hohen Beamten, die seinerzeit unter Mussolini sogar in der Regierung gesessen hatten. Sie, die Kinder, waren 1943 den italienischen Partisanen beigetreten, hatten im Val d'Aosta gegen die deutschen Truppen gekämpft und waren schließlich in die Schweiz geflüchtet. Der junge Mann erzählte uns, daß er in seiner Jugend begeistert vom Duce und seiner Politik war, ja sogar während des Abessinienkrieges hatte er noch eifrigst für die italienische Kolonialpolitik Partei ergriffen. Erst während der Kriegsjahre begriffen er und seine Frau, daß der Kampf an der Seite der Hitlerfaschisten ein Kampf gegen Fortschritt, Menschlichkeit und Menschenwürde war, und schlossen sich den Partisanen an, die, wie sie sagten, gemeinsam mit den Alliierten für ein neues demokratisches Europa kämpften. Im Gegensatz zu den deutschen und sogar deutsch-jüdischen Emigranten wußten sie, was die Deportationen bedeuteten, kannten eine Reihe von Tatsachen, die eindeutig auf die Menschenvernichtung hinwiesen.

Gemeinsam mit Kommunisten und mit engagierten Christen hatten sie versucht, wenigstens die italienischen Juden vor der Verhaftung und vor allem vor dem Abtransport zu bewahren. Sie hatten eben nicht „weggeschaut", wie so viele Leute in Österreich, Deutschland oder in der Schweiz. In jedem Augenblick hatten wir das Gefühl, da sitzen unsere Verbündeten, ja unsere Schwestern und Brüder, die schon seit Jahren alles getan haben, was sie konnten, um den Holocaust zu verhindern. Als ich später den amerikanisch-italienischen Film: „The underground of Assisi" im Kino sah, wurde dieses Gefühl durch die Aufzeichnungen voll und ganz bestätigt. Obgleich der Papst praktisch nichts getan hat, um die italienischen und europäischen Juden zu retten, hat es eine Einheitsfront von kirchlichen Würdenträgern, Humanisten und Antifaschisten in Italien gegeben, die unter Einsatz all ihrer Möglichkeiten Tausenden das Leben retteten. Dieses Gefühl der humanitären Solidarität habe ich auch bei Reisen in Italien nach dem Kriege, 1949 und 1951, gespürt. Selbst Polizeibeamte und offizielle Meldestellen für Ausländer haben mir als Widerstandskämpferin und Deportierten so viel Verständnis und Entgegenkommen gezeigt, wie ich es in Frankreich niemals erlebt habe.

Und dann gab es Ende Februar eine wirkliche Krise, die dazu führte, daß gerade die jüdischen Insassen des Heims mit wenigen Ausnahmen uns als herzlose, gewissenlose Abenteuerinnen betrachteten.

Ich nehme an, daß irgendwelche Beamten in Bern das Heim in Neuhausen absichtlich für uns ausgewählt hatten. Von Schaffhausen ab bildet der Rhein die Grenze zwischen Deutschland und der Schweiz. Das rechte Ufer ist deutsch und das linke Ufer gehört der helvetischen Republik. Mit einer Ausnahme: gleich hinter der Schweizer Stadt Schaffhausen, am Rheinfall,

liegt das Städtchen Neuhausen, und hier überquert die deutsche Eisenbahnlinie für einige Kilometer den Fluß, und ein deutscher Bahnhof liegt auf dem linken Ufer des Rheins, nur zwei- oder dreihundert Meter von den Häusern des Städtchens Neuhausen entfernt. Das Hotel, in dem wir untergebracht waren, lag direkt diesem Bahnhof gegenüber, so daß wir von unserem Fenster aus immer die Hakenkreuzflagge im Winde wehen sahen. Wie gesagt, ich kann mich irren, aber der Anblick dieses Emblems ließ uns nie ganz zur Ruhe kommen.
Wir waren bereits über eine Woche oder sogar noch länger im Heim, genossen die ersten Frühlingstage, die Sonne und die Möglichkeit, in der Mittagspause ungehindert einen Spaziergang zu machen. An diesem Tag hatten wir uns mit einer alten Dame aus Wien verabredet, gemeinsam in den Ort zu gehen. In dem Augenblick, als wir aus der Tür traten, hörten wir das Surren und Brummen von Flugzeugen und vom deutschen Bahnhof her Sirenen – Fliegeralarm, wir wir ihn hunderte mal in Paris oder auch auf unserer Flucht durch Deutschland erlebt hatten. Und dann zwei heftige Detonationen – der Bahnhof war in eine Rauchwolke gehüllt, die fast bis zu unserem Hotel reichte. Durch die starke Erschütterung klirrten alle Türen und Scheiben unseres Hauses, wobei einige Scheiben zerbrachen.
Eine Reihe von Leuten schrien. Andere stürzten aus dem Hause und wußten sichtlich nicht, wo sie sich hinwenden sollten. Der Heimleiter gab ein Zeichen, ein anderer Heiminsasse winkte uns ebenfalls zu, jemand rief: „in den Garten unter die Bäume."
Wir folgten der aufgeregten Gruppe und stellten uns in den Schutz einer Baumgruppe.
Wir konnten noch eine Detonation hören, und dann wurde das Motorengeräusch leiser, die Flieger hatten sich entfernt.
Natürlich blieben alle noch im Schutz der Bäume stehen oder sitzen und wagten kaum, sich zu bewegen. Außer Anni und mir, die wir uns neugierig umsahen und uns sogar etwas von der Baumgruppe entfernten. „Teddy", sagte Anni plötzlich, „dazu sind wir tausende von Kilometern geflohen und haben alles durchgestanden, damit wir hier in der neutralen Schweiz so ganz nebenbei eine Bombe auf den Kopf bekommen. Das hat sich wirklich nicht gelohnt!" Daraufhin fing ich an zu lachen, gab wohl auch irgendeine schnoddrige Antwort, und alle beide waren wir so vergnügt, daß einige unserer Leidensgefährten unseren Heiterkeitsausbruch hörten und sahen.
Man reagierte nicht gleich, weil man ja noch unter dem Eindruck des Fliegeralarms stand, aber nach wenigen Minuten kam die Reaktion. Man zeigte mit den Fingern auf uns, man drohte uns mit Fäusten, während einer der Männer der allgemeinen Empörung Ausdruck verlieh, indem er sich an den Lagerleiter wandte. „Und hier", schrie er, „gibt es noch angebliche Flüchtlinge, die freuen sich noch, wenn Bomben auf unschuldige Menschen und neutrale Orte fallen."

Glücklicherweise war der Lagerleiter sehr viel vernünftiger, wußte vielleicht auch mehr über unser Schicksal. Irgendwie manövrierte er uns ins Haus, in unser Zimmer, und ließ den anderen Zeit, sich abzureagieren. Von diesem Tag an zeigten die jüdischen Heiminsassen bei jeder Gelegenheit, daß sie uns mißtrauten, und drückten offen ihre Empörung darüber aus, daß gerade wir von einer Reihe von Emigranten, ja sogar Organisationen eingeladen wurden und auch stets eine Reiseerlaubnis erhielten. Nur eine ältere Dame, eine Wienerin, die, so viel ich mich erinnere, Annis Familie kannte und der wir von Anbeginn mehr erzählt hatten als den anderen, begegnete uns freundlich und verteidigte uns sogar.
Die Anführer der Kampagne gegen uns waren zwei polnische Juden, Schauspieler von Beruf, die am Beginn des Krieges irgendwo auf Tournee waren (ich glaube sogar in Frankreich), und denen es gelungen war, in die Schweiz zu entkommen. Wir waren etwas erstaunt darüber, weil wir doch annehmen mußten, daß sie Anfang der vierziger Jahre etwas mehr über das Schicksal der Juden erfahren hatten als diejenigen, die nie direkten Kontakt mit dem Osten gehabt hatten.
Monate später, nach Beendigung des Krieges trafen die beiden Anni in Paris auf der Straße. Sie stürzten sich auf sie, umarmten sie und einer von ihnen hatte sogar Tränen in den Augen. Sie fragten auch sofort nach mir, ob ich mit Mann und Kind vereint sei? Anni war völlig perplex und erzählte, daß nicht nur ich meinen Mann gefunden hatte, sondern daß durch ein wirkliches Wunder auch ihr Mann lebend über die Sowjetunion nach Paris zurückgekehrt wäre. Wieder umarmten sie Anni und erklärten, sie schämten sich so für die Art und Weise, wie man Anni und mich im Lager in Neuhausen behandelt habe. „Es ist unverständlich, aber wir haben Ihnen nicht geglaubt. Wir dachten, wenn das alles wahr ist, was sie erzählen, und wenn sie wirklich in einem solchen Lager waren, dann können diese Frauen doch nicht hier so normal herumlaufen und die Freiheit genießen. Dann müßte man ihnen doch die Leiden ansehen, und ihre Berichte müßten sich ganz anders anhören. Wir haben Ihnen vor allem mißtraut, weil Sie uns so wenig erzählt haben und uns immer noch ein wenig Hoffnung ließen. Erst hier in Paris haben wir erfahren, was Sie durchgemacht haben. Bitte verzeihen sie uns!“
Aber nicht nur die wohlbehüteten Insassen des Heims wollten möglichst nicht die ganze Wahrheit wissen, auch linke Emigrantenorganisationen, zu denen wir von Neuhausen aus Kontakt aufnahmen, zeigten sich wenig geneigt, uns wirklich anzuhören. Selbst unser Freund Max Gall, der uns für ein Wochenende in sein Hotel nach Nyon einlud, war entsetzt, mit welchem Haß ich von allen Deutschen in Uniform sprach, obgleich er uns 1941 in Paris gewarnt hatte. Er hatte damals meinem Mann Geld angeboten, um in die Schweiz zu fliehen, denn, wie er voraussagte, würde man nach Eintritt Amerikas in den Krieg alle jüdischen Männer vernichten. Er hatte uns 1942/43 Warnungen zukommen lassen, wenn irgendwelche nationale Gruppen ver-

haftet werden sollten, und hatte auch versucht, unseren Sohn André irgendwie illegal in die Schweiz zu bringen. Trotzdem weigerte auch er sich, an die Wirklichkeit der Gaskammern zu glauben.
Er hatte dem Hotelwirt von uns erzählt und gebeten, uns ein besonders gutes Essen mit Koteletts oder Beefsteak zu servieren. Aber seine Bemühungen waren umsonst. Der Montag, an dem wir dort aßen, war ein fleischloser Tag. Der Hotelwirt entschuldigte sich zwar bei uns, erklärte aber, daß er auch in unserem besonderen Falle die Vorschriften nicht übertreten könne. Da würden auch in der Welschschweiz die Behörden nicht wegsehen. Dafür ließ er aber eine Käsefondue zubereiten, die mindestens ebensoviel Nährwert hatte und die er uns eigenhändig am Tisch zubereitete.
Max Gall hatte aber auf jeden Fall die Schweizer Behörden auf uns aufmerksam gemacht, so waren wir jetzt wirklich privilegiert. Wenn irgendeine Einladung für uns vorlag, sei es von einer Privatperson, sei es von irgendeiner Organisation, konnten wir jederzeit frei herumreisen ohne irgendwelche politische Kontrolle. Der Heimleiter bemühte sich in netter Weise, alle Anrufe, die in unserer Abwesenheit kamen, getreu zu übermitteln.
Eine erste Einladung erhielten wir von der Bundesregierung in Bern. Eine gebildete und freundliche Dame an der Abteilung für Ausländer empfing uns. Sie fragte uns genau über das Arbeitslager, aus dem wir geflohen waren, aus, und dann erst bat sie um einen genauen Bericht über Auschwitz und über alles, was wir dort erlebt hatten. In diesem Fall bemühten wir uns, die ganze Organisation des genau geplanten Völkermordes zu beschreiben. Die Fragen, die sie uns stellte, zeigten, daß sie wirklich die ganze Tragik der Ereignisse und die Grenzenlosigkeit des Mordens begriff. In keinem Falle versuchte sie, unsere Aussagen irgendwie abzuschwächen oder zu bagatellisieren.
Als wir schon glaubten, das Gespräch sei beendet, öffnete sie eine Akte und gab uns eine Reihe von Papieren zu lesen. Es war der Bericht von zwei polnischen Widerstandskämpfern, die 1941 oder 1942 verhaftet worden waren und längere Zeit im Hauptlager verbracht hatten. Bei einem Arbeitseinsatz außerhalb des zentralen Lagers war ihnen die Flucht gelungen. Polnische Freunde hatten geholfen, und sie waren über die Bukowina bis nach Rumänien gelangt. Mit Hilfe irgendeiner Organisation hatte man sie in die Schweiz gebracht. Vieles was sie den Schweizer Behörden berichtet hatten, stimmte mit unseren Aussagen überein, obgleich wir ja fast zwei Jahre später interniert wurden. Außerdem waren wir ja in einem Durchgangslager für Frauen interniert gewesen, das schon zu einem anderen Ort, Birkenau, gehörte. Auch sie hatten über das Schicksal der Juden ausgesagt, obgleich sie natürlich niemals eine Selektion mitgemacht hatten. Die Gaskammern oder der Rauch der Öfen waren ihnen nicht bekannt. Aber nach allem, was man ihnen gesagt hatte und was sie von anderen Häftlingen hörten, waren die Alten, die Frauen und ihre Kinder zu liquidieren. Die jüngeren Männer und Frauen sollten, soviel sie wußten, durch Arbeit „verschrottet“ werden.

Eins ist sicher, die Beamtin betrachtete unsere Angaben als durchaus glaubwürdig und hat sicher dazu beigetragen, daß wir von dieser Zeit ab besonders rücksichtsvoll und schonend behandelt wurden. Aber die Presse wurde in keiner Weise über unsere Aussagen informiert; auch schweizer Journalisten, die sich für diese Fragen interessierten, haben von offiziellen Stellen keinen Hinweis bekommen.

Irgendwie ist es auch heute noch schwer, dieses allgemeine Schweigen zu erklären. Immerhin schrieben wir Februar 1945. Auschwitz war von den sowjetischen Truppen befreit worden. Sie hatten nur ein paar tausend Häftlinge vorgefunden – in einem Lager, das für hunderttausende eingerichtet war – mit Baracken, Duschanlagen und Wachtürmen, die einen Bereich von mehreren Kilometern umschlossen. Es gab Fabriken auf dem Gelände und ein Versuchsgut mit riesigen Plantagen, die bestens bearbeitet waren. Die befreiten Häftlinge hatten versucht, die Lage darzustellen, aber irgendwie hatten die meisten Offiziere und vor allem wohl der Generalstab die Situation nicht erfaßt. Ein Beispiel: Unter den Befreiten gab es einige deutsche Kommunisten, die seit Jahren von den Nazis eingesperrt worden waren. Nachdem Auschwitz befreit war, hat man sie zwar unter sehr guten Bedingungen untergebracht, aber in einem Lager hinter Draht. Man entschuldigte sich bei ihnen, daß man sie noch nicht freilassen könne, und erklärte: „Es tut uns leid, aber Sie müssen verstehen, Sie sind immerhin deutsche Staatsangehörige."

Wenn man also die damalige Situation, die Nachrichtensperren und Verfälschungen in Osteuropa bedenkt, so ist es verständlicher, daß wir mit unseren Berichten selbst bei ehrlichen Leuten und sogar bei den linken Organisationen nicht wirklich Gehör fanden. Vielleicht hatten wir auch einfach nicht mehr die Kraft, uns gegenüber unseren Gesprächspartnern durchzusetzen. Die meisten waren so sehr mit ihren eigenen, unmittelbaren Sorgen beschäftigt, daß sie von unseren soviel weitgehenderen Problemen nichts hören wollten. Wenn wir davon anfingen, gab es meistens jemanden, der das Gespräch auf eine andere Bahn lenkte. Hinzu kam natürlich, daß wir oft unsere Gesprächspartner schonen wollten, wenn wir wußten, daß viele ihnen Nahestehende aus Frankreich, Belgien oder Holland mit unbekanntem Ziel deportiert worden waren.

Wie der Kontakt zustande kam, weiß ich nicht mehr. Aber bei einem Aufenthalt in Zürich traf ich den Vertreter des Komitees Freies Deutschland, den man auf mich aufmerksam gemacht hatte. Wir gingen etwa 2 Stunden am Limmatufer spazieren, und ich versuchte mehrmals, ihm etwas Genaueres über Auschwitz zu erzählen. Irgendwie wimmelte er diese Berichte ab, denn er kenne ja die Grauen der deutschen Konzentrationslager schon seit Jahren. Dagegen berichtete er über eine Stunde, wie schlecht die politischen Flüchtlinge in der Schweiz behandelt würden. Tatsächlich war seine Frau erst an der Schweizer Grenze zurückgewiesen worden, da sie aber ein Kind von einem Juden hatte, wurde sie dann doch aufgenommen. Aller-

dings wurde sie interniert, soviel ich mich erinnere, eine zeitlang sogar in einer psychiatrischen Klinik. Die Tochter wurde in einem Internat untergebracht, in dem sie todunglücklich war.
Am Ende versuchte ich ihn noch zu trösten. Der Krieg würde ja wohl bald zu Ende sein. Seine Frau wäre ja jetzt auch bei ihm in Zürich, und da würde sich auch die Situation für die Tochter bessern. Dann gestand er mir, daß die Kameraden ihm etwas Geld für mich gegeben hätten, und fragte, was ich am nötigsten brauchte. Mir fiel vor allem ein, daß ich noch keine Bürste besaß, um meine etwa 5–10 cm langen Haare zu bändigen. Tatsächlich kaufte er mir eine Haarbürste von der besten schweizer Qualität, die so solide war, daß ich sie noch 20 Jahre später benutzt habe. Irgendwie war sie für mich das Symbol für diesen Kontakt mit den deutschen Antifaschisten in der Schweiz.
Bei unserem Besuch in Zürich hatte irgendjemand für uns zwei Billetts für ein Konzert reservieren lassen. Wir saßen zum erstenmal in einem großen Konzertsaal, zwischen gut gekleideten Menschen, die einen zufriedenen und freundlichen Eindruck auf uns machten. Das Orchester spielte Händel und Bach, und bereits bei dem ersten Stück hatte ich Tränen in den Augen. Inmitten des zweiten Stücks liefen meine Tränen so stark und ich fing derart an zu schluchzen, daß meine Nachbarn unruhig wurden und ich schließlich den Saal verließ. So merkwürdig es mir auch heute erscheint, gerade das Werk eines deutschen Meisters, diese mich so tief berührende Musik, schien mir nach allem, was ich erlebt hatte, unerträglich. Wie konnten die Menschen hier so ruhig und friedlich dieser Musik lauschen und vergessen, was da geschah. In dem Lande, in dem ein Bach und ein Händel so herrliche, glückliche, ja strahlende Werke geschaffen hatten, gab es unzählige Mörder, Verbrecher und Sadisten, die ebenfalls die Musik hörten oder sogar spielten. Irgendwie mußte ich an Dr. Mengele denken, der auf der Rampe von Auschwitz, während der Selektionen, die Meisterwerke deutscher Musiker gepfiffen hatte. Ich war auch nicht fähig, meinen schweizer Freunden und Bekannten diese Reaktion zu erklären – vor allem nicht denjenigen, die uns immer für etwas zu normal und zu vergeßlich gehalten hatten. Nur Anni verstand meine Reaktion und hatte selbst Tränen in den Augen.
In den ersten Märztagen konnten wir das erste Mal nach Genf reisen. Anni hatte inzwischen mit einigen österreichischen Emigranten Kontakt aufgenommen, die in Genf mit verschiedenen Hilfsorganisationen zusammenarbeiteten. Am besten erinnere ich mich an eine Polin und eine Österreicherin, die für das „Unitarian Committee" Hilfe leisteten, eine amerikanische Hilfsorganisation, die sich zum Ziel gesetzt hatte, allen zu helfen, ganz gleich, welcher religiösen oder freidenkerischen Gruppe die Kandidaten angehörten. Mitglieder des Unitarian Komitees hatten während der deutschen Besatzung in Südfrankreich vielen Menschen moralisch und materiell geholfen. Sie hatten soweit es ging auch versucht, Männern, Frauen und Kindern, die durch die Rassengesetze bedroht waren, den Weg in die

Schweiz und den Aufenthalt in der Schweiz zu ermöglichen. Wir wußten einiges über ihre Tätigkeit und fühlten uns bei ihnen geborgen, ja beinahe zu Hause. Sie luden uns ein, einen Abend mit einer Gruppe von interessierten linken Leuten zu verbringen. Die Atmosphäre in diesem Kreise war freundschaftlich, fortschrittlich und intellektuell sehr ansprechend für uns.
Irgendjemand hatte aus den Jahren 1938–1941 eine größere Reihe vor allem amerikanischer Schallplatten gerettet, die unter der deutschen Besatzung und auch unter der Vichyregierung sofort verboten worden waren, z.B. Lieder von der berühmten farbigen Sängerin Marion Anderson gesungen. So viel ich mich erinnere, auch Negro-Spirituals von Paul Robeson gesungen, die uns irgendwie besonders berührten. Auch Musik aus den Filmen der großen Epoche des amerikanischen Kinos zwischen 1937 und 1941 sowie die Lieder der in Deutschland so verhaßten Marlene Dietrich. Wieder waren wir durch die Musik aufgewühlt – ich glaube wir hatten alle beide Tränen in den Augen. Aber unsere fortschrittlichen Freunde begnügten sich nicht mit der Wirkung, die diese Kunst sichtlich auf uns ausübte, und starteten eine ausführliche und komplizierte Diskussion über die Bedeutung der Kunst und besonders der Musik für den Kampf gegen Faschismus und Unmenschlichkeit. Sie beklagten sich auch, daß sie in der Schweiz nicht genügend Verständnis unter den Intellektuellen für ihre Haltung fänden. Über diesen Klagen vergaßen sie völlig, was uns zu ihnen geführt hatte und weshalb wir diesen Abend geplant hatten. Und wiederum, genau wie gegenüber den anderen Flüchtlingen, die in der Schweiz Sicherheit und Schutz gesucht hatten, brachten wir es nicht fertig, ihnen schonungslos die ganze Wahrheit über das Schicksal der Deportierten klar zu sagen.
Eine tschechische Emigrantenorganisation lud Anni zu einem offiziellen Vortrag ein. Ihre Schwester, die in London lebte, hatte diesen Kontakt mit den Tschechen hergestellt. Hier fand ihr Bericht, den sie auch bis zu einem gewissen Grade abgeschwächt hatte, einen Interessentenkreis. Gerade die Emigranten aus der Tschechoslowakei hatten sich nicht damit begnügt, was man offiziell und offiziös aus Theresienstadt mitgeteilt hatte. Sie trauten den nationalsozialistischen Besatzern alle Greueltaten zu.
Um so erstaunter und empörter war Anni, als sie am nächsten Tag den Besuch eines Journalisten erhielt, eines Juden, der aus Mitteleuropa stammte und für eine Londoner Zeitung schrieb. Er erklärte ihr, daß er sich für die Geschichte unserer Flucht aus dem KZ interessiere – das würde auch seine Leser bestimmt beeindrucken, und er wollte sogar Anni für die Geschichte bezahlen. Als Anni ihm erklärte, daß sie nur bereit wäre, diese Sensationsstory zu liefern, wenn er auch gleichzeitig einen Artikel über Auschwitz und das Schicksal der Deportierten brächte, lehnte er glattweg ab. „Die Leute haben schon genug von den Greuelgeschichten aus den Lagern gehört. They are fed up with it. Ich will Ihr persönliches Erlebnis während der Flucht, das interessiert mich und die Leute in London, das andere ist schon bekannt. Ich werde nur die Flucht in der Zeitung unterbringen können“. Er

war ernsthaft erstaunt, als Anni ihm erklärte, daß sie unter diesen Umständen nicht bereit sei, mit ihm zusammenzuarbeiten, und ihm noch einige unfreundliche Worte sagte. Er berief sich darauf, daß seine Schweizer Kollegen ja auch kein weiteres Interesse für unsere Berichte gezeigt hätten. Dieses Gespräch fand in den letzten Februartagen des Jahres 1945 statt, d.h. zu einer Zeit, da die sowjetischen Truppen Auschwitz befreit hatten und auch die Gaskammern, die Verbrennungsöfen, ja sogar die Berge von abgeschorenen Haaren und übriggebliebenen Schuhen gefunden hatten. Allerdings scheint es, als ob die sowjetischen Offiziere und Soldaten sich darauf beschränkt hatten, ihre Entdeckungen an die oberste Heeresleitung zu melden. Und dabei blieb es vorläufig.

Entweder die Teilnehmer an Annis Vortrag bei den Tschechen oder ihre Bekannten vom Unitarian Committee hatten für Anni eine Rücksprache mit einem Sekretär oder verantwortlichen Leiter des Internationalen Roten Kreuzes arrangiert, soviel ich mich erinnere einem Fürsten aus dem Hause Schwarzenberg, auf jeden Fall einem Mitglied des alten österreichischen Adels.

Hier versuchte sie einen möglichst genauen Bericht über das Vernichtungslager Auschwitz zu bringen, immer noch in der Hoffnung, daß man wenigstens jetzt, Ende Februar 1945, von Seiten der internationalen Organisationen dem Morden Einhalt gebieten könne, daß ein Teil der Mörder versuchen würde, sich im letzten Moment von den grausamsten Verbrechen zu distanzieren. Ein Aufruf des Roten Kreuzes hätte sicherlich eine Wirkung erzielt. Der Fürst hörte sich Annis Beschreibungen ruhig an, fragte auch nach einigen Einzelheiten, schüttelte mehrmals mit dem Kopf und sagte dann schließlich: „Ja wieso wissen Sie denn so genau über die Gaskammern Bescheid? Sind Sie denn selbst in einer Gaskammer gewesen?“ Die sonst so ruhige Anni war wirklich verwirrt, wie sie mir später gestand, sah ihn ungläubig an und erklärte: „Wenn ich in eine Gaskammer hineingegangen wäre, so würde ich bestimmt nicht heute lebendig vor Ihnen stehen. Niemand hat diese Kammern lebend verlassen.“ „Ja“, antwortete der hohe Herr, „dann können Sie doch keine wirklich genaue Aussage machen, dann haben Sie doch nicht feststellen können, ob es wirklich solche Massentötungen durch Zyangas gab. In diesem Falle müssen wir abwarten, bis wir genauere Beweise vorliegen haben. Erst dann können wir als Rotes Kreuz offiziell intervenieren“. Damit war die Audienz beendet, und soviel wir erfahren konnten, hat der hohe Herr auch nicht versucht, irgendetwas Näheres über unseren Bericht zu erfahren. Allerdings brachte auch keine schweizer, französische oder alliierte Zeitung irgendeinen Bericht über das wirkliche Geschehen in den Vernichtungslagern, so daß man wirklich glauben konnte, unsere Berichte wären zum mindesten ungenau und übertrieben.

Erst im Laufe des Sommers 1945, als die Überlebenden der Konzentrationslager in die Heimat zurückkehrten, begann man wirklich zu begreifen, was geschehen war. Erst als Tausende und Abertausende „displaced persons“ und Tausende, die dem Tod durch Zufall entronnen waren, in Mittel- und Westeuropa auftauchten, hörten auch die normalen Schweizer Bürger, was geschehen war, und erinnerten sich eventuell an unseren ersten Bericht. Einige links gerichtete Bekannte fragten sich dann, wieso sie niemals von uns und unseren Berichten erfahren hatten. Merkwürdigerweise schienen die Mitarbeiter des französischen Konsulats in Genf noch am ehesten bereit, uns zu glauben.

Professor Piéron vom Collège de France und Professor Henri Wallon, der damals Mitglied der französischen Regierung war, hatten es durchgesetzt, daß wir beide, Anni und ich, noch während des Krieges nach Frankreich zurückkehren konnten. Anfang März empfing mich ein sehr charmanter und freundlicher junger Mann an der französischen Botschaft in Genf. Er stellte mir mehrere Fragen, die zeigten, daß er mindestens teilweise über die Geschehnisse in Deutschland informiert war. Wir unterhielten uns über einige politische Fragen und dann sagte er: „Ich nehme an, daß Sie mit mir einig sind, wenn ich sage, die Deutschen sind alle Verbrecher und man muß sie entsprechend behandeln.“ Wie immer war ich unfähig, mich zu verstellen oder wenigstens zu schweigen. „Wissen Sie“, erklärte ich ihm, „es gibt ja nicht *nur* Faschisten in Deutschland. Wenn mein Mann sein Leben gerettet hat, so verdankt er es einem deutschen Offizier, der in mutigster Weise für ihn eingetreten ist. Wenn meine Freundin Anni und ich bis in die Schweiz flüchten konnten, so haben uns zwar zu allererst französische Kriegsgefangene und französische Arbeiter versteckt und geholfen – aber dann haben deutsche Bürgerinnen uns wirklich das Leben gerettet, obgleich sie wußten, wie man sie strafen würde, wenn es bekannt würde. Im übrigen möchte ich Sie darauf aufmerksam machen, daß mich die französische Polizei verhaftet hat und, obgleich man mir nichts vorwerfen konnte, an die Deutschen auslieferte. Französische Polizisten versuchten mein krankes Kind zu finden, um es deportieren zu lassen. Französische Polizisten haben tausende von Frauen und Kindern an die Deutschen ausgeliefert.“ Daraufhin brach er das Gespräch ab und übergab mir den Passierschein für meine Rückkehr nach Frankreich. Durch unseren Freund Gall erfuhr ich später, daß er über meine Antwort entsetzt war und erklärte, daß ich anscheinend immer noch nichts begriffen hätte.

Diese völlig undifferenzierte Ablehnung von allem was deutsch war, auch der deutschen Antifaschisten, hat man in Frankreich nach dem Kriege vor allem in den Kreisen gefunden, die vorher mit den deutschen Militärs oder für die nationalsozialistische Besatzungsbürokratie gearbeitet hatten. Ich möchte hier nur ein kleines Beispiel zitieren: Bei meiner Rückkehr nach Frankreich im März 1945 wurde ich auf der Pariser Präfektur von den Beamten äußerst kühl und unfreundlich behandelt, obgleich ich vor meiner Verhaftung 1943 immer eine ständige Aufenthaltserlaubnis gehabt hatte. Mein Mann war als Chargé de Recherche (Dozent) am Nationalen Forschungszentrum in Paris angestellt. Ich lebte mit ihm zusammen. Trotzdem hatte ich 8 Monate nach meiner Rückkehr immer noch ein vorläufiges Papier, mit dem ich nicht reisen konnte. Im Dezember 1945 stand ich wieder einmal an dem Schalter für Zugereiste und „displaced persons" im großen Saal der Präfektur an. Ich war sichtbar schwanger und trug an der Jacke das Abzeichen der französischen politischen Deportierten. Die Beamtin, die mir endlich meine Papiere ausstellen sollte, behandelte mich derart, daß mir die Sache schließlich zu bunt wurde, und ich sagte der Dame einige unfreundliche Worte über ihr Benehmen und die Rolle, die die Angestellten der Präfektur bei der Verhaftung von Widerstandskämpfern, Juden und völlig unschuldigen Bürgern gespielt hatten. Ihre Antwort: „Wenn man in Berlin geboren ist und einen Vater hat, der Deutscher war, dann kann man hier nicht noch groß angeben." Das war der Auslöser. Mit lauter Stimme schrie ich sie an: „Ja mein Vater war Deutscher, sogar deutscher Offizier. Aber ich brauche mich seiner nicht zu schämen, denn ich weiß, wie er sich im Kriege 1914–1918 zu Ausländern und zu Zivilisten in der Ukraine benommen hat. Ich habe noch die Dankesbriefe gesehen. Aber Sie und Ihre Kolleginnen haben für die Nazibehörden die Drecksarbeit gemacht. Ohne Ihre Hilfe wäre es nicht möglich gewesen, Tausende von Frauen und Kindern zu verhaften und zu töten. Ohne die Beamten der Präfektur hätte man die französische Resistance niemals so dezimieren können" ... Während ich die Dame anbrüllte, öffnete sich im Hintergrund eine Tür, ein älterer Herr steckte seinen Kopf heraus und hörte sich meine Tiraden an, indem er mit dem Kopf nickte. Dann schloß er die Tür, so daß es für alle zu hören war. Die Dame blickte sich um, erhob sich und trat, nachdem sie angeklopft hatte, in das Zimmer. Nach einigen Minuten kam sie heraus, ergriff meine Papiere, bat recht höflich, ich möge bitte warten, und nach etwa 15 Minuten hatte ich endlich nach 8 Monaten meine normale Kennkarte für Ausländer in der Hand. Ich könnte noch eine Reihe von Fällen zitieren, wo nach 1945 deutsche Emigranten, ja sogar Widerstandskämpfer behandelt wurden, als hätten sie Frankreich besetzt.

Im Gegensatz zu dem Kommandanten des Baseler Auffanglagers und einigen besonders deutschfreundlichen Deutschschweizern muß ich sagen, daß die Bewohner der Kantone am Genfer See und der italienischen Schweiz sehr wohl *Opfer* der Nationalsozialisten und Einreisende aus Hitlerdeutschland unterschieden. Im Winter 1944/45 gab es zahlreiche Privatpersonen und Organisationen, die versuchten, den Betroffenen zu helfen oder ihr Leben zu erleichtern. Aber alles blieb in Grenzen. Wenn man bedenkt, daß weder in Basel noch in Schaffhausen noch in Zürich oder Genf irgendeine jüdische Organisation versucht hat, mit uns Kontakt aufzunehmen, so ist dies schon erstaunlich. Die Bestrebungen von Rabbiner Dr. Weingort und seiner Freunde, zu erfahren, was da in Auschwitz geschah, und eine Hilfe für unsere Kameradinnen im Arbeitslager zu organisieren, waren völlig einmalig. Schließlich waren wir ja überall gemeldet und erhielten unsere 10 oder 16 Franken Taschengeld, die uns von den jüdischen Gemeinden mo-

natlich überwiesen wurden. Keiner der Herren hat versucht, uns zu sprechen oder irgendetwas über die Lager in Deutschland zu erfahren. Dabei wußte man, daß wir aus Auschwitz kamen, denn immer wieder erhielten wir Briefe, in denen man uns nach Verwandten fragte, die aus Frankreich oder Belgien nach Auschwitz deportiert worden waren. Es kann auch nicht daran gelegen haben, daß man uns unterstellte, wir interessierten uns nicht für religiöse Fragen, denn gerade der orthodoxe Dr. Weingort hatte sofort Kontakt mit uns aufgenommen.
Als wir nach Genf kamen und man uns sichtlich bestimmte Freiheiten einräumte, um Kontakte aufzunehmen, haben wir ein- oder zweimal versucht, gerade die zionistischen Organisationen zu kontaktieren – irgendwie kam es nicht dazu, obgleich ich angegeben hatte, daß der Bruder meines Mannes und seine Frau schon seit Jahren in Palästina lebten, daß ich aber über keine Adresse verfügte.
Am letzten Abend, den wir in Genf verbrachten, war ich bei Bekannten eingeladen, mit denen ich bereits 1932 viel verkehrt hatte. Der Herr des Hauses, Professor Schidlof, war ein geborener Österreicher, Professor der Physik, der schon als junger Wissenschaftler in die Schweiz ausgewandert war. Er und seine Familie waren also schon seit Jahren Schweizer Staatsbürger. Frau Schidlof stammte, soweit ich mich erinnern kann, aus einer rumänischen Familie. Ich hatte seinerzeit eine Empfehlung an die Schidlofs von rumänischen oder Wiener Verwandten erhalten. Die Tochter war Lehrerin, mit einem Mann aus einer alten Schweizer Familie verheiratet. Der jüngere Bruder war, so weit ich mich erinnere, bereits in der Schweiz geboren. Verglichen mit meiner deutschen Familie waren die Schidlofs für mich die Vertreter einer demokratischen und weltoffenen Gesinnung. Ich fühlte mich daher sehr zu ihnen hingezogen und die Tochter Schidlof, bei der ich Lateinstunden nahm, hat mich durchaus beeinflußt – eben durch ihre fortschrittliche Gesinnung und als eine Vertreterin nicht nur der Schweizer, sondern auch der in Genf etablierten Gremien des Völkerbundes.
Bei den Schidlofs fand ich ein Klima, das mich aufatmen ließ. Hier stellte man mir Fragen, die zeigten, daß man sich nicht in der Schweizer Neutralität abgekapselt hatte. Daß man wissen wollte, was da im Osten geschehen war, daß man versuchte zu verstehen, wie es soweit kommen konnte. Man fragte, was man als Intellektueller und Europäer tun könne.
Frau Schidlof kam sofort auf die Zionisten zu sprechen. Ob ich denn nicht mit Golda Meir gesprochen hätte, die schließlich die Vertreterin der Zionisten in Genf sei. Als ich sagte, daß wir ein- oder zweimal erfolglos versucht hätten, zionistische Organisationen zu kontaktieren – hatte ich den Eindruck, daß sie mir nicht ganz glaubte. Ich nehme an, daß Frau Schidlof versucht hat, den Kontakt herzustellen, aber bis zu unserer Abreise 14 Tage später geschah nichts.
Die letzten 14 Tage verbrachten wir noch in unserem Heim in Neuhausen. Anni fuhr noch einmal nach Zürich, und ich durfte Fräulein Banderet in ih-

rem Häuschen in Steckborn besuchen. Obgleich sie mich mit alter Herzlichkeit empfing, war unser Verhältnis etwas getrübt. Irgendwie konnte sie nicht verstehen, daß ich das Tuch des Schweigens, das man über unsere Berichte des Holocaust ausgebreitet hatte, immer noch nicht verwinden konnte. Sie versuchte mir klarzumachen, daß es die Pflicht der Schweiz wäre, jede Nachricht dreimal zu überprüfen und vor allem die Konsequenzen, die eine vorschnelle Veröffentlichung nach sich ziehen konnte, zu bedenken. Sie vertrat damit sicherlich den Standpunkt vieler ehrlicher Schweizer Bürger, die ohne es zu wollen verhinderten, daß wenigstens im Frühjahr 1945 den Massenmorden Einhalt geboten wurde.
Und dann kam der Tag, an dem wir in Zürich den Zug bestiegen, um nach Frankreich zurückzukehren. Die Grenzkontrolle war sehr streng und dauerte lange, aber wir wurden vorrangig und mit vorbildlicher Höflichkeit abgefertigt. Man bat uns in ein spezielles Büro. Dort begrüßte uns ein charmanter Herr ohne Uniform und sagte: „Ich weiß, daß Sie in der Schweiz unnötige Schwierigkeiten gehabt haben, daß man Sie nicht immer so behandelt hat, wie es richtig gewesen wäre. Es gab da einige Mißverständnisse. Ich möchte Sie darum bitten, daß Sie diese Unstimmigkeiten vergessen. Wir freuen uns mit Ihnen, daß Sie sich retten konnten, und hoffen, daß Sie in Frankreich wieder in ein normales Leben zurückkehren können."

Gerhard Schoenberner

Der lange Weg nach Wannsee

Von der Gründerzeitvilla zur Gedenkstätte

Zum 20. Januar 1992, fünfzig Jahre nach der Konferenz Am Großen Wannsee 56–58 über die „Endlösung der Judenfrage“ in Europa, ein Vierteljahrhundert nach der Forderung Joseph Wulfs, diesen historischen Ort einer entsprechenden Bestimmung zuzuführen, wurde die Berliner Villa als Gedenkstätte der Öffentlichkeit übergeben. Damit hat das Haus nach fast acht Jahrzehnten einer wechselvollen Geschichte aller Voraussicht nach seine definitive Bestimmung gefunden.

I.

Bekannt wurde diese historische Berliner Adresse 1947, als die Arbeitsgruppe von Robert M. W. Kempner während der Vorbereitungen zum Wilhelmstraßen-Prozeß in den beschlagnahmten Akten des Reichsaußenministeriums auf eine Kopie des Protokolls einer Besprechung unter Vorsitz Heydrichs stieß, von der man bis dahin nichts gewußt hatte. Es handelte sich um die 16. Ausfertigung, bestimmt für den Unterstaatssekretär Luther, einen der 15 Sitzungsteilnehmer. Als einziges von insgesamt 30 Exemplaren, das erhalten geblieben ist, wird es heute im Politischen Archiv des Auswärtigen Amtes in Bonn aufbewahrt.
Bis heute halten sich hartnäckig Gerüchte über Haus und Konferenz, die immer erneut kolportiert werden. So wird behauptet, Gebäude und Grundstück seien als jüdisches Eigentum seinerzeit an die SS zwangsveräußert worden. Andere schreiben, das Haus sei Dienstsitz der Interpol gewesen, und kürzlich war in einem neu erschienenen Dokumentarband sogar zu lesen, die Besprechung habe am 9. Dezember 1941 Am Kleinen Wannsee 16 stattgefunden. In zahlreichen Reden und Veröffentlichungen heißt es auch immer wieder, auf der Wannsee-Konferenz sei die „Endlösung der Judenfrage“ beschlossen worden.
Alle diese Angaben haben gemeinsam, daß sie nachweislich falsch sind. Der letzte Besitzer, der das Anwesen an die SS-Stiftung Nordhav verkaufte, war weder politisch noch rassisch Verfolgter und der Kaufpreis von 1,95 Millionen Reichsmark für die 1.500 Quadratmeter umfassende Villa und den 30.000 qm großen, parkähnlichen Garten entsprach durchaus dem damaligen Marktwert. Richtig ist, daß die erste Einladung zu einer „gemeinsamen Aussprache“, aus der im Begleitschreiben zum Protokoll später eine „Absprache“ wurde, von Reinhard Heydrich in seiner Eigenschaft als Chef der

SIPO und des SD am 29. November 1941 versandt, als Adresse die Dienststelle der Interpol nannte, deren Präsident er seit August 1940 war, und als Konferenzdatum den 9. Dezember 1941. Während die Ortsangabe offenbar von Anfang an auf einem Irrtum beruhte, mußte der Sitzungstermin tatsächlich wegen des japanischen Überfalls auf Pearl Harbour und die ihm folgende Reichstagssitzung mit der deutschen Kriegserklärung an die USA kurzfristig abgesagt werden.

Vor allem ist festzuhalten, daß auf der Konferenz nichts beschlossen wurde und aus zwei Gründen auch nicht werden konnte. Zum einen war der Kreis der Eingeladenen, je zur Hälfte Spitzenfunktionäre der SS und Staatssekretäre der in diesem Zusammenhang relevanten Ministerien der Reichsregierung, dazu überhaupt nicht kompetent. Zum anderen war die Endlösung, wenn auch vorerst noch lokal begrenzt, bereits in vollem Gange. Seit einem halben Jahr fand auf dem okkupierten Territorium der Sowjetunion eine Massenabschlachtung der jüdischen Bevölkerung durch die Exekutionskommandos der Einsatzgruppen statt, die der kämpfenden Truppe auf dem Fuße folgten und in jeder eroberten Stadt riesige Massaker organisierten. Im Herbst hatte die Deportation der deutschen Juden in die Ghettos und an die Erschießungsgruben im Osten begonnen, und sechs Wochen vor der Konferenz hatte Chelmno im sogenannten Warthegau, das erste der Vernichtungslager, mit zwei mobilen Gaswagen seine mörderische Tätigkeit aufgenommen.

Bis auf möglicherweise zwei Ausnahmen waren die Teilnehmer je nach Herkunft und Funktion entweder über diese Vorgänge durch Akteneinsicht informiert oder selbst unmittelbar in diese Verbrechen verwickelt. Thema der Konferenz war also keine Beschlußfassung, sondern die Durchführung eines höheren Orts längst gefaßten Beschlusses, den die Geschichtswissenschaft heute auf das Frühjahr 1941 datiert. Heydrich ging es offenbar vor allem darum, sich und sein Haus dem Kreis der Geladenen gegenüber als allein federführend in dieser Sache zu präsentieren. (Den Chefs der Einsatzgruppen hatte er den Text seiner Beauftragung durch Göring vom 31. Juli bereits früher zugestellt, damit sie sich gegenüber den Dienststellen der Wehrmacht legitimieren konnten.) Zum zweiten informierte er hier zum ersten Mal über den Gesamtplan in seiner europäischen Dimension. Schließlich bat er diejenigen Dienststellen um Amtshilfe, auf deren Mitarbeit er bei dessen Verwirklichung zwingend angewiesen war. Darin liegt die eigentliche Bedeutung der Konferenz vom 20. Januar[1].

---

1 Kurt Pätzold/Erika Schwarz, Tagesordnung: Judenmord. Die Wannsee-Konferenz am 20. Januar 1942. Berlin 1992
Wolfgang Scheffler, Die Bedeutung der Wannsee-Konferenz im Rahmen der nationalsozialistischen Ausrottungspolitik, in: Die Organisation des Judenmordes auf der Wannsee-Konferenz 1942, hrsg. von der Evangelischen Akademie, Mühlheim/Ruhr 1987

II.

Die Berührung des Hauses mit der Zeitgeschichte beschränkt sich jedoch nicht auf jenen einen Tag im Januar 1942. Die Villa, 1914/15 von dem Messel-Schüler O.A. Baumgarten entworfen, der in der Nachbarschaft bereits einige andere Häuser, darunter auch das von Max Liebermann, gebaut hatte, wurde von ihrem Besitzer, dem Fabrikanten Ernst Marlier, bereits 1921 wieder verkauft. Mit dem Einzug des neuen Hausherrn, Friedrich Minoux, seit 1919 Generaldirektor im Stinnes-Konzern und ab 1921 selbständiger Großkaufmann, beginnt die politische Geschichte des Hauses.

Hier konferierten im Februar 1923 der Chef der Obersten Heeresleitung, Hans von Seeckt, und Erich Ludendorff über Maßnahmen gegen die Rheinlandbesetzung. Im Herbst des gleichen Jahres war Minoux als Mitglied für ein diktatorisches Direktorium vorgesehen, mit dem die konservative Rechte die demokratisch gewählte Reichsregierung ablösen wollte. Ende Oktober traf er sich mit Ludendorff und Hitler in München, wo er über den bevorstehenden Putsch informiert wurde. Vielleicht läßt sich in diesen alten Verbindungen eine Erklärung dafür finden, daß Minoux, der die Berliner Gasag in den Jahren 1924–1938 zusammen mit zwei Mittätern um mehr als 12 Millionen Reichsmark betrog, trotz wachsender Verdachtsmomente eine Strafverfolgung von 1935 bis 1937 verzögern konnte und seine Verhaftung erst 1940, seine Verurteilung zu fünf Jahren Zuchthaus erst 1942 erfolgte. (Er kam 1945 frei und ist bald darauf verstorben.)

Es waren also die veränderten persönlichen Lebensumstände, die Minoux veranlaßten, Haus und Grundstück im November 1940 an die von Heydrich gegründete SS-Stiftung Nordhav zu verkaufen, die sich laut Satzung mit der Errichtung und dem Betrieb von Ferienheimen für den SD befaßte. Wie dem vom RSHA herausgegebenen Befehlsblatt Nr. 43 des Chefs der SIPO und des SD vom 15. November 1941 zu entnehmen ist, diente die Villa bereits ein Jahr darauf auswärtigen SS-Führern bei ihren Dienstreisen nach Berlin als Gästehaus. Acht Monate nach dem Tod Heydrichs ging das Haus, das er sich möglicherweise als künftige Residenz hatte sichern wollen, in den Besitz des RSHA über und wurde von da an als „Kameradschafts- und Führerheim der Sicherheitspolizei“ weitergeführt.

Man kann also davon ausgehen, daß zahlreiche Leiter und Organisatoren der Mordaktionen im Osten sich während ihrer Aufenthalte in Berlin im Haus Am Großen Wannsee 56–58 aufhielten und erholten. 1944 bezogen auch auswärtige Mitglieder der „Sonderkommission 20. Juli 1944“ dieses Quartier, wie nachweislich der Polizeioberst und SS-Oberführer Georg Klein aus Nürnberg. Ende des Jahres fand hier noch eine geschlossene Veranstaltung des RSHA mit Vertretern der Ministerialbürokratie statt, auf der über die Pläne der Teilnehmer des 20. Juli auf dem Gebiet der Staats- und Verwaltungsreform referiert wurde. Gegen Kriegsende soll die Villa als Lazarett gedient haben.

Im Sommer 1945 zogen sowjetische Marinesoldaten ein. Nach dem Einmarsch der drei westlichen Alliierten in Berlin folgten ihnen Offiziere der US-Army. Von 1947 an diente das Haus dem August Bebel-Institut der Berliner SPD, das hier zahlreiche Veranstaltungen und Tagungen zur politischen Bildung organisierte. Zu den Referenten gehörten Ernst Reuter, Otto Suhr, Carlo Schmid und der damals noch unbekannte Willy Brandt. Auch die traditionellen Ostertagungen des SDS fanden hier statt. 1952 mußte die SPD das Gebäude an die Stadt zurückgeben, da sie die hohen Instandhaltungskosten, zu deren Übernahme sie sich verpflichtet hatte, nicht mehr aufbringen konnte. Für fast vier Jahrzehnte diente die Villa Minoux dann als Schullandheim des Bezirks Neukölln. Dabei stehen Art und Dauer der Nutzung in direktem Kausalzusammenhang, denn der Hinweis auf die erholungsbedürftigen Kinder aus diesem proletarischen Quartier Berlins diente später als scheinbar schlagendes Argument gegen alle Vorschläge einer anderen Verwendung[2].

III.

An dieser Stelle muß von Joseph Wulf (1912–1974) die Rede sein, Mitglied der Jüdischen Kampforganisation im Krakauer Ghetto, Überlebender von Auschwitz und einer der Gründer jener legendären Zentralen Jüdischen Historischen Kommission in Polen, die unmittelbar nach dem Kriege die ersten Dokumentationen über die NS-Verbrechen herausbrachte und aus der später das Zydowski Instytut Historyczny hervorging. Wie seine Kollegen, die einer nach dem anderen Polen verließen und in Paris, Jerusalem und New York ähnliche Institute ins Leben riefen, setzte auch Wulf seine Arbeit im Westen fort. Anfang der fünfziger Jahre kam er von Paris nach Berlin, um im Document Center zu arbeiten, wurde am Ende hier seßhaft und begann eine rege Publikationstätigkeit, für die er in Arno Scholz, dem Direktor des sozialdemokratischen arani-Verlages, einen engagierten Mentor fand. Neben den beiden Hauptwerken, neun Dokumentationsbänden von insgesamt über viereinhalbtausend Seiten, entstand eine Reihe von essayistischen Studien über die Nürnberger Gesetze, über die Geschichte der Ghettos von Lodz und Warschau, über Himmler, Bormann und über Raoul Wallenberg, den tapferen Gegenspieler der Mörder, eine Sammlung jiddischer Gedichte und Lieder aus den Ghettos, schließlich eine Geschichte der SS, die bis heute nur in französischer Sprache vorliegt.
Einige Historiker haben, zuerst versteckt und hinter vorgehaltener Hand, später auch offen, Wulfs Arbeitsweise, sein editorisches Prinzip als unwissenschaftlich kritisiert; die Auswahl charakteristischer Auszüge aus länge-

---

2 Johannes Tuchel, Am Großen Wannsee 56–58. Von der Villa Minoux zum Haus der Wannsee-Konferenz. Berlin 1992.

ren Dokumenten, die pointierten Überschriften, die stets Zitate aus diesen Dokumenten waren, kurzum den Versuch, das Material zu organisieren und für den politisch und historisch interessierten Zeitgenossen zugänglich und lesbar zu machen. Auf solche Einwände, die seinen Anspruch ebenso verkannten wie seine Absichten, antwortete Wulf gern mit Hans Rothfels: „Ich bin objektiv, aber nicht neutral."

Es bleibt Wulfs historisches Verdienst, als erster mit der Publikation der NS-Dokumente begonnen und so die Erforschung dieses Zeitabschnittes in der Breite eingeleitet zu haben. Er wartete nicht auf die Fachhistoriker, von denen sich damals nur sehr wenige an dieses Thema wagten, noch griff er deren späteren Analysen vor. Er brach nur ein Tabu, machte auf ein Versäumnis aufmerksam, füllte eine Lücke und zwang die Historikerzunft, ihr wissenschaftliches Interesse diesem lange vernachlässigten großen Themenfeld zuzuwenden. Das haben ihm die einen wie die anderen nie vergessen[3].

IV.

Im Spätsommer 1965 entwickelte Joseph Wulf in einem kleinen Kreis von Freunden und Kollegen seinen Plan eines Internationalen Dokumentationszentrums in Berlin, in dem die in vielen Ländern verstreuten und zum Teil schwer zugänglichen Dokumente der NS-Zeit systematisch gesammelt und auf Mikrofilm archiviert werden sollten. Eine Fachbibliothek schien uns nötig, ebenso Räumlichkeiten für Konferenzen, Tagungen und Seminare. Übereinstimmung bestand auch, daß die Folgeerscheinungen der NS-Zeit unmittelbar zum Thema der Arbeit gehörten. Die systematische Sammlung von Materialien über die NS-Prozesse wie über die politischen und publizistischen Aktivitäten der rechten Szene betrachteten wir als unerläßlich. Wulf, der sich als bewußter Jude verstand und die Unvergleichlichkeit des Genozids am jüdischen Volk nie bestritten hätte, wäre nicht auf den Gedanken gekommen, sein Projekt auf dieses Thema zu beschränken. In einem Arbeitspapier vom April 1967 schreibt er ausdrücklich: „Die Gewaltpolitik des deutschen Nationalsozialismus richtete sich nicht nur gegen Juden, sondern gegen alle Völker Europas." Dementsprechend wollte er den Forschungsgegenstand auf das gesamte System des NS und alle seine Verbrechen erweitert wissen.

Die Realisierung eines solchen Projekts schien nur denkbar, wenn es gelang, internationale Verbindungen herzustellen und die Mitarbeit wichtiger Institutionen in Ost und West zu gewinnen. Wulf gedachte, dafür den Symbolwert des Hauses der Wannsee-Konferenz zu nutzen, dem er am liebsten exterritorialen Charakter gegeben hätte. Alarmiert durch eine Nachricht,

---

[3] Ulla Gorges (Hrsg.), Sachor – Nicht vergessen. Erinnerungen an Joseph Wulf. Aktion Sühnezeichen/Friedensdienste, Berlin 1989.

daß der Senator für Inneres, der die Villa verwaltete, dort die Einrichtung einer Polizeischule plane, schrieb Joseph Wulf im November 1965 an Bürgermeister Heinrich Albertz, erklärte ihm, warum eine Nutzung des Gebäudes durch die Polizei „absolut nicht angebracht" wäre, stellte sein Projekt vor und verwies auf die Bedeutung der politischen Geste, dafür das „Haus der Endlösung" zur Verfügung zu stellen. Das nächste Schreiben vom Dezember, gerichtet an den Senator für Wissenschaft und Kunst, an den man uns weiterempfohlen hatte, unterschrieben wir bereits gemeinsam: Wulf, seine Mitarbeiterin Ursula Böhme, Peter Heilmann, Manfred Rexin und Gerhard Schoenberner.

Nach weiteren vorbereitenden Gesprächen wurde am 29. August 1966 der Verein „Internationales Dokumentationszentrum zur Erforschung des Nationalsozialismus und seiner Folgeerscheinungen e. V." (IDZ) ins Leben gerufen. Zu den Gründungsmitgliedern gehörten außer der Initiativgruppe u. a. Egon Bahr, Heinz Galinski, Dietrich Goldschmidt, Helmut Gollwitzer, Monsignore Erich Klausener, Landesrabbiner Peter N. Lewinson, Horst Mahler, Hanns Werner Schwarze und Wilhelm Weischedel. Die Versammlung wählte Joseph Wulf zum Vereinsvorsitzenden, Peter Heilmann und Friedrich Zipfel zu Stellvertretern. Die selbstgewählte Aufgabenstellung beschreibt § 2 der verabschiedeten Satzung so:

„Der Zweck des Vereins ist auf die Erforschung des geschichtlichen Phänomens des Faschismus, insbesondere in der Form des deutschen Nationalsozialismus in der Zeit von 1933–1945 gerichtet. Der Verein hat diese Aufgaben in enger Zusammenarbeit mit internationalen und nationalen Institutionen zu lösen durch:

1. *Erfassung und Sammlung* des für den Forschungsgegenstand relevanten *Dokumentarmaterials,* insbesondere die *Archivierung des Prozeßmaterials,* das bei der Durchführung von Strafprozessen gegen Täter und Gehilfen nationalsozialistischer Gewaltverbrechen anfällt.
2. *Errichtung eines Forschungszentrums* durch Anschaffung der dafür erforderlichen Sachmittel und die Einarbeitung eines entsprechenden Personalstabes.
3. *Erteilung von Auskünften an Behörden,* wissenschaftliche Institutionen, politische Verbände und interessierte Bürger über alle den Forschungsgegenstand betreffende Fragen sowie die *Unterstützung von Forschungsarbeiten Dritter* und von Ausstellungen.
4. *Herausgabe wissenschaftlicher Veröffentlichungen.*
5. *Aufbau einer umfassenden Bibliothek, die alle (in allen Ländern und in allen Sprachen) zu diesem Thema erschienenen Publikationen enthalten soll.*
6. Aufbau eines *Archivs und einer Bibliothek* betreffend die Nachwirkungen der nationalsozialistischen Beeinflussung und die Entstehung des sogenannten *Neo-Nazismus und des Rechtsradikalismus* nach 1945."

Die Mitglieder des Vereins kamen überein, als Sitz für das Internationale Dokumentationszentrum die „Wannsee-Villa" Am Großen Wannsee 56–58 vorzuschlagen. Wulf gewann für das Projekt rasch prominente Fürsprecher. Im Kuratorium saßen Graf von Baudissin, Thomas Dehler, Alfred Grosser, Gideon Hausner, Louis de Jong, Robert M. W. Kempner, Golo Mann, Bischof Kurt Scharf, Willem Visser't Hooft und weitere Persönlichkeiten aus Polen, Frankreich, Israel und USA. Den Ehrenvorsitz übernahm Karl Jaspers, den Vorsitz der Rektor der Freien Universität, Hans-Joachim Lieber. Auch die erste Mitgliederliste, ein Vierteljahr später geschrieben, liest sich wie ein Auszug aus dem deutschen ‚Who is who'. Man findet hier die Professoren Abendroth, Bracher, Eberhard, Gamm, Herzfeld, Horkheimer, Kogon, Koszyk und Mitscherlich, die Publizisten Eggebrecht, Giordano, Henkys, Hanno Kremer, Lutz Lehmann, Erich Lüth, Manfred Rexin, Skriver und Strothmann, den Generalstaatsanwalt Dr. Fritz Bauer, die Rechtsanwälte Henry Ormond (West) und Karl Kaul (Ost), den Frankfurter Oberbürgermeister Bockelmann, Barbara Just-Dahlmann, Hermann Langbein, Leon Poliakov, Simon Wiesenthal und viele mehr.

V.

Der neue Vorstand nahm die Verhandlungen mit dem Berliner Senat auf, die zunächst auch günstig verliefen. Anfang Oktober 1966 kam Nahum Goldmann, der damalige Präsident des Jüdischen Weltkongresses, nach Berlin zu einer Unterredung mit Willy Brandt, der den Vorschlag, die Wannsee-Villa in ein Dokumentationszentrum umzuwandeln, wohlwollend aufnahm. Die Pressemeldungen über das Treffen klangen vielversprechend. „Forschungszentrum soll ins Haus der Wannsee-Konferenz einziehen" (Berliner Allgemeine, 14. 10. 1966) und „Zentrum von einmaliger Symbolik. Wannsee-Villa wird internationale Forschungsstätte" (Die Welt 12. 10. 1966) lauteten die Überschriften. Im Text hieß es dazu: „Offiziell ist dieser Beschluß noch nicht gefaßt. Bei der internationalen Bedeutung dieses Projekts wird er aber nicht zu umgehen sein. Wie bereits berichtet, hat der Regierende Bürgermeister die grundsätzliche Bereitschaft zur Unterstützung des Planes für den Senat erklärt. Wie weiter bekannt wird, soll so schnell wie möglich nach einem Ersatz für das Neuköllner Schullandheim gesucht werden, das jetzt noch in der Wannseevilla untergebracht ist."
Am gleichen Abend befragte der Sender RIAS die Parteien zum „Thema der Woche". Die Antworten waren aufschlußreich. Die Vertreter von CDU und FDP erklärten die Standortfrage für das Dokumentationszentrum für sekundär, bekundeten aber Verständnis für die Wünsche der Initiatoren und Bereitschaft, sie zu respektieren. Nur der Sprecher der SPD bezeichnete die Wahl des Hauses als „völlig unsinnig". Was war geschehen?
Inzwischen hatte der Kreis Neukölln der Berliner SPD Willy Brandt offen kritisiert und Widerstand angekündigt. Ein Protestbrief des sozialdemokratischen Bezirksbürgermeisters und ein einstimmiger Beschluß der Bezirks-

verordnetenversammlung folgten. Wie wenig man begriff, daß es sich hier eigentlich um eine deutsche Angelegenheit handelte, erhellt der Ausspruch des Vorstehers, der beteuerte: „Auf keinen Fall wollen wir den Israelis vorenthalten, was ihnen zukommt". Aber einlenken wollte man auch auf keinen Fall. Das politische Argument lautete, bei einer Räumung des Schullandheims sei eine Zunahme rechtsradikaler Tendenzen zu befürchten. Der Landesverband der Partei machte sich diese Position zu eigen. Wulf hatte zwar sofort erklärt, eine Lösung „auf Kosten der Schulkinder" sei ausgeschlossen. Ein Einzug in die Wannsee-Villa käme erst in Frage, „wenn zuvor für die Neuköllner Schulkinder eine neue Erholungsstätte gefunden worden sei (Der Kurier, 11.10.1966). Aber das nützte wenig.
Nun hieß es unter der Überschrift „Senat interessiert und abwartend": „Wie ein Senatssprecher uns auf Anfrage erklärte, wird abgewartet, ob die Initiatoren des Zentrums fachlich und finanziell in der Lage sind, der Einrichtung die erstrebte internationale Anerkennung zu verschaffen. (...) Dann stünde außer Frage, daß der Senat das Haus am Großen Wannsee 56 für diesen Zweck freigibt und möglicherweise zu einem nur symbolischen Mietpreis als Beitrag der Stadt zur Verfügung stellt. Den Neuköllner Kindern muß dann anderweitig geholfen werden. Doch soweit ist es noch nicht" (Der Tagesspiegel, 16.10. 1966). Nach den Bundestagswahlen gingen Willy Brandt und Egon Bahr nach Bonn, ihre Nachfolger im Amt des Regierenden Bürgermeisters und des Leiters des Presse- und Informationsamtes wurden Heinrich Albertz, dem Klaus Schütz bereits nach 10 Monaten folgte, und Peter Herz. Die Verhandlungen des Vereins mit dem Senat wurden für ein Jahr unterbrochen. In der Zwischenzeit gelang es Wulf, wie er annehmen mußte, alle noch bestehenden Vorbehalte gegenstandslos zu machen.
Das YIVO-Institut in New York und Yad Vashem in Jerusalem, die Wiener Library in London und das Centre de Documentation Juive Contemporaine in Paris, das Zydowski Instytut Historyczny sowie die Hauptkommission beim Justizministerium in Warschau und das West-Institut in Posen stellten die Überlassung von Materialien in Aussicht. Der World Jewish Congress, auch die Conference of Presidents of Major Jewish Organisations, das American Jewish Committee und die Anti-Defamation-League (B'nai B'rith-Loge) u.a. begrüßten das Projekt und sagten Unterstützung zu. (Auch Axel Cäsar Springer war zu einer Spende in Millionenhöhe bereit, machte sie aber nicht nur von der Nennung seines Namens abhängig, was angegangen wäre, sondern auch von der Streichung des Satzteils „und seiner Folgeerscheinungen" im Titel, was unakzeptabel war.) Gleichzeitig wurde der Plan entwickelt, finanziert vom Jüdischen Weltkongreß und unter Mitarbeit Freiwilliger der Aktion Sühnezeichen, auf dem ausgedehnten Gelände des Grundstücks ein zusätzliches Gebäude zur Unterbringung der Kinder zu errichten.
Die Fronten in der Debatte verliefen quer zum politischen Spektrum. Dabei spielte der Standort oft eine größere Rolle als das Projekt selbst. Der da-

malige Bundestagspräsident Eugen Gerstenmaier hatte sich, wie übrigens auch Probst Grüber, von Anfang an dagegen ausgesprochen, der Villa am Wannsee eine neue Bestimmung zu geben, und erklärt: „Da kommt nur eins in Frage, nämlich das Haus abreißen, so daß keine Spur von dieser Schrekkensstätte übrig bleibt" (Frankfurter Rundschau, 3.9. 1966). Als ich ihn 1983 in der Jury für das Berliner Gestapogelände traf, erklärte er mir auf derselben Argumentationslinie: „Wen interessiert denn heute noch der Reichsheini? Mein Vorschlag: Gänseblümchen pflanzen!" Das Internationale Auschwitz-Komitee kommentierte: „Also eine Tilgung der Spuren? (...) Eine sonderbare Abrechnung mit der Vergangenheit."
Die schärfsten Angriffe kamen natürlich von rechts. „Rachedenkmal statt Kinderheim. Ein neues Haus des Hasses in Berlin" titelte die „Deutsche Wochenzeitung" (4.11. 1966). Wulf war für sie ein „fanatischer Initiator" und „einer der von den USA inthronisierten (...) Bußapostel". Der „aus der Wulfschen Besessenheit entsprossene Plan" wurde vehement abgelehnt. Die „Deutsche National- und Soldaten-Zeitung" und die „Schlesische Rundschau" schlugen in die selbe Kerbe: „Nazi-Dokumente wichtiger als Arbeiterkinder? – Berliner Kinder sollen Nazi-Dokumenten weichen/Nahum Goldmann will Berliner Kindern Schullandheim nehmen. Berlin empört über Pläne zur Errichtung eines Nazi-Dokumentationszentrums" (6.2. 1967). Der Pressekrieg zog sich über das ganze nächste Jahr hin. Dabei wurde immer klarer, daß jene, die als Anwälte der Kinder des Schullandheims auftraten, in Wirklichkeit nicht nur gegen das Haus, sondern gegen das ganze Projekt waren. „Christ und Welt" polemisierte unter dem Titel „Denkmal der Schande" gegen „Leute, die offenbar nichts für wichtiger halten, als uns noch mehr makabre Kultstätten zu bescheren." Das Blatt stellte die Frage, „was (am NS) eigentlich noch zu ‚erforschen' ist", sah im geplanten Institut nur den Versuch, einem reuigen Sünder seine Sünden täglich erneut vorzuhalten, und schloß apodiktisch: „Das ist nicht nur unchristlich, es ist auch inhuman" (1.12. 1967). Was aus diesem Text nicht hervorging: bei der Bezeichnung „makabre Kultstätte" handelte es sich um ein Zitat. Zehn Tage nach seinem Amtsantritt hatte Klaus Schütz in einem Interview mit der „Welt am Sonntag" (29.10. 1967) diese unglückliche Formulierung gewählt, die Rolf Hochhuth zu einem zornigen Offenen Brief provozierte.

VI.

Am 9. November 1967 kam der Präsident des Jüdischen Weltkongresses erneut nach Berlin, um dem neuen Regierenden Bürgermeister noch einmal den Standpunkt seiner Organisation darzulegen. Nahum Goldmann bot die finanzielle Beteiligung an einem Neubau auf dem Grundstück in Höhe von fünf Millionen US-Dollar an und legte, um den Ernst seiner Absicht zu beweisen, einen vorbereiteten Scheck auf den Tisch. Klaus Schütz erklärte, daß man für das Schullandheim auch eine andere Unterbringung finden könne. Er sehe aber einen „tiefen Sinn" darin, wenn die Kinder gerade an diesem Ort seien. Am gleichen Abend gab der Vorstand des IDZ eine Presseerklärung heraus, in der zum ersten Mal davon die Rede ist, daß das Projekt im Falle einer negativen Entscheidung möglicherweise auf neutralem Boden, außerhalb Deutschlands, etabliert würde.

Ende November folgte ein nochmaliges Gespräch beim Regierenden Bürgermeister, in dem beide Seiten ihre Standpunkte wiederholten. Eine Woche später fand dann eine Besichtigung des Grundstücks in Wannsee statt, bei der der Neuköllner Bezirksstadtrat für Bauwesen die Minoux-Villa als Schullandheim für baulich ungeeignet und einen Neubau auf dem Grundstück als durchaus möglich bezeichnete. Praktische Folgen hatte auch diese Erklärung nicht. Im Laufe des Dezember appellierten die Rabbiner Dr. Max Nußbaum für die amerikanische Sektion des WJC und Dr. Joachim Prinz für die Conference of Presidents of Major American Jewish Organisations an den Regierenden Bürgermeister, um doch noch einen Meinungsumschwung zu erreichen, aber vergeblich.

Am 20. Dezember schrieb Klaus Schütz an den Vereinsvorstand einen Brief, in dem er im Namen des Senats das Vorhaben „ohne Vorbehalt" begrüßte und zusagte, „die Gründung eines derartigen Dokumentationszentrums nach seinen Möglichkeiten (zu) unterstützen". Gleichzeitig lehnte er aber die Wannsee-Villa als Standort definitiv ab und schlug zwei Häuser in der Nachbarschaft der Freien Universität zur Auswahl vor.

Eine Umfrage unter den Vereinsmitgliedern ergab, daß die Mehrheit nach wie vor das Haus der Wannsee-Konferenz für den richtigen Ort hielt, das Projekt aber an der Frage des Standorts nicht scheitern lassen wollte. Daraufhin erklärte der Vorstand gegenüber dem Senat seine Bereitschaft, auch ein anderes Gebäude als Institutssitz zu akzeptieren. Er machte jedoch darauf aufmerksam, daß mit einer Finanzierung der Einrichtung aus ausländischen Spenden nicht mehr zu rechnen sei, da die Zusagen an den Standort gebunden waren. Nachdem man die vom Senat angebotenen Objekte besichtigt hatte, stellte sich heraus, daß keines der beiden tatsächlich zur Verfügung stand.

Es verging ein weiteres Jahr, bevor der Senat im Dezember 1968, wenige Tage vor Weihnachten, eine neue Liste von Häusern übersandte und seine Bereitschaft erklärte, ein vom Verein ausgesuchtes Objekt anzukaufen. Wiederum sechs Monate später, im Juni 1969, heißt es in einem Rundbrief des Vereins, daß die mehrfach verschobene Mitgliederversammlung nach wie vor nicht stattfinden könne, da die Verhandlungen mit dem Senat noch nicht abgeschlossen seien. Man habe seinerzeit ein Objekt zum Ankauf empfohlen, nun müsse die Senatsvorlage abgewartet werden. Mit deren Fertigstellung sei laut amtlicher Auskunft für August zu rechnen. Bei dieser Ankündigung blieb es.

In der Zwischenzeit hatte der Senat bei dem renommierten Historiker Wolfgang Scheffler ein Gutachten angefordert. Am 7. Juli 1969 lag es vor. In ihm heißt es: „Es ist eine Tatsache, daß durch die Zersplitterung deutscher Aktenbestände und anderer Materialien aus der Zeit vor 1945 die wissenschaftliche Erforschung dieser Epoche ernsthaft behindert wird. Dieser Zustand hat für die Erforschung unübersehbare Folgen gehabt, die jedoch sehr oft aus Uninformiertheit oder Desinteresse nicht zur Kenntnis genommen werden. (...) Es besteht für den Fachmann kein Zweifel darüber, daß der gegenwärtige Kenntnisstand der Fach- und Aufklärungspublikationen keineswegs dem Forschungsstand und den Forschungsmöglichkeiten entspricht. Aus vielen Gründen ist die Erforschung der Verfolgungen der Jahre 1933–1945 nicht nur ein wissenschaftliches, sondern vor allem auch ein politisches Problem von erheblicher Bedeutung, das nicht nur vergangenheitsbezogen zu verstehen ist, sondern unübersehbar einen Gegenwarts- und Zukunftsaspekt besitzt. Daraus folgt: ein Forschungszentrum, das sich mit diesen Verfolgungsfragen beschäftigt, ist eine wissenschaftliche Notwendigkeit." Auch dieses Gutachten vermochte nicht, den Berliner Senat umzustimmen.

VII.

Wiederum ein Jahr später überraschte der Berliner Senat mit einer neuen Idee. Am 6. Mai 1970 bat der Regierende Bürgermeister den Präsidenten der Freien Universität, „seine Auffassung zu einem Institut mit dieser Aufgabenstellung im Bereich der Freien Universität darzulegen", wie es in Beantwortung einer Kleinen Anfrage des SPD-Abgeordneten Werner A. Zehden vom Herbst 1970 heißt. Der Verein lenkte erneut ein, um unter den gegebenen Bedingungen wenigstens einen Teil seines Konzepts zu verwirklichen. An der Freien Universität entwickelte man nun den Plan eines „Zentralinstituts zur Erforschung des Nationalsozialismus". In ihm sollten die dort bereits begonnenen Arbeiten zur Faschismus-Theorie weitergeführt und das Projekt des IDZ integriert werden. Vorbehalte und Konkurrenzängste gegenüber Wulf, weitreichende eigene Ambitionen und eine völlige Fehleinschätzung der Lage machten die Initiatoren blind dafür, daß sie mit dem Vorschlag ihres Großprojekts nur Wulfs letzte Chance zerstörten und am Ende auch sich selbst schadeten. Das Kuratorium der Freien Universität, dessen Vorsitzender der Regierende Bürgermeister war, erklärte jedenfalls, daß für die Realisierung eines solchen Vorhabens zur Zeit keine Mittel zur Verfügung stünden. Als sich nach zwei Jahren definitiv herausstellte, daß auch das Projekt Faschismus-Forschung ein Projekt blieb, beschlossen Kuratorium und Mitgliederversammlung des IDZ am 12. Januar 1972 die Auflösung des Vereins. Am 11. März 1973 wurde er aus dem Vereinsregister gelöscht. Im August starb Wulfs Frau, die wie er die deutsche Okkupation überlebt hatte. Ein Jahr später stürzte sich Wulf aus dem Fenster.

Nachzutragen bleibt, daß es noch einen letzten Versuch gab, das Projekt zu retten. Aber er zeigte nur, daß Verhältnisse und Verhalten in Westdeutschland denen in Berlin bis ins Detail glichen. Anfang 1972 wandte sich Rolf May, ein früherer Berater des Springer-Konzerns, der als Mann des Widerstandes dem Projekt Wulfs verbunden war und es nach Kräften förderte, an den Bundespräsidenten Heinemann und sandte ihm das Scheffler-Gutachten in der Hoffnung, bei ihm ein offenes Ohr und Unterstützung zu finden. Das Bundespräsidialamt bat den Bundesminister des Innern um Stellungnahme, der sich seinerseits an das Bundesarchiv und das Institut für Zeitgeschichte wandte. Unter diesen Umständen ist es nicht überraschend, wenn es in der Antwort des Bundespräsidialamtes vom 19. Mai 1972 heißt: „Nach sehr sorgfältiger Abwägung aller maßgeblichen Aspekte ist der Herr Bundesminister des Innern zu dem Ergebnis gelangt, daß die Errichtung des von Ihnen vorgeschlagenen Internationalen Dokumentationszentrums neben dem schon bestehenden Bundesarchiv und dem Institut für Zeitgeschichte vermieden werden muß. Zwar teilt der Bundesminister des Innern die Auffassung, daß die Erforschung des Nationalsozialismus und seiner Folgen nicht nur ein wissenschaftliches, sondern auch ein politisches Problem von großer Bedeutung ist. Er ist jedoch der Auffassung, daß die dem Internationalen Dokumentationszentrum zugedachten Aufgaben bereits ausreichend durch das Bundesarchiv und das Institut für Zeitgeschichte erfüllt werden."

Liest man die alten Korrespondenzen, Protokolle und Rundbriefe aus dem Abstand eines Vierteljahrhunderts noch einmal im Zusammenhang durch, erscheint einem das Ganze wie das Szenario für die erfolgreiche Zermürbung einer ungeliebten Bürgerinitiative mittels Hinhaltepolitik. Die Zeit war noch nicht reif, das politische Klima des Kalten Krieges Wulfs Vorhaben nicht günstig, die nötige Bereitschaft zur Auseinandersetzung mit der eigenen Vergangenheit noch nicht vorhanden.

VIII.

Für ein Jahrzehnt verschwand das Haus aus der öffentlichen Diskussion. Erst eine Gedenkstunde zum 40. Jahrestag der Wannsee-Konferenz mit Ansprachen des Vorsitzenden der Jüdischen Gemeinde zu Berlin, Heinz Galinski, und des damaligen Regierenden Bürgermeisters, Richard von Weizsäcker, verschaffte ihm erneute Aufmerksamkeit. Galinski wiederholte bei dieser Gelegenheit den Vorschlag, in der Wannsee-Villa ein Dokumentations- und Begegnungszentrum einzurichten. Im Frühjahr 1982 unternahmen daraufhin Mitglieder des Wulfschen Initiativkreises von 1965, zusammen mit einigen jüngeren Historikern, einen nochmaligen Anlauf und erneuerten die alte Forderung. Ein Aufruf, der zum 30. Januar 1983 der Öffentlichkeit übergeben werden sollte, fand zwar prominente Unterzeichner, aber der Versuch, ein breites politisches Bündnis herzustellen, scheiterte. Man wurde hingehalten, die Monate vergingen, das Stichdatum war verpaßt. Der DGB lehnte das Projekt offen ab, die Parteien hielten sich bedeckt. Am Ende resignierte man und ließ den Aufruf unveröffentlicht.

Ein Grund für die Zurückhaltung der Politiker war, daß man inzwischen neue Pläne verfolgte. Die Restaurierung der Ruine des ehemaligen Kunstgewerbemuseums an der früheren Prinz-Albrecht-Straße, dem heutigen Gropiusbau, für die geplante große Preußen-Ausstellung hatte die Internationale Liga für Menschenrechte 1980 veranlaßt, den Senat daran zu erinnern, daß auf dem benachbarten Areal das Reichssicherheitshauptamt und die Reichsführung SS ihren Sitz gehabt hatten. Ein Antrag der SPD-Fraktion auf Errichtung eines Mahnmals für alle Opfer des NS-Terrors, verbunden mit einem Ausstellungs- und Dokumentationszentrum, dessen erster Teil vom Abgeordnetenhaus 1982 angenommen wurde, führte im darauffolgenden Gedenkjahr zur Ausschreibung eines Architektenwettbewerbs zur Gestaltung des Geländes, zu dem Richard von Weizsäcker das Geleitwort schrieb.

Ende 1984 traf sein Nachfolger Eberhard Diepgen die Entscheidung, den preisgekrönten Entwurf nicht ausführen zu lassen. Da der Senat der Öffentlichkeit danach ein Jahr lang nicht mitteilte, was er nun stattdessen zu tun gedachte, schrieb der Juryvorsitzende, Prof. Eberhard Roters, zusammen mit einigen anderen einen Offenen Brief an den Regierenden Bürgermeister, der mit einer Einladung zum Gespräch beantwortet wurde. Die nun folgende Debatte über Orte der NS-Zeit in Berlin führte auf Umwegen wieder nach Wannsee zurück. Eberhard Diepgen griff das Stichwort sofort auf, akzeptierte aber auch den eindringlichen Hinweis seiner Gesprächspartner, daß eine entsprechende Entscheidung auf dem Gestapogelände damit nicht überflüssig werde, sondern weiter anstehe. Von da an ging, gemessen am Tempo der Verwaltung, alles ungewohnt rasch und reibungslos.

Im Herbst 1986 erklärte der Berliner Senat seine Absicht, am Großen Wannsee 56–58 eine Gedenk- und Begegnungsstätte zu schaffen und für die Kinder ein anderes Haus zur Verfügung zu stellen. Eine Planungsgruppe wurde berufen und ein Konzept geschrieben, das im November 1987 auf einer internationalen Expertenkonferenz diskutiert und gebilligt wurde[4]. Mitte 1989 war das Schullandheim ausgezogen, die Bauarbeiten konnten beginnen. Im Herbst 1991 endlich erfolgte der Einzug, pünktlich zum 20. Januar 1992 dann die feierliche Eröffnung, die zu einem internationalen Medienereignis wurde.

---

4 Gerhard Schoenberner/Wolfgang Scheffler, Das Haus der Wannsee-Konferenz. Ort des Gedenkens und des Lernens. Konzeptvorschlag im Auftrage der Planungsgruppe, MS, Berlin 1987; Walter Schützler, Haus der Wannsee-Konferenz. Am Großen Wannsee 56–58, 1000 Berlin 39, Bauhistorische Dokumentation. Gutachten im Auftrag der Senatsverwaltung für Bau- und Wohnungswesen, Berlin 1989.

Verantwortlich für die Gedenkstätte ist der Trägerverein „Erinnern für die Zukunft", der in seiner Satzung drei Aufgaben nennt, die zu fördern er sich zum Ziel gesetzt hat:

- das Gedenken an die Opfer der nationalsozialistischen Politik des Völkermordes;
- die Information über die nationalsozialistischen Verbrechen;
- die Erziehung zur Demokratie und zur Verteidigung der Menschenrechte.

Außer dem Bund und dem Land Berlin, die sich die Kosten teilen, gehören ihm unter anderem der Zentralrat der Juden in Deutschland, die Jüdische Gemeinde zu Berlin, ein Repräsentant der Verfolgtenverbände und Vertreter der beiden christlichen Kirchen an.

Ein internationaler Beirat begleitet die Arbeit des Hauses. Dessen Funktionen sind ablesbar an den drei Abteilungen, die in ihm Platz finden. Eine ständige Ausstellung dokumentiert nicht nur die Konferenz, sondern auch die Vorgeschichte, die zu ihr führte, wie die tragischen Ereignisse, die ihr folgten. Sie wird ergänzt durch eine im Aufbau befindliche Mediothek, die eine Präsenzbibliothek, Dokumentensammlungen sowie ein Foto-, Film- und Tonarchiv einschließt. Eine wesentliche Aktivität des Hauses geht von der pädagogischen Abteilung aus, die sich mit einem differenzierten und thematisch weit gefächerten Angebot an Multiplikatoren, Lehrer und Ausbilder in der schulischen, beruflichen und politischen Weiterbildung, aber auch an Berufstätige und Studenten, Schüler und Jugendliche wendet. Als Ansatz neu ist der Versuch, Lernenden und Berufstätigen zu zeigen, wie ihre eigene Berufsgruppe damals arbeitsteilig an der Durchführung der „Endlösung" mitgewirkt hat. Das gilt für Juristen und Ärzte wie für Verwaltungsbeamte und Polizisten, Soldaten, Eisenbahner und viele andere mehr. Dabei geht es nicht darum, einer neuen Generation eine Schuld einzureden, die sie nicht hat, sondern sie darüber aufzuklären, was geschah, wie es geschah und warum es geschehen konnte. Diese historische Lektion bleibt aktuell. Heinz Galinski hat einmal davon gesprochen, das Haus solle mehr sein als ein Memorial: ein Lehrhaus der Demokratie. Besser kann man die Aufgabe dieser Gedenkstätte nicht beschreiben.

Die Umwandlung der „Topographie des Terrors" auf dem Gelände an der früheren Prinz-Albrecht-Straße in eine ständige Einrichtung, die eine logische Ergänzung und notwendige Erweiterung des Themas darstellt, eröffnet zusätzlich neue Möglichkeiten der Arbeitsteilung und Zusammenarbeit. Man muß es wohl der List der Vernunft zuschreiben, wenn Wulfs Plan, das Haus der Wannsee-Konferenz in einen Ort des Gedenkens und Lernens zu verwandeln, am Ende doch noch Wirklichkeit wurde, wenn auch in veränderter Gestalt. Wulf, dessen 80. Geburtstages wir im Dezember 1992 gedenken, wäre damit sicher einverstanden.

Wolfgang Benz

Zeugnisse einer untergegangenen Welt

Das Jüdische Historische Institut in Warschau

Vor dem Überfall deutscher Truppen am 1. September 1939, mit dem die Zerstörung des polnischen Staats und der Völkermord an Polen, Juden, Russen, „Zigeunern“ und anderen vom nationalsozialistischen Rassenwahn verfemten Menschen begann, lebten etwa 3,2 Millionen Juden auf polnischem Territorium. Jeder zehnte Staatsbürger Polens war Jude. In Warschau existierte mit 350000 jüdischen Einwohnern die (nach New York) zweitgrößte jüdische Gemeinde der Welt. Die Mehrheit wohnte im Norden der Stadt, im traditionellen jüdischen Quartier, in dem jiddisch gesprochen wurde. Die meisten waren religiös orthodox, kleideten sich schwarz, die Männer trugen Bärte und Schläfenlocken. Eine Minderheit, die im kulturellen Leben Warschaus aber beachtet wurde, hatte sich den Polen assimiliert. Fast die Hälfte der Warschauer Juden arbeitete als Handwerker oder als Arbeiter, ein Drittel übte kaufmännische Berufe aus. Wenige waren selbständig. Im öffentlichen Dienst Polens waren außer Lehrern kaum Juden beschäftigt. Die Mehrheit der polnischen Juden war arm. Konflikte und Spannungen mit der polnischen Mehrheitsbevölkerung waren an der Tagesordnung. Der polnische Antisemitismus machte den Juden auch vor der deutschen Besatzungsherrschaft das Leben schwer. In religiöser Vielfalt, die von traditioneller Orthodoxie bis zum Chassidismus reichte, aber auch für aufklärerische Reformströmungen Raum ließ, lebten die polnischen Juden in ihrer eigenen Kultur. Eine beträchtliche Zahl von Synagogen, Schulen, sozialen Einrichtungen diente dem geistigen Leben, der Religion und Kultur. Davon ist nichts geblieben. Höchstens 15000 Juden gibt es heute noch in ganz Polen, die meisten von ihnen leben in Warschau, aber Spuren jüdischer Kultur sucht man in der Hauptstadt Polens mit Mühe. Vom Ghetto, das die deutsche Besatzungsherrschaft 1940 errichtete, in dem zeitweise 400000 Juden zusammengepfercht waren, existiert nichts mehr. Auf einem kahlen Platz, umgeben von Nachkriegswohnblocks, kündet das Denkmal vom Leiden und Sterben im Warschauer Ghetto, auch vom heroischen Kampf seiner letzten Bewohner gegen die deutsche Übermacht im Frühjahr 1943, der mit dem Bericht des SS-Brigadeführers Stroop endete: „Es gibt keinen jüdischen Wohnbezirk in Warschau mehr!“

Am „plac Bankowy“, genau an der Stelle, an der früher die Große Synagoge stand, ragt seit kurzem ein Hochhaus empor, mit seinen verspiegelten

Glasfassaden das modernste der Stadt, das Symbolwert für das nachsozialistische Polen hat, das zum Monument der neuen kapitalistischen Ordnung wurde. Banken, Handels- und Industrievertretungen haben sich hier niedergelassen. Einen Hinweis oder gar eine Gedenktafel sucht man vergebens, ein bißchen wird – seit langem – mit der Jüdischen Gemeinde verhandelt, ob sie irgendeinen Raum des Riesengebäudes nutzen kann oder vielleicht ein Äquivalent für den einstigen Grundbesitz erhält.

Überschattet vom Bankpalast und durch die übermächtige Nachbarschaft unscheinbarer geworden, steht daneben, in der ulica Tłomackie, ein älteres, einst stattliches Gebäude, das Ende der 20er Jahre erbaut wurde. Es beherbergte die Warschauer Jüdische Bibliothek und das Institut für Judaistik (Instytut Nauk Judaistycznych). Mit der Zerstörung der Großen Synagoge im Mai 1943 durch die Deutschen ging auch das Bibliotheksgebäude in Flammen auf. Es hatte zuletzt der deutschen Besatzungsmacht gedient. Die Eigentumsverhältnisse des nach dem Krieg restaurierten Gebäudes spiegeln die Zeitläufte: Zunächst Staatsbesitz, ging das Haus 1962 an die Polnische Akademie der Wissenschaften über, gegenwärtig ist die Stadt Warschau Eigentümerin, die Übergabe an das Jüdische Institut steht bevor. Im Jüdischen Historischen Institut wird das Erbe einer vernichteten Kultur bewahrt. Unter unzulänglichen, ja katastrophalen Bedingungen sind Schätze versammelt, die inzwischen, ein halbes Jahrhundert nach dem Ende des Holocaust, vom Untergang bedroht sind: Bücher, Akten und Aufzeichnungen, Gemälde, Grafiken, Skulpturen, Kultgeräte.

Das Zydowski Instytut Historyczny ging aus der zentralen jüdischen Historikerkommission hervor, die 1944 im befreiten Lublin entstand, im März 1945 ihren Sitz in Lodz nahm und 1947 auf Beschluß des Zentralrats der Juden in Polen nach Warschau verlegt wurde. Mit diesem Beschluß wurde aus der Kommission, deren Aufgabe in der Dokumentation der Verbrechen des Holocaust in Polen bestand, das Jüdische Historische Institut. Im Oktober 1947 begann mit der Etablierung des Archivs, der Bibliothek und des Museums im wieder hergestellten Gebäude in der ulica Tłomackie 3/5 die Tätigkeit des Instituts.

Zunächst stand die Spuren- und Beweissicherung des Völkermords im Vordergrund. Hauptziel des Instituts war daher die Mitwirkung an der Verfolgung nationalsozialistischer Verbrecher. An der Vorbereitung der Strafprozesse gegen den ehemaligen Gauleiter Arthur Greiser, gegen den Auschwitz-Kommandanten Rudolf Höß, gegen Amon Göth, den Chef des Judenlagers Plaszow, waren das Institut bzw. sein Vorläufer, die Historische Kommission, ebenso beteiligt wie an den Ermittlungen gegen Erich Koch, Martin Weiss, Hans Bibow und andere Schergen des NS-Regimes.

Das Institut entfaltete rasch eine rege Publikationstätigkeit, in deren Mittelpunkt bis Ende der 60er Jahre das Thema „Verfolgung und Vernichtung der Juden in Polen durch das nationalsozialistische Okkupationsregime“ stand. Neben Monographien und kleineren Forschungen wurden auch Quellentexte veröffentlicht, darunter so berühmte und wichtige wie Emanuel Ringelblums Aufzeichnungen aus dem Warschauer Ghetto, die Chronik des Ghettos in Lodz oder Dokumente des jüdischen Aufstandes in Warschau. Die Wirkung der Veröffentlichungen reichte weit über Polen hinaus, 1958 etwa publizierte das Institut in englischer Sprache den Stroop-Bericht über die Niederwerfung des Aufstandes und die Zerstörung des Warschauer Ghettos[1]. Die Forschungsergebnisse des Instituts erschienen in polnischer und jiddischer Sprache in verschiedenen Verlagen („Jidysz Buch"), zwei Zeitschriften errangen weite Verbreitung und guten Ruf: die jiddischen „Bleter far Geszichte", seit 1948 publiziert, und das polnische „Biuletyn ZIH w Polsce" seit 1951. Mehr als 30 Bücher und kleinere Schriften wurden von 1947 bis 1968 veröffentlicht.

Mit den antisemitischen Tendenzen des offiziellen Polen kam ab 1968 die Arbeit des Instituts fast ganz zum Erliegen. Viele Mitarbeiter emigrierten ins Ausland, die Publikationstätigkeit war behindert, Die „Bleter far Geszichte" konnten erst 1975 nach zehnjähriger Pause wieder erscheinen. Mit dem Neubeginn in den 70er Jahren änderten sich auch die thematischen Schwerpunkte. Jüdische Sozialgeschichte in Altpolen, Kultur (Presse, Musik, Schulwesen) und soziales Leben (Arbeiterbewegung, Genossenschaftswesen) der Juden in Polen im 19. und 20. Jahrhundert werden erforscht, ein Langzeitprojekt ist dem Thema „Die jüdische Kultur in der polnischen Geschichte der Neuzeit und Gegenwart, ihre Wandlung und Bedingungen" gewidmet. Seit 1980 existiert ein Sonderreferat, das Yad Vashem in Jerusalem zuarbeitet, und zwar durch die Ermittlung polnischer Bürger, die während der nationalsozialistischen Verfolgung Juden geholfen haben. Sie erhalten von Yad Vashem die Auszeichnung „Gerechte unter den Völkern". (Annähernd 2000 polnische Helfer sind bisher auf diese Weise geehrt worden.) Einzigartig sind die Sammlungen des Instituts: das Archiv, die Bibliothek und das Museum.

Das Archiv birgt Quellen verschiedener Provenienz[2], darunter die schriftliche Hinterlassenschaft polnischer und deutscher jüdischer Gemeinden vom 17. Jahrhundert bis zum Zweiten Weltkrieg; fast vollständig sind das Archiv der Breslauer Gemeinde und verschiedener Gemeinden der Provinz Posen und der Provinz Schlesien erhalten, mehr oder weniger umfangreiche Teilbestände gibt es aus Danzig und Bromberg, Krakau, Lublin und vielen kleinen Orten, aber auch Dokumente der jüdischen Gemeinden Berlin, Prag,

---

1 The Report of Jürgen Stroop concerning the uprising in the Ghetto of Warsaw and the Liquidation of the Jewish Residential Area (introductions and notes by B. Mark), Warsaw 1958.

2 Eine ausführliche Beschreibung des Archivs erscheint demnächst: Elisabeth Brachmann-Teubner, Die Bestände und Sammlungen des Jüdischen Instituts für Geschichte in Warschau, in: Jahrbuch für Antisemitismusforschung, Band 2, Frankfurt a. M. 1993.

Wien sind im Katalog des Instituts nachgewiesen. Vieles ist bislang ungeordnet und unerforscht. Dem Historiker, der sich darauf einläßt, stehen noch bedeutende Entdeckungen bevor, die schriftliche Hinterlassenschaft ist zumeist auch das einzige Zeugnis, das von den untergegangenen jüdischen Gemeinden geblieben ist. Das gilt auf ungleich dramatischere Weise auch für die Dokumente der Judenräte, die während der NS-Herrschaft für die Juden in Warschau und Krakau, Lemberg, Lublin, Radom, Czestochowa und anderen Orten verantwortlich waren[3]. Aufzeichnungen und Akten aus Ghettos und Lagern wie Krakau, Lodz, Lublin sind in unterschiedlichem Umfang erhalten geblieben, ebenso schriftliche Zeugnisse der jüdischen Untergrundbewegung in Polen. Ein großer Teil dieser Materialien im Jüdischen Historischen Institut ist noch unerschlossen. Das gilt auch für Tagebücher und literarische Schriften, die in Ghettos, Konzentrations- und Vernichtungslagern, in Arbeitslagern und in Verstecken entstanden sind. Über 200 Tagebücher harren noch der Auswertung. Zusammen mit 7300 Zeugenaussagen und Berichten von Überlebenden des Holocaust (festgehalten in jiddischer oder polnischer Sprache) bietet sich ein einzigartiger Fundus zur Sozialgeschichte der Verfolgung der Juden in Ostmitteleuropa. Anschaulich wird das Thema in der Fotosammlung mit über 10000 Aufnahmen zum jüdischen Alltag aus der Zeit seit dem Ersten Weltkrieg und mehr als 7000 Bildern jüdischer Kulturdenkmäler.

An einzelnen Beständen wäre noch zu nennen das Tanenbaumarchiv, das die Untergrundorganisation im Ghetto Bialystok 1939 bis 1942 angelegt hat, am berühmtesten ist das Geheime Archiv des Warschauer Ghettos, nach seinem Initiator als Ringelblum-Archiv bekannt geworden. Dr. Emanuel Ringelblum war Historiker und hatte, als er 40jährig ins Warschauer Ghetto kam, längst einen guten Namen als Forscher und Autor zahlreicher Bücher und Aufsätze zur Geschichte der Juden in Polen. Im Ghetto baute er unter dem Decknamen „Oneg Shabbat" einen Informationsdienst auf, zunächst in der Absicht, die Welt auf die Lebensbedingungen der Juden unter deutscher Herrschaft aufmerksam zu machen. In der Erkenntnis, daß es kaum Überlebenschancen gab (Ringelblum wurde im Frühjahr 1944 von der Gestapo in einem Versteck aufgespürt und ermordet), setzte sich „Oneg Shabbat" dann das letzte Ziel, über das Leben und den Alltag im Warschauer Ghetto Aufzeichnungen zu machen, die künftigen Geschlechtern als Material für eine Geschichte jüdischen Lebens und Leidens unter nationalsozialistischem Regime dienen sollten. In mehreren Sprachen (jiddisch, polnisch, hebräisch, deutsch) und auf unterschiedlichstem Papier notierten Ringelblum und seine Mitarbeiter ihre Beobachtungen und Erfahrungen, reicherten sie durch Dokumente, Briefe, Formulare und Bekanntmachungen der Besatzungsmacht an. Als sicher war, daß es im Kampf gegen die SS

[3] Vgl. Im Warschauer Getto. Das Tagebuch des Adam Czerniakow 1939–1942, München 1986.

keine Hoffnung für aufständische Juden gab, trachteten sie, das gesammelte Material der Nachwelt zu erhalten.
In Kisten aus Blech und Milchkannen wurde das Ghetto-Archiv gesichert und an verschiedenen Orten vergraben. Zwei der Verstecke wurden wiedergefunden, das erste 1946, das zweite 1950, ein drittes gab seinen Inhalt bis zum heutigen Tag noch nicht preis. Die Dokumente des Ringelblum-Archivs sind teilweise entziffert und auch publiziert[4]. Um die Originale zu retten, sind freilich noch bedeutende Anstrengungen nötig. Der Erhaltungszustand ist außerordentlich schlecht, das hängt nicht nur mit den Entstehungsbedingungen zusammen, sondern auch mit der Aufbewahrung unter der Erde. Um die Dokumente vor dem endgültigen Zerfall zu schützen, müssen sie einzeln restauriert und in Japanseide oder Polyäthylenfolie eingebettet werden. Für die wissenschaftliche Auswertung sollten sie anschließend verfilmt werden, denn die Originale sind für die Benutzung zu kostbar und zu gefährdet.
Das Ringelblum-Archiv ist ein Kulturdenkmal von einzigartigem Rang, vergleichbar mit mittelalterlichen Handschriften oder dem geschmückten Evangeliar eines deutschen Kaisers. Daß dieses, das Leben und Sterben im Warschauer Ghetto authentisch dokumentierende Archiv erhalten werden muß, steht außer Frage, aber die Kosten dafür sind immens und in Polen nicht aufzubringen.
Nicht weniger bedroht sind die Schätze der Bibliothek. Unter den 60000 Büchern befinden sich hebräische Handschriften aus dem Mittelalter, Bibel- und Talmudausgaben, kabbalistische Literatur und rabbinische Kommentare. Die Sammlung alter Drucke in hebräisch, jiddisch und in anderen Sprachen umfaßt etwa 1400 Bände, erschienen seit dem 16. Jahrhundert zu allen möglichen Wissensgebieten. Die Bibliothek, deren Fundament gerettete Bestände der Judaistischen Hauptbibliothek Warschau, des theologischen Seminars in Breslau, der Jeschiwa-Schule in Lublin und aus anderen jüdischen Büchereien vor dem Zweiten Weltkrieg bilden, ist die größte Sammlung jüdischer Literatur in ganz Ostmitteleuropa.
Unzulängliche Magazine, feuchte Wände, Pilzfraß und Schimmel bedrohen die Substanz des Archivguts, der Bücher und Zeitschriften, aber auch der Bilder und Grafiken, der übrigen Kunstwerke, Kultgeräte und Erinnerungsstücke im Museum des Instituts. Die Anfänge, die bei der Restaurierung gemacht wurden, insbesondere im musealen Bereich und im Ringelblum-Archiv, sind imponierend, aber kaum mehr als der Tropfen auf dem heißen Stein. Abgesehen von den Kosten der Sanierung des Gebäudes steht als dringendste Aufgabe die Konservierung des wertvollsten Schriftguts an. Das sind zunächst 400000 Blatt Papier. Jede Seite kostet 60000 Zloty (etwa

---

[4] Emmanuel Ringelblum, Polish-Jewish Relations during the Second World War, edited by Joseph Kernish and Shmuel Krakowski, New York 1976; Emanuel Ringelblum, Ghetto Warschau. Tagebücher aus dem Chaos, Stuttgart 1967.

8,50 DM). Nur Mäzene und Spender aus dem Ausland können Hilfe bringen. Sie sind aufgerufen, ein Kulturdenkmal von Weltrang zu retten, das an Auszehrung und Interesselosigkeit zugrunde zu gehen droht. Ein amerikanischer Mäzen, die Ronald S. Lauder Foundation, hat sich für das Institut bereits engagiert, weitere Freunde werden dringend gesucht.

Weniger spektakulär als die Ruinen von Auschwitz, für deren Erhaltung sich die Medien der Bundesrepublik zu Recht einsetzen, ist die Bewahrung und Sicherung des Jüdischen Historischen Instituts in Warschau eine nicht minder wichtige Aufgabe. Allein mit dem bewegenden Engagement der neuen Generation, die seit kurzem für das Institut verantwortlich ist kann das Institut nicht gerettet werden. Mit der Hingabe der Frauen und Männer der ersten Stunde, der letzten Überlebenden des Holocaust auf polnischem Boden wurde das Haus über die Krisen der vergangenen Jahrzehnte hinweg erhalten. Aber nur mit ehrenamtlichem Einsatz vieler Mitarbeiter, ohne das Geld für die Sicherung der materiellen Substanz werden die Tage des Instituts gezählt sein.

Es gibt ein jüdisches historisches Institut von vergleichbarer wissenschaftlicher und kultureller Bedeutung: das 1925 im damals polnischen Wilna gegründete Jüdische Wissenschaftliche Institut (YIVO), das sich in New York neu etablieren konnte, nachdem den Mitarbeitern 1940 die Flucht und die Rettung des Archivs und der Bibliothek gelang. Mit dem YIVO Institute for Jewish Research, das heute in New Yorks Fifth Avenue residiert, blieb zwar ein bemerkenswerter Teil ostjüdischen Erbes erhalten, aber nicht auf europäischem Boden. Um so wünschenswerter ist es, daß die Bestände des Warschauer Instituts beisammen bleiben und am angestammten und angemessenen Standort genutzt werden können.

Wenn die Rettung nicht gelingt, wäre der Ausverkauf der wertvollen Bestände die Folge. Nach USA, Israel und anderen Ländern verstreut, würde man vielleicht in den großen Institutionen, deren Aufgabe in der Bewahrung jüdischer Kultur und der Erinnerung an den Holocaust liegt, das Ringelblum-Archiv oder einzelne Handschriften wiederfinden, aber der Zusammenhang wäre zerstört. Das letzte Monument jüdischer Geistigkeit wäre von dem Boden, auf dem sie am reichsten blühte und Früchte trug, verschwunden. Und mit dem Untergang des Warschauer Jüdischen Historischen Instituts wäre auch ein unersetzbares Stück Erinnerung an das Leben und Überleben der Juden in Polen verloren. Rasche Hilfe tut not[5].

---

[5] Kontakte sind möglich und erwünscht über die Direktorin des Instituts, Grazyna Pawlak, oder über die Leiterin der Forschungsabteilung, Alina Cala, unter folgender Adresse: Zydowski Instytut Historyczny, ul. Tłomackie 3/5, 00-090 Warszawa. Tel./Fax: 0048 – 22-278372.

Hans Landauer

Österreichische Spanienkämpfer in deutschen Konzentrationslagern

Unter den in deutschen Konzentrationslagern festgehaltenen Spanienkämpfern stellten die Österreicher mit 458 Häftlingen das stärkste Kontingent. Sie trugen, wie alle politischen Häftlinge, den roten Winkel. Ihre Häftlingskarte war jedoch zusätzlich mit dem Vermerk „RSp“ als Abkürzung für „Rotspanienkämpfer“ versehen. In einigen Aspekten darzustellen, wie es zu diesem großen Anteil an Österreichern kam und wie das Verhalten verschiedener Gruppierungen von Häftlingen, beispielsweise von Kommunisten, Sozialisten, Parteilosen, untereinander und zueinander war, ist Ziel dieses Beitrags aus der Feder eines Angehörigen dieser Gruppe.

Der Weg nach Deutschland

Der Weg der österreichischen Spanienkämpfer aus den französischen Internierungslagern in die deutschen Konzentrationslager ist schnell skizziert. Der Spielraum der eigenen Entscheidungsfreiheit war hierbei in erster Linie aufgrund der Haltung der Regierungen der demokratischen Länder Westeuropas nicht sehr groß. Die Regierungen weigerten sich nach der Niederlage der Spanischen Republik, ehemalige Interbrigadisten aufzunehmen. Insbesondere die Haltung der französischen Regierungen aller Couleurs von 1939 bis 1945 wäre eine genauere, wissenschaftliche Untersuchung wert.
Nach Kriegsausbruch 1939 befanden sich im französischen Internierungslager Gurs, in dem alle Interbrigadisten konzentriert waren, noch 4500 Personen. Die größten nationalen Gruppen stellten die Polen, Italiener und Deutschen sowie mit jeweils 450 Mann an vierter Stelle die Tschechen und Österreicher. Für Polen und Tschechen trat nach Kriegsausbruch eine gravierende Änderung ein. Ihre Exilregierungen schickten Offiziere oder Regierungsbeauftragte, um ihre Landsleute zum Kampf gegen Hitler zu mobilisieren. Dadurch und durch die zwangsweise Rekrutierung von Internierten für die französischen Arbeitskompanien – Prestataires – verringerte sich die Zahl der Internierten drastisch. Die Tschechen wurden in der Folge en bloc unweit von Argelès in Agde konzentriert und traten zum Großteil in die in England aufgestellten tschechischen Armee-Einheiten

ein. Für die Polen galt ähnliches. Sie, die Italiener und die aus dem Saargebiet stammenden Deutschen hatten gegenüber anderen Internierten noch den Vorteil, daß viele von ihnen vor ihrem Engagement in Spanien bereits längere Zeit entweder als politische Emigranten oder Bergarbeiter in Frankreich oder im belgischen Kohlenrevier gelebt hatten, so die französische Sprache zumindest gut genug für den täglichen Umgang beherrschten und dort auch einen Freundeskreis oder gar Familie hatten. Sie konnten sich also nach einer eventuellen Flucht aus dem Lager ohne größere Schwierigkeiten bewegen und auf die Hilfe von Freunden rechnen. All diese Vorteile trafen auf die österreichischen Spanienkämpfer nicht zu.
Diese Österreicher saßen nach der Kapitulation Frankreichs entweder noch interniert oder als Prestataires kaserniert im Süden Frankreichs in der Falle. Die in den Lagern Argelès sur Mer, Le Vernet und der Pyrenäenfestung Mont Louis Internierten wurden von der profaschistischen, kollaborationswilligen Vichy-Regierung ernährungsmäßig schlechter versorgt als KZ-Häftlinge in den Jahren 1941 und 1942 in Dachau. Ständig drohte die Anwendung des Auslieferungsparagraphen des Waffenstillstandsabkommens von Compiègne oder die Deportation zum Bau der Transsaharabahn nach Djelfa. In dieser Lage trafen manche ehemalige Spanienkämpfer auf Anregung von kommunistischer Seite hin Entscheidungen, die nach dem Überfall auf die Sowjetunion, als sich der „Imperialistische Krieg" in den Köpfen der kommunistischen Theoretiker in den „Großen Vaterländischen Krieg" verwandelt hatte, sicherlich nicht mehr getroffen worden wären. Doch damals glaubte mancher an die Realisierung der illusionistischen KPÖ-Parole „Gesicht zur Heimat", mit der die unbelasteten Mitglieder aufgefordert wurden, zur „politischen Arbeit" nach Hause zu fahren. Anders gesagt: Der Maquis, der Widerstand in Frankreich, kam für die meisten österreichischen Spanienkämpfer um zwei Jahre zu spät. Hauptsächlich aus diesen Gründen stellten die Österreicher das größte Spanienkämpferkontingent in den Konzentrationslagern Hitlers.

Dachau und Groß-Rosen

In der Heimat erwartete sie unterschiedliche Behandlung, deren Grund wohl für immer ein Geheimnis bleiben wird, und die Einlieferung in ein KZ. „Rechtliche" Grundlage dafür war der Erlaß des Chefs der Sicherheitspolizei und des SD vom 25. September 1940, in dem alle Staatspolizeileitstellen und andere Dienststellen angewiesen wurden, reichsdeutsche und ausländische ehemalige „Rotspanienkämpfer" „grundsätzlich" festzunehmen und „mindestens für die Dauer des Krieges" über diese die Schutzhaft zu verhängen, soweit nicht Gerichtsverfahren gegen sie anhängig waren. Weiter hieß es in diesem Erlaß, von der Wehrmacht gefangengenommene „ehemalige Rotspanienkämpfer" ausländischer Nationalitäten, auch spanische

Staatsangehörige, müßten auf Befehl des Führers aus der Kriegsgefangenschaft entlassen, der Geheimen Staatspolizei überstellt und in Schutzhaft genommen werden.
Die Einvernahmen verliefen je nach politischem background der Vernommenen und der jeweiligen Laune des Beamten[1]. Nach ähnlichen Gesichtspunkten dürfte auch die Einweisung in ein KZ vorgenommen worden sein. Es gibt keinen Hinweis auf eine Methodik der Einweisung. So unterscheiden sich die Wege der Einlieferung österreichischer Spanienkämpfer nach Groß-Rosen stark voneinander und spiegeln damit die herrschende Willkür wider[2]. Von den elf in Groß-Rosen gewesenen österreichischen Spanienkämpfern überlebten nur zwei[3]. Das Schicksal eines der beiden – Wilhelm Lackner[4] – zeigt, daß die von der Heimatgestapo festgelegte Zuteilung in eine bestimmte Lagerstufe vom Wirtschafts- und Verwaltungshauptamt der SS nicht als bindend betrachtet wurde. Die Lagerstufe konnte aber für das Überleben ausschlaggebend sein. Wäre Lackner nicht bis zum Skelett abgemagert nach Internierungen in mehreren KZ von Groß-Rosen wieder zurück nach Dachau gekommen, hätte er den Tag seiner Befreiung sicherlich nicht erlebt. Die Ankunft völlig abgemagerter Häftlinge aus anderen KZ führte uns bereits 1941/42 vor Augen, daß nur in den Lagern, in denen politische Häftlinge Positionen wie Block- und Stubenältester, Kapostellen in den Arbeitskommandos und Schreibstubendienste innehatten, also Funktionshäftlinge waren, sich Verhältnisse etablieren konnten, die Vorteile für die Allgemeinheit brachten und auch das Überleben von Angehörigen einer politischen Gruppe möglich machten.

---

[1] In Wien besorgten Referent Kriminalobersekretär Theodor Thellmann oder einer seiner Mitarbeiter die Einvernahmen, in Graz jener Gestapobeamte Stelzl, der schon vor 1938 bei der Abteilung I der Grazer Polizeidirektion gegen die in die Illegalität getriebene österreichische Arbeiterbewegung tätig war.

[2] Es dürfte purer Zufall sein, daß Franz Kasteiner, Josef Zwonaritsch, Rudolf Kumhera, Franz Tapeiner und ein gewisser Bieglmeier, alle fünf ehemalige Franco-Gefangene, nach ihrer Auslieferung an Deutschland nicht wie die meisten anderen österreichischen Spanienkämpfer nach Dachau, sondern nach Groß-Rosen gekommen sind, wo sie innerhalb Jahresfrist verstarben. Nur Kumhera starb am 26.8. 1942 in Dachau – wenige Tage nach seiner Überstellung dorthin.

[3] Ernst Steiniger kam nach nur dreimonatigem Aufenthalt in Groß-Rosen – 26.10. 1941 bis 17.1. 1942 – am 18.1. 1942 nach Dachau und erlebte die Befreiung. Er starb jedoch 1950 im Alter von 34 Jahren an den Spätfolgen der Haft.

[4] Wilhelm Lackner war am 3.8. 1940 als erster österreichischer Spanienkämpfer, der unter diesem Titel eingeliefert wurde, als Häftling Nummer 14.318 nach Dachau gekommen. Bereits am 30.8. 1940 wurde er nach Sachsenhausen und von dort vermutlich Anfang 1941 nach Groß-Rosen und schließlich wieder nach Dachau überstellt. Er wurde am 28.10. 1943 aus der Haft entlassen. Sein weiteres Schicksal konnte nicht verfolgt werden.

Ankunft in Dachau

Erster österreichischer Spanienkämpfer in Dachau war der Tischlergeselle Julius Halpern. Er war im Juli 1937 aus Spanien zurückgekehrt und kam im Juni 1938 mit dem dritten Transport österreichischer Juden erst nach Dachau und von dort im September 1938 nach Buchenwald. Als die ersten Gruppen österreichischer Spanienkämpfer im Jahre 1940 in Dachau eintrafen, erfolgte die Aufteilung innerhalb des Lagers offenbar wiederum willkürlich. Einige kamen sofort in die Isolierung, in den Strafblock. Ab Sommer 1941 wurden sie auf bestimmte Lagerblöcke konzentriert[5].
Die ersten zehn von insgesamt 384 nach Dachau eingewiesenen österreichischen Spanienkämpfern trafen im Sommer 1940 ein. Bis zum 30. April 1941 kamen weitere 72 Mann entweder als „Einzelreisende" oder in Gruppen. Am 1. Mai 1941 erreichte die größte geschlossene Gruppe Dachau: 145 Österreicher, die sich in den südfranzösischen Lagern Le Vernet und Mont Louis über Aufforderung der in diesen Lagern tätig gewesenen Funktionäre der KPÖ zu einer freiwilligen Repatriierung entschlossen hatten. Sie wurden via Karlsruhe direkt nach Dachau überstellt. Nachdem am 6. Juni 1941 noch 23 Mann aus Wien und zum Jahreswechsel 1941/42 Franco-Gefangene via Hendaye auf dem Landweg durch das besetzte Frankreich nach Dachau eingeliefert worden waren, war die große Einweisungswelle abgeschlossen. In den folgenden zwei Jahren folgte ein Dutzend Nachzügler, meist jüdische Spanienkämpfer, die ebenfalls dem Aufruf der KPÖ nachgekommen waren, „in der Heimat politische Arbeit zu leisten", darunter Ludwig Beer, der am 20. September 1944 im Krematorium von Dachau gehenkt wurde. Als letzter österreichischer Spanienkämpfer kam Hans Bily am 13. November 1944. Er hatte die Häftlingsnummer 126.446.

Arbeitskommandos

Die Zuteilung zu Arbeitskommandos war für das Überleben von entscheidender Bedeutung. Aus der Chronologie und Art der von mir erlebten Arbeitskommandos geht das deutlich hervor[6]. Alle Spanienkämpfer hatten

---

[5] Von September 1941 bis August 1942 wurden sie in den Blöcken 8 und 24 konzentriert, ab April 1943 auf die den deutschen Häftlingen vorbehaltenen Blöcke 2, 4, 6 und 8 aufgeteilt.

[6] In diesem Zusammenhang möchte ich kurz die die Wahrscheinlichkeit des Überlebens erhöhende Qualität der Leistung bei individuellen Arbeitseinsätzen erwähnen. In Dachau wurden beispielsweise drei Häftlinge des Kommandos Präzifix – darunter zwei Spanienkämpfer – von jenem Fabriksdirektor, dem sie als Arbeitssklaven zugewiesen waren, wegen „Arbeitssteigerung" ausgezeichnet. Gerade darüber sollte nicht vorschnell negativ geurteilt werden. Ich selbst begann in Dachau im Kommando Gleisumbau, was beim Dachauer Kaloriensatz eine Le-

nach ihrer Einlieferung eine besonders schwierige Phase durchzustehen. Die Hilfsmöglichkeiten, die uns die meisten alten politischen Häftlinge im Rahmen ihrer Möglichkeiten angedeihen ließen und an die wir uns heute noch mit großer Dankbarkeit erinnern, waren beschränkt. Doch aufmunternde Worte und das Wissen, Freunde um sich zu haben, auf deren Solidarität man sich verlassen konnte, halfen. Vielleicht erklärt sich daraus auch der Umstand, daß es in Dachau unter den Spanienkämpfern – nicht einmal unter den anfangs in die Strafkompanie eingelieferten[7] – keinen Selbstmörder gab.

Das Überleben erleichtert hat aber auch die Umwandlung der auf deutschem Boden existierenden KZ von Lagern, in denen politische Gegner durch sinnlose, im Laufschritt durchzuführende Arbeit dezimiert wurden, in Reservoire für die deutsche Kriegsindustrie. Diese Entwicklung schlug sich in einem lawinenartigen Anwachsen von Außenkommandos nieder. Sie entstanden in geographischer Nähe zu Kriegsindustrien, und die Häftlinge waren zu 95 Prozent Angehörige der von Deutschland besetzten Länder. Die beim Aufbau der Nebenlager notwendigen Handwerksarbeiten bewirkten Veränderungen im Hauptlager, da relativ „gute" Arbeitskommandos unter anderem mit Spanienkämpfern nachbesetzt wurden.

Die Einflußsphären waren in Dachau klar abgesteckt. Der Kräutergarten, besser als Kommando „Plantage" bekannt, war mit seiner normalen Kommandostärke von 350 Häftlingen – im Sommer und Herbst bei Jät- und Erntearbeiten bis zu 1200 – fest in der Hand deutscher und österreichischer Konservativer. Der Häftlingskrankenbau, das Revier, war unter sozialdemokratischer Dominanz. Dort fanden auch österreichische Spanienkämpfer dieser Parteirichtung ihren „Arbeitsplatz"[8]. In Arbeitskommandos mit mehrheitlich qualifizierten Facharbeitern herrschte das proletarische Element vor, somit waren Kommunisten und Sozialisten in führenden Häftlingspositionen[9]. Die meisten Spanienkämpfer kamen von Kommandos wie Gleis-, Garagen- und Straßenbau, in dem die schwere Straßenwalze

---

benserwartung von maximal 9 Monaten bedeutete. Anschließend kam ich als Kohlenschaufler – eine Arbeit, die meist unter Dach vor sich ging und daher die Überlebenschance erhöhte – zur Porzellanmanufaktur 2. Nachdem ich dem Kommando Porzellanmanufaktur 1 zugeteilt worden war, durfte ich aufgrund meiner Kunstfertigkeit, die kompliziertesten Figuren zu modellieren, nicht in ein anderes, schlechteres Kommando oder in ein anderes KZ überstellt werden. Ich stehe auch heute nicht an zu sagen, daß ich mich bemühte, gute Arbeit zu liefern, umsomehr als die Produkte nicht kriegswichtig waren. Die Arbeit war mein Leben – im wahrsten Sinne des Wortes.

7 Stefan Gut, Schwerkriegsinvalide, Wien; Ferdinand Selinger, Villach; Willy Reitzmayr, Linz; Robert Kramer, Graz.

8 Vinzenz Seiser, Sebastian Wrudlich, Friedrich Zahradka und Josef Schneeweiss.

9 Ernst Kuntschik übte beispielsweise im Kommando Bekleidungslager 2 die Kapo-Funktion aus, wodurch er weitere Spanienkämpfer „nachzog" (Hans Imlinger, Hermann Krammer, Peter Brazda).

von Häftlingen gezogen werden mußte, von Kommandos wie Kiesgrube, „Plantage", Lagergärtnerei und „Moor-Express", ein Karren auf Rädern, auf dem u. a. die Toten zum Krematorium transportiert wurden, den sechs Häftlinge in der Art der Wolgaschiffer ziehen mußten, nur sehr langsam in „bessere" Kommandos oder zumindest an überdachte Arbeitsstellen. Letzteres linderte das Leiden an der Kälte, und da der ständige Hunger das zweite Hauptproblem darstellte, galten die nur für wenige erreichbaren Arbeitsplätze Bäckerei und Fleischerei als „Traumkommandos". An der allmählichen Überstellung der Spanienkämpfer in Kommandos mit besseren Überlebenschancen hatte beispielsweise der Kommunist Josef „Martin" Presterl einen nicht zu überschätzenden Anteil, wobei er über Parteigrenzen hinweg hilfreich war[10]; 1948 wurde er in Jugoslawien nach einem Schauprozeß liquidiert, ohne daß ehemals Unterstützte helfend einzugreifen versuchten. Etwa im Sommer 1942 dürfte die Eingliederung der österreichischen Spanienkämpfer in die vorgegebenen Lagerstrukturen Dachaus abgeschlossen gewesen sein. Einige kamen in die Kommandos Porzellanmanufaktur 1 und 2 sowie den Rüstungsbetrieb Präzifix[11], in denen die Überlebenschancen besser waren, einige gar in die Häftlings- oder SS-Küche, die Bäckerei und die Konservenfabrik Wülfort[12]. Letzteres, in dem mit 14 Mann zeitweise ca. ein Viertel der Besatzung aus österreichischen Spanienkämpfern bestand, sowie das Kommando Präzifix wurden in der Folge durch neu gebaute Unterkünfte faktisch zu Außenkommandos, wodurch die im Hauptlager bei jedem Wetter abgehaltenen Morgen- und Abendappelle wegfielen.

„Invalidentransporte"

Als im Sommer 1941 in Dachau das Gerücht aufkam, daß für Invalide Sonderlager mit leichter Arbeit eingerichtet würden, machte sich unter den deutschsprachigen politischen Häftlingen sofort Skepsis breit. Wie sollte

---

[10] Josef Schneeweiss, der in Wien vom Volksgerichtshof wegen Vorbereitung zum Hochverrat zu einer Zuchthausstrafe verurteilt worden war, kam am 9.2.1942 aus Stein nach Dachau. Unmittelbar nach seiner Ankunft, als er noch keinem Arbeitskommando zugeteilt war, wurden die Neuzugänge zu einem Transport in ein anderes Lager zusammengestellt. Der Kommunist Presterl holte den Sozialisten Schneeweiss aus dem Transport. Dieser kam später nach Zuteilungen in die Kommandos Lagergärtnerei und Moor-Express als ehemaliger Medizinstudent in den Häftlingskrankenbau. Er konnte vielen Häftlingen, darunter auch mir, helfen und überlebte.

[11] Rudolf Berger, Josef Valter, Karl Glanz, Ferdinand Hackl, Franz Willinger, Franz und Willy Fritz, Franz Brandstätter, Karl Panzenböck, Wilhelm Hofer, Vinzenz Paar, Johann Kornbauer, Johann Barczay, Karl Galbawy, Heribert Kreuzmann.

[12] Karl Hunek, Franz Käfer, Hermann Leitner, Johann Sallitsch, Gottfried Vallant, Karl Tichy, Johann Ranich, Willy Kristufek, Johann Ratzer, Josef Gansch.

man das mörderische Verhalten der SS im Lager mit der plötzlich auftauchenden Fürsorge für Invalide in Einklang bringen? Im September desselben Jahres kam es dann zu den ersten Selektionen. Alle Häftlinge mußten mit nacktem Oberkörper an einigen SS-Offizieren vorbeigehen, und Funktionshäftlinge aus der Schreibstube hatten die Selektierten zu registrieren. Unerfahrene Häftlinge ließen sich anfangs durch das erwähnte Gerücht dazu verleiten, selbst auf kaum sichtbare Gebrechen hinzuweisen[13]. Als die Häftlingsschreibstube den Auftrag bekam, von den im Januar 1942 mit „Invalidentransporten" Abgegangenen[14] in kurzen Abständen Todesmeldungen zu schreiben, die als Todesursache „Entkräftung" in Dachau und andere offensichtliche Lügen auswiesen, wußten wir, die „Invalidentransporte" führten in den Tod, wobei sogar noch der Todesort verschleiert wurde[15]. Letztes Opfer unter den österreichischen Spanienkämpfern dieser unter der Tarnbezeichnung 14f13 durchgeführten Massentötung war der Wiener Heinrich Grünanger[16]. Er verließ Dachau am 10. August 1942 und war sich seines Schicksals voll bewußt.

---

[13] Richard Holleis, Salzburger Spanienkämpfer mit der Häftlingsnummer 24.356, machte die SS-Leute auf eine Bruchoperation aufmerksam. Prompt wurde er registriert. Er war Jahrgang 1910, im März 1941 nach Dachau gekommen und in relativ guter körperlicher Verfassung, als er mit einem der ersten „Invalidentransporte" am 20.1. 1942 abtransportiert wurde. Wenige Tage später bekam die Häftlingsschreibstube den Auftrag, ihn als in Dachau an Entkräftung Verstorbenen abzuschreiben.

[14] Josef Binder, Benedikt Fantner, Josef Gruber, Josef Kneissl, Otto Kraus.

[15] Bei allen war als Todesort Dachau angegeben, obwohl sie nachweislich Tage oder Wochen vorher abtransportiert worden waren. Dies läßt sich heute anhand der Invalidentransportlisten nachvollziehen. Die größte Zeitdifferenz läßt sich bei Otto Kraus feststellen. Er verließ Dachau am 27.1. 1942. Seinen Angehörigen wurde vom Standesamt Dachau II eine Sterbeurkunde mit Todestag 8.4. 1942 übermittelt.

Franz Reisel sowie die Grazer Franz Selbert und Karl Schwarz gingen im Februar 1942 auf „Invalidentransport". Schwarz war als Jahrgang 1885 der älteste österreichische Spanienkämpfer. Er war Angehöriger des Internationalen Sanitätsdienstes gewesen. In seiner Dienstbeschreibung vom 30.11. 1938, die in Barcelona nach der Demobilisierung der Internationalen Brigaden erstellt wurde, heißt es: „Kam am 17. Februar 1937 nach Spanien und trat in den Internationalen Sanitätsdienst ein. Zu alt für die Front. Hat seine Arbeit gut gemacht."

Johann Strasser und Ludwig Stöhr gingen am 2.3. 1942 gemeinsam auf Transport, während Wilhelm Oswald einen Tag später folgte. Bei ersterem hieß es in der ausgestellten Sterbeurkunde, daß er am 16.4. 1942 in Dachau an Herz- und Kreislaufversagen verstorben sei. Bei Ludwig Stöhr kam angeblich noch eine Lungenentzündung hinzu.

[16] In seiner Sterbeurkunde, die am 22.8. 1942 ausgestellt wurde, lautete die Todesursache „eitrige Mandelentzündung".

Überstellung in ein anderes Lager

Wer in ein Dachauer Arbeitskommando mit relativ guten Überlebenschancen eingeteilt war, mußte dennoch ständig die Überstellung in ein anderes Lager fürchten, so man nicht im erlernten Beruf arbeitete oder sich sonstwie, sei es durch illegale Dienstleistungen für SS-Führer, „unabkömmlich" gemacht hatte. Als man 1942 in Auschwitz zur Bekämpfung einer Typhusepidemie Krankenpfleger benötigte, ging eine Gruppe mit Hermann Langbein und einige Monate später noch eine weitere Gruppe[17], der ebenfalls Spanienkämpfer angehörten, dorthin auf Transport. Allen sagte man ein enges Verhältnis zur KPÖ oder KPD nach. Welch positive Rolle Hermann Langbein in Auschwitz spielte, ist bekannt. Heribert Kreuzmann, Blockältester im Häftlingskrankenbau des Stammlagers Auschwitz, mußte sich nicht nur gegen die SS-Ärzte, sondern mehr noch gegen den Antisemitismus der polnischen Funktionshäftlinge zur Wehr setzen, als er „Arier und Juden auf dieselben Krankenstuben verlegen wollte".
Am 28. Januar 1944, als man im Lager Majdanek bei Lublin für die dort im Zuge der Endlösung ermordeten jüdischen Handwerker Ersatz benötigte, wurden von Dachau aus 120 Handwerker, meist Tischler und Schlosser, in Gang gesetzt. Wegen des Vormarsches der Roten Armee blieb die Gruppe, der fünfzehn österreichische Spanienkämpfer angehörten, nicht lange in ihrem neuen Wirkungskreis. Für die meisten von ihnen war der Weg bis Kriegsende eine Odyssee durch Deutschlands Konzentrationslager[18]. Als letzte größere Gruppe gingen am 25. September 1944 zwanzig österreichische Spanienkämpfer[19] vom Einlieferungslager Dachau auf Transport nach Buchenwald.

Entlassungen, Flucht und Liquidierung

Entlassungen erfolgten ab März 1942 und in einem etwa gleich hohen Prozentsatz wie bei anderen politischen Häftlingen. Aus Dachau wurden sie-

---

[17] 19.8. 1942: Hermann Langbein und 16 andere Dachauer Pfleger, darunter deutsche Spanienkämpfer.
29.3. 1943: 23 Pfleger, darunter die österreichischen Spanienkämpfer August Papalecca, Rudolf Hejda, Heribert Kreuzmann, Ludwig Schmickl und Karl Linhart.

[18] Beim ersten Evakuierungsmarsch von Lublin am 22.7. 1944 flohen Martin Menczigar und Walter Udouc, versteckten sich bei einem polnischen Bauern und kamen in russische Kriegsgefangenschaft. Rudolf Kubasek erlebte seine Befreiung im Außenlager Nossen des KZ Flossenbürg und Lambert Kozak in der Festung Theresienstadt.

[19] Johann Anderl, Johann Grossegger, Josef Hackel, Eduard Haider, Franz Koller, Karl Korab, Hans Koroschitz, Robert Kramer, Method Palas, Josef Pergher, Franz Pflanzl, Josef Purecek, Josef Rebernigg, Florian Reithner, Otto Rudolf, Johann Schmidl, Anton Singer, Franz Svoboda, Herbert Töfferl. Robert Kramer starb im März 1945 im KZ Dora-Mittelbau.

ben Mann entlassen[20], einzelne aus Sachsenhausen, Natzweiler, Hinzert und Flossenbürg[21]. Alle kamen zu militärischen Strafeinheiten.
Obwohl die Flucht aus einem Hauptlager schwer war, bildete das anschließende Untertauchen, das Leben danach das noch größere Problem. Selbst Gegner des Regimes konnten und wollten manchmal nicht helfen, da das Risiko zu groß war. Doch ohne solche Hilfe war jede Flucht zum Scheitern verurteilt.
Als erster versuchte der immer unberechenbare Josef „Pepi“ Vocilka am 15. Juli 1943 die Flucht aus Dachau und scheiterte. Seinen restlichen Lageraufenthalt überstand er mit einem Fluchtpunkt versehen in der Dachauer Isolierung dank der Solidarität der Spanienkämpfer und kraft seiner schier unverwüstlichen Konstitution. Drei Mann – unter ihnen Sepp Plieseis – gelang die Flucht aus dem Außenkommando Hallein aufgrund der guten Vorbereitung und der Hilfe durch ortsansässige Fluchthelfer[22]. Anderen glückte im Chaos des unmittelbar bevorstehenden Zusammenbruchs der nationalsozialistischen Herrschaft die Flucht[23]. Franz Primus und Josef Meisel hatten bei ihrer Flucht aus einem Außenkommando des KZ Sachsenhausen im Mai 1944 bzw. aus Auschwitz im Juli 1944 triftige Gründe: Ersterer stand unmittelbar vor der Rücküberstellung ins Hauptlager zwecks Vernehmung in der Politischen Abteilung, Josef Meisel hatte, da er illegal und unter falschem Namen nach Österreich zurückgekommen war, jeden Tag mit seiner Exekution zu rechnen. Beide konnten sowohl bei ihrer Flucht als auch später in der Freiheit auf Hilfe von Sympathisanten bauen. Von den tragisch verlaufenen Fluchtversuchen sei derjenige von Johann Hübl und Otto Konvalin am 9. Februar 1945 aus dem Außenkommando Neustift im Stubaital erwähnt. Hübl erstickte beim Aufstieg zur Starkenberghütte, in der sich beide bis Kriegsende verbergen wollten, in einer Lawine. Der geschockte Kon-

---

[20] Wilhelm Lackner, Rudolf Bischoff, Franz Jäger, Othmar Fenzl, Alois Grünberger, Willy Reitzmayr, Josef Matyas.

[21] Fritz Endl war über Sachsenhausen nach Flossenbürg gekommen und wurde dort entlassen. Josef Wiesmaier wurde aus Sachsenhausen, Karl Heinz Bauer aus dem Lager Hinzert und Franz Gutmann aus Natzweiler entlassen, wohin er aus Dachau gekommen war.
Zu Fritz Endl und Josef Wiesmaier wäre noch zu sagen, daß sie zu der Gruppe von Franco-Gefangenen gehörten, die schon 1939 auf dem Seeweg an Deutschland ausgeliefert worden waren. Endl figurierte in Spanien unter dem Falschnamen Fritz Bobek. Bei dieser Gruppe befanden sich noch Franz Berger, Josef Ganner, Leopold Gründonner und Franz Primus. Sie kamen am 2.8. 1939 per Schiff nach Bremen und wurden nach Einvernahme im Reichssicherheitshauptamt in Berlin in das KZ Sachsenhausen eingeliefert, von wo Ganner 1941 über das Lager Neuengamme nach Dachau kam.

[22] Sepp Plieseis flüchtete am 23.9. 1943, Leo Jansa am 10.11. 1944 und Alfred Hammerl am 23.12. 1944. Fluchthelferin war Agnes Primosic.

[23] Fritz Riegler, 28.4. 1945, Außenkommando Mühldorf; Adam Puntschart, 23.3. 1945, Außenkommando Überlingen nach Schaffhausen in der Schweiz; Karl Poltschek, 26.4. 1945, gemeinsam mit einem SS-Mann zur anrückenden US-Armee.

valin versteckte sich in Neustift in einem Schuppen, wo er von der SS entdeckt und auf der Stelle erschossen wurde. Er ist der einzige Spanienkämpfer, bei dem die damalige und oft mißbräuchlich verwendete Terminologie „auf der Flucht erschossen“[24] zutrifft.
Einige Spanienkämpfer wurden auf „administrativem Wege“ liquidiert[25], andere nach dem Aufstandsversuch und der Besetzung des Dachauer Rathauses am 28. April 1945 erschossen[26]. Keine Überlebenschance hatten die aus dem unbesetzten Teil Frankreichs mit Hilfe der profaschistischen Pétain-Behörden zwangsweise nach dem Osten abtransportierten österreichischen jüdischen Spanienkämpfer. Sie kamen entweder direkt in die Gaskammer oder starben an den unmenschlichen Arbeitsbedingungen in den Nebenlagern von Auschwitz[27].
Glück und Zufall schienen oft über Leben und Tod zu entscheiden. An einigen Schicksalen läßt sich zeigen, daß die Solidarität unter Spanienkämpfern und anderen politischen Gefangenen entscheidenden Einfluß auf die Überlebenschance hatte. So kam Paul Jellinek, der als Dolmetscher bei der Deutschen Wehrmacht in Nimes beschäftigt war, nach seiner Enttarnung und Verhaftung nach Auschwitz. Dort traf er im Nebenlager Jawischowitz auf den deutschen Spanienkämpfer Kurt Goldstein, der ihm das Leben rettete[28].

Spanienkämpfer und Spanier

Zu den in Dachau Inhaftierten zählten auch Spanier, die allesamt republikanische Flüchtlinge waren. Sie waren entweder ehemalige Soldaten der Spanischen Volksarmee, die als Angehörige der Französischen Fremdenle-

---

24 Die Spanienkämpfer Gottfried Ochshorn und Anton Geider waren im Lager Mauthausen österreichische Opfer dieser Mordpraxis.

25 Ludwig Beer, 20. 9. 1944; René Hajek, 28. 3. 1945; Franz Storkan, 7. 4. 1945; Gustav Teply, 7. 4. 1945; alle im Krematorium Dachau. Rudolf Friemel am 23. 12. 1944 auf dem Appellplatz in Auschwitz, Ing. Walter Greif in Auschwitz und Anna Peczenik im Dezember 1944 in Buchenwald.

26 Anton Hackel und Erich Hubmann wurden deswegen am 28. 4. 1945 auf dem Rathausplatz erschossen.

27 Die Krankenschwester Auguste Guttmann, Josef Adler, Dr. Alfred Gold, Sioma Lechtmann, Hans Schorr, Hans Spielmann, Hermann Peczenik.

28 Auch die Schicksale von Wolfgang Hoffmann, Max Umschweif und Josef Meisel zeigen, wie oft Glück, das blinde Schicksal über Leben oder Tod entschieden: Als Dachau im Sommer 1941 „judenrein“ gemacht wurde, kam der Seemann und Muskelprotz Hoffmann nach Groß-Rosen, der eher schmächtige Jurist Umschweif nach Buchenwald. Hoffmann kam um. Umschweif wurde einem Maurerkommando zugeteilt, in dem auch der 18jährige jüdische Wiener Häftling Fritz Kleinmann arbeitete, und fand die zum Überleben notwendige Solidarität. Josef Meisel fand bei seiner Einlieferung in Auschwitz durch reinen Zufall sofort Kontakt zu Hermann Langbein und Rudolf Friemel, die in der Folge auch seine erfolgreiche Flucht mitorganisieren halfen. Seinen eigenen Fluchtversuch bezahlte Friemel einige Monate später mit seinem Leben.

gion oder als Prestataire in deutsche Kriegsgefangenschaft gekommen, zuerst in ein Kriegsgefangenenlager und von dort in ein KZ überstellt worden waren, oder Personen, die in Frankreich im Exil lebten und festgenommen worden waren. Manche von diesen waren zum Zeitpunkt der Emigration noch Kinder; daß sie Kinder spanisch-republikanischer Flüchtlinge waren, genügte für ihre Festnahme und Einweisung in ein KZ. Die Solidarität zwischen Spanienkämpfern und Spaniern war eine Selbstverständlichkeit. Da letztere meist nicht deutsch sprachen, waren Einführungen in die Tücken des Lagerlebens und Zuweisungen zu Arbeitskommandos, in denen ihr Sprachdefizit keine negativen Folgen hatte, besonders wichtig. Eine kleine Gruppe wurde zum Beispiel in der Porzellanmanufaktur 1 untergebracht. Im Häftlingskrankenbau konnte Spaniern, die in oft bemitleidenswertem Zustand beispielsweise aus Mauthausen nach Dachau gekommen waren, geholfen werden[29]. Solche Solidarität hatte für die Betroffenen einen im nachhinein nicht hoch genug einzuschätzenden Stellenwert.

Schlußbemerkung

Ich habe in diesem Aufsatz versucht, als Zeitzeuge über das Verhalten und Schicksal österreichischer Spanienkämpfer in deutschen Konzentrationslagern zu berichten. Ich kam während meiner sechsjährigen Inhaftierung nie in die Lage, über das Schicksal anderer Häftlinge zu entscheiden, und kann von dieser Warte aus resümierend berichten, daß ein Überleben nur dank der Solidarität innerhalb unserer Gruppe und dank derjenigen deutschen und österreichischen politischen Häftlinge möglich war, die bei unserer Einlieferung bereits Lagerfunktionen ausübten und sich solidarisch zeigten[30]. In Lagern ohne diese Voraussetzungen (wie in Groß-Rosen oder Neuengamme, wo man „nackt unter Wölfen“ war) erwiesen sich die Überlebenschancen als äußerst gering. Von den 458 in ein deutsches KZ eingewiesenen österreichischen Spanienkämpfern fanden 82 dort ihr Ende. Prozentuell gesehen war dies ein höherer Blutzoll als zwischen 1936 und 1939 in Spanien.

[29] Beispielsweise von Josef Schneeweiss, Sebastian Wrulich und Vinzenz Seiser.

[30] Es soll nicht verschwiegen werden, daß 1953 ein österreichischer Spanienkämpfer vom Volksgericht beim LG Wien nach § 4 KVG wegen seiner Tätigkeit als Kapo eines Außenkommandos des KZ Mauthausen zu einer Kerkerstrafe von sechs Monaten verurteilt wurde.

Jutta Neupert

„Ich fand den Weg nicht mehr zurück"

Die Geschichte der Halbjüdin Lola Sinz

1988 hat Lola Sinz in einem 36seitigen Manuskript ihre Lebensgeschichte zusammengefaßt. Sie schrieb den Bericht nieder, weil jüngere Bekannte sie immer wieder nach ihrem Leben als Halbjüdin im Dritten Reich fragten. Drei Jahre später suchte ich für einen Film Zeitzeugen, die unter der Naziherrschaft den Judenstern tragen mußten. Eine Kollegin vermittelte den Kontakt zu Frau Sinz. Sie erzählte mir ihre Geschichte als Trägerin des Judensterns und drückte mir ihr Manuskript in die Hand.
Carola Kronheimer wird 1910 in München geboren. Ihr Vater ist Jude, ihre Mutter Christin, blond, bildschön und 19 Jahre jünger als der Vater. Nach der Hochzeit war sie zum jüdischen Glauben konvertiert. „Ich bin das Schulbeispiel für einen Mischling, der nirgends ganz hingehört und nirgends ganz einzuordnen ist und ich bin aus einem sehr bürgerlichen, etwas spießigen Haushalt gekommen". Im Bücherschrank der Kronheimers stehen Thoma, Ganghofer, Marlitt oder Courths-Mahler. Verkehr mit anderen jüdischen Familien pflegen die Kronheimers ohne besondere Absichten kaum. Sie zählen zu den assimilierten Juden, die Weihnachten genauso ernsthaft feiern wie jüdische Feste. Vater Kronheimer ist national gesinnt. „Woran ich mich deutlich erinnere, ist die Zeit der Münchner Räteregierung 1919. Mein Vater wäre – so paradox das klingt – ein paar Jahre später wohl eher mit Hitler zur Feldherrnhalle marschiert, als sich mit den ‚Roten' der Rätezeit einzulassen, obwohl das fast alle Juden waren. Er hat die ‚Weißen', die unter Ritter von Epp die Räteregierung zerschlugen, mit Begeisterung begrüßt, sofort Einquartierung bei uns beantragt, obwohl wir in der kleinen Wohnung in der Schwanthaler Straße keinen übrigen Platz hatten."
Aus Carola wird Lola. Den Namen behält sie zeitlebens bei. Lola wächst behütet auf. Der Onkel Peppi, damals Geiger im Orchester des Hoftheaters, erteilt ihr den ersten Klavierunterricht. Antijüdische Stimmungen fürchtet auch die assimilierte Familie Kronheimer. Sie bemüht sich, dem latent vorhandenen Antisemitismus mit den verfügbaren finanziellen Mitteln auszuweichen. „Ich bin wie damals viele Kinder aus gutsituierten jüdischen Familien drei Jahre in eine Privatschule und erst im vierten Jahr in die öffentliche Volksschule gegangen, wohl weil alle unsere Eltern fürchteten, die Kinder wären anfangs nicht imstande, sich gegen Gehässigkeiten selbst zu wehren. Nach der 4. Klasse habe ich das Gymnasium besucht und eigentlich

kaum schlimme antisemitische Erfahrungen machen müssen. Es genügte mir schon, daß ich einzelne Mitschülerinnen auf Wunsch ihrer Eltern nicht in deren Wohnung besuchen und mit ihnen spielen durfte."

Nach der 6. Klasse Gymnasium scheidet Lola aus. Sie will Musik studieren und erhält Klavierunterricht von der „grauen Eminenz" der Münchner Musikszene in den 20er Jahren, von August Schmid-Lindner. 1928 wird sie in die Akademie der Tonkunst aufgenommen. Nach drei Jahren schafft sie die Prüfung in die Meisterklasse. In ihrem Zeugnis steht, sie sei eine der stärksten Begabungen in der Klasse von Schmid-Lindner. Damals lernt sie die Musikstudentin Agnes Forell kennen, „die für mich gewissermaßen eine ganz andere Welt vor mir aufgetan hat. Ich verkehrte in ihrem Elternhaus, ihr Vater war ein bekannter Arzt. Dort hatte man einen ganz anderen Gesichtskreis als bei mir zu Hause. Die Familie war kolossal musisch interessiert, über Philosophie und kulturelle Fragen wurde viel diskutiert. Es war eine ganz andere Atmosphäre. Ich bin dadurch sehr stark verändert worden."

Die beiden jungen Frauen gehen völlig in der Musik auf, schleichen sich in Orchesterproben namhafter Dirigenten, singen im Chor der Volkssymphoniekonzerte, leben „in einer Art von musikalischer Verzauberung". Lola ist stark motiviert. 1932 bringt sie zusammen mit einer Kollegin eine Komposition für zwei Klaviere von Karl Höller – „ein sehr haariges Stück" – zur Uraufführung. Die eigenwillige Interpretation fällt auf. Der Münchner Musikkritiker und Komponist Wolfgang von Bartels spricht sie an, wenig später verlieben sich der um 27 Jahre ältere Bartels und Lola ineinander. Beruflich wie privat folgen „Monate voller Seligkeit". Sechs Wochen, nachdem Hitler Reichskanzler geworden war, gibt Lola mit Rudolf Metzmacher, dem Solocellisten der Münchner Philharmoniker, ein Konzert. Sie spielen Cellosonaten von Bartels und Richard Strauß. „Wir bekamen sehr gute Kritiken, obwohl jedermann wußte, wer oder was ich war. Nur der ‚Völkische Beobachter' beschränkte sich auf die wohlwollende Beurteilung des Cellisten und verschwieg mich diskret."

Bald danach kam das offizielle Berufsverbot und der Ausschluß aus der Reichsmusikkammer. „Bartels erzählte mir am Telefon ganz verstört, daß man seinen Freund, den Geiger Jani Szanto, der Jude war, unter höchst unwürdigen Umständen aus der Akademie ‚entfernt' hatte, ihn mitten aus seinem Unterricht herausholte. Es wurde Ernst, was wir bisher gründlich unterschätzt hatten." Lola findet Aufnahme im Jüdischen Kulturbund. „Das war natürlich nur für uns ‚kleine Fische' eine Möglichkeit zur öffentlichen Musikausübung, die großen gingen schon sehr bald der Reihe nach ins Ausland. Im Kulturbund hatte ich wenig Konkurrenz. Ich wurde als Solistin nach Augsburg, Nürnberg und Würzburg engagiert, spielte in München gleichsam als Primadonna die Händelvariationen von Brahms, in welches Konzert sich sogar noch Schmid-Lindner und Bartels wagen durften. Ich gründete ein Klaviertrio, bekam Blumen, Liebesanträge und sogar einen

Heiratsantrag. Ich hatte Schüler und hielt Kinderkurse ab. Aber alles war doch nur ein Notbehelf. Ich war nicht glücklich dabei, war nicht in meinem Element. Interessant daran ist, daß ich damals eine kurze Zeit lang an die Möglichkeit eines Nebeneinanders glaubte."
Ein Vetter von Lola war 1933 in „Schutzhaft" genommen worden. „Als er nach einiger Zeit wieder auf freiem Fuß war, hat er zwar nichts erzählt, mich aber inständig beschworen, meine Beziehung zu Bartels zu lösen, weil ich mir keine Vorstellung von den Folgen machen könnte. Ich schlug die Warnung in den Wind und meinte, es würde schon nicht so schlimm werden. Aber von da ab bohrte die Angst in mir." Ab Herbst 1934 werden Lola und Bartels durch anonyme Telefonanrufe terrorisiert. Ein Jahr später verabschiedet der Deutsche Reichstag anläßlich des Reichparteitags der NSDAP die Nürnberger Gesetze, darunter auch das „Gesetz zum Schutz des deutschen Blutes und der deutschen Ehre". Die Halbjüdin Lola Kronheimer, die am 15. September 1935 noch der jüdischen Religionsgemeinschaft angehörte, definiert das Gesetz als Geltungsjüdin, die einem Volljuden gleichzustellen ist. Es verbietet die Mischehe sowie außereheliche Beziehungen zwischen „Ariern" und Juden. Verstöße dagegen erfüllen den Tatbetand der Rassenschande. „Das bedeutete praktisch, daß wir uns eigentlich nicht mehr hätten sehen oder sprechen dürfen. Wir haben uns dann nur mehr ganz, ganz heimlich getroffen, im Sommer irgendwo hinterm Aumeister und im Winter am Oberwiesenfeld, wo es ganz dunkel war und wo uns kein Mensch sah. Wir haben immer wieder Schluß gemacht, haben immer wieder Abschied voneinander genommen. Wir haben es immer wieder nicht mehr ausgehalten. Mit Hilfe von Freunden haben wir uns wieder verständigt und wieder irgendwo getroffen, aber es war ein fürchterlicher Zustand."
Lolas Vater war 1930 gestorben. Von da ab führt die Mutter den Textilbetrieb bis zu seiner „Arisierung" alleine weiter. „Mein Vater hatte uns ein beträchtliches Vermögen hinterlassen, das wir auf Anraten eines jüdischen Anwalts schon sehr bald nach seinem Tod unter uns aufteilten, wodurch die Hälfte des Anteils, der meiner arischen Mutter vermacht worden war, sichergestellt und vor dem Zugriff der Nazis geschützt war. Mein Bruder und ich hatten je ein Viertel des Nachlasses bekommen, unsere Konten wurden gesperrt, die Judenvermögensabgabe davon abgezogen und nur ein geringer Monatsbetrag zur Lebenshaltung freigegeben. Mein Glück war, daß ich bei meiner Mutter wohnen und leben konnte." Mutter und Tochter treten wegen der Nürnberger Gesetze aus der jüdischen Religionsgemeinschaft aus. „Die Beschränkungen gegen Juden haben sich von Jahr zu Jahr vermehrt, in einer Weise, die fast etwas Gespenstisches an sich hatte. Denn es wurde immer in Form von Gesetzen ein neues Verbot erlassen. Und Gesetze sind ja etwas, was in Deutschland immer sehr respektiert wird, was auch von uns liberalen Juden respektiert worden ist. Wenn ich also nicht mehr öffentlich auftreten durfte, nun ja, dann mußte ich mich eben damit abfinden."

Die Kronheimers versuchen seit dem Machtantritt der Nationalsozialisten, der schleichenden Entrechtung von Juden auszuweichen. Die Familie des Vaters wandert aus. Auch Lolas Bruder geht. Er zieht 1933 zu einem Onkel nach Italien.
Lola, die im Dezember des gleichen Jahres nach Mailand zu einem Konzert des jüdischen Dirigenten Max Reiter reist, warnt der Maestro vor einer Emigration ins Ausland. „Wer schon einen Namen im Ausland hatte, schon bekannt und berühmt war, der kam dort natürlich gut an. Wer ihn sich aber erst erwerben mußte, war, sofern er nicht riesiges Glück hatte, zum Scheitern verurteilt." Lola will auch gar nicht weg. „Deutschland habe ich als mein Vaterland betrachtet. Ich habe es so heiß geliebt. Ich habe mich mit Händen und Füßen gewehrt zu glauben, daß der Nationalsozialismus der Ausdruck der deutschen Mentalität oder der deutschen Seele ist." Finanziell ist Lola durch ihre Mutter abgesichert. Sie versucht aber ihre rechtliche Position zu verändern. Mit Bartels fährt sie zu einem befreundeten jüdischen Anwalt nach Zürich. Er soll ihr helfen, durch eine Scheinehe die Schweizer Staatsbürgerschaft zu erlangen. Der Anwalt rät ab. Zunehmend belasten die Anspannungen Lolas Leben. „Für mich kam ein Verbot nach dem anderen. Theater, Konzerte, Kinos, öffentliche Parkanlagen und Badeanstalten waren für Juden gesperrt, die Benutzung öffentlicher Verkehrsmittel untersagt. Meine Mutter überredete mich, den Führerschein zu machen, und wollte uns ein Auto kaufen. Nach ein paar Fahrstunden gab ich auf. Ich war jedes Mal am ganzen Körper zitternd aus dem Wagen gestiegen."
1938 inszenieren Hitler und Goebbels die ‚Reichskristallnacht' und leiten mit dem Pogrom eine neue Phase der nationalsozialistischen Judenverfolgung ein. 1938 stirbt Bartels. „Die Ereignisse vom 9. November 1938 zogen an mir vorüber wie ein böser Traum und Bartels war tot, was konnte mir da noch genommen werden?" Kurz nach Beginn des Zweiten Weltkriegs erlöst der Cellist Rudolf Metzmacher Lola aus ihrer Verzweiflung. Er holt sie im Herbst 1939 nach Frankfurt, um mit ihr ein Cellokonzert einzustudieren. Zuvor hatte Lola bei Rosl Schmid korrepetiert. Rosl Schmid, die mit Lola zusammen studiert hatte und die damals als Professorin an der Münchner Musikhochschule lehrt und als „die Konzertpianistin schlechthin" gilt, setzt sich immer wieder für Lola ein, wenngleich ohne Erfolg. „Ich hatte inzwischen schon öfters korrepetiert. Ich habe diese Art der helfenden Musikausübung damals als sehr befriedigend empfunden. Pianistische Eigenaussage war dabei nicht verlangt. Das machte mir die Entwöhnung von der eigenen Musikausübung etwas leichter." Metzmacher probt mit ihr fortan alles, was zu proben ist. Lola arbeitet auch als seine Sekretärin. „Für mich war das die Rettung aus dem grauenhaften Tiefpunkt, der durch meine Trauer um Bartels Tod entstanden war." Trotz aller antijüdischen Verordnungen bleibt Lola vorerst ins Musikleben eingebunden. „Alle meine damaligen Kollegen und Bekannten, nicht nur so namhafte wie Metzmacher

und Schmid-Lindner, haben Gesuche an die Reichsmusikkammer und andere Stellen unterschrieben, um eine Sonderstellung für mich zu erreichen. Es hat alles nichts genützt. Immerhin ist mir aber durch das Verhalten von Kollegen, Freunden und Lehrern über Jahre ein Leben in ihrer Mitte ermöglicht worden, das mich meine Lage zumindest zeitweise vergessen ließ. Es gab keinen unter ihnen, der auf der Straße geflissentlich wegschaute, wenn er mich sah."

Mitten in die Arbeit für Metzmacher kommt im September 1941 die Verordnung zum Tragen des Judensterns. „Bei der ersten und zweiten Verteilung des Judensterns hat man mich übersehen. Dann wurde ich vorgeladen, kam zu einem biederen bayerischen Beamten, der mir erklärte, ich müsse trotz meiner Eigenschaft als Mischling eine neue Kennkarte mit großem ‚J' bekommen, den zusätzlichen Vornamen Sara annehmen und den Judenstern tragen. Zum Schluß sagte er mir noch kopfschüttelnd, daß ich großes Pech hätte. Ich ging darauf zu meiner Mutter in die Wohnung zurück, nähte den Stern an meinen Mantel und habe diese Wohnung über ein Jahr nicht verlassen. Die Vorstellung, mit dem Judenstern durch die Straße zu gehen, war so furchtbar. Er war ja eine Brandmarkung. Man hatte das Gefühl, als würde man nackt durch die Straßen geführt, als Feindbild für jedermann. Aber diese Galgenfrist war, wie ich vorher genau wußte, auch gar nicht befristet. Die war an dem Tag zu Ende, wo ich wie alle anderen in Zwangsarbeit gekommen bin. Und da mußte ich den Judenstern natürlich tragen. Es war ein unerträgliches Gefühl des Ausgestoßenseins. Ich kannte die Einstellung meiner vielen nichtjüdischen Freunde und Kollegen. Wenn ich die auf der Straße getroffen habe, dann war die Situation am fürchterlichsten. Je freundlicher die zu mir gewesen sind, desto unglücklicher habe ich mich gefühlt. Es gab Juden, die trugen ihren Stern mit einem gewissen Stolz, was großen Eindruck auf mich machte. Aber selber wäre ich zu diesem Stolz nie fähig gewesen." Die Arbeit bei Metzmacher hatte durch Lolas Rückzug in die Wohnung der Mutter ihr Ende gefunden.

1944 erhält Lola eine Vorladung vom Arbeitsamt. Sie wird der als kriegswichtig eingestuften Hutfabrik von Otto Brettschneider in München zugeteilt. „Da saß ich nun zusammen mit einigen jüdischen Damen der guten Gesellschaft, die mit ‚Ariern' verheiratet waren und damit keinen Stern tragen mußten, und nähte Papierblumen an kleine Hüte. Immerhin wurden wir von unserer Chefin als Damen behandelt. Eines Tages holte mich der Chef in sein Büro, wo ich auszurechnen hatte, wieviel von den Materialzuwendungen auf die einzelnen Kunden verteilt werden konnten. Die Tätigkeit gefiel mir weit besser als das Annähen von Blumen an kleine Hüte. Den Stern hatte ich an meiner Arbeitsschürze befestigt. Weil ich die im Büro nicht brauchte, lief ich dort ohne Stern herum. Als eine Kontrolle der Gestapo kam und deswegen Krach schlagen wollte, lenkte mein Chef ein und sagte: ‚Gell bittschön, machen S' mir mein bestes Pferd nicht scheu!' Damit war die Sache erledigt."

Die Wohnung der Mutter in einem Haus am Bavariaring ist durch Bombardements stark beschädigt worden. Die schwerkranke Frau kann in ein Sanatorium im Isartal evakuiert werden. Lola bleibt in den Zimmern ohne Türen und Fenster, bis ein weiterer Aufenthalt dort nicht mehr möglich ist. Liesl Spitzer, eine Freundin, nimmt sie in ihre Wohnung am Englischen Garten auf. „Dort erreichte mich im Februar 1945 der schriftliche Befehl zum Abtransport. Ich bin mit dem Zettel sofort zu meinem Chef gegangen und er sofort zur Gestapo. Er hat denen ein Märchen erzählt, daß ich eine Spezialarbeiterin wäre, die er nicht ersetzen könnte. Das hat natürlich alles nichts genützt. Ich bin selber noch einmal zu dieser Stelle gegangen und habe die gleiche Erfahrung gemacht. Ich wurde höflich behandelt, mir wurde ein Stuhl angeboten, aber man sagte mir, ich könne mich dieser Maßnahme nicht widersetzen, ich müsse diesem Befehl Folge leisten. Ich bin zu meinem Chef zurück und habe ihm das erzählt. Er sagte: ‚Sie werden doch um Gotteswillen da nicht mitgehen.‘ Ich fragte ihn, was ich machen solle, es bleibe mir ja gar nichts anderes übrig. Er meinte: ‚Das Dritte Reich ist zu Ende. Der ganze Nazizauber kann nicht mehr lange dauern. Haben Sie nicht jemanden auf dem Land, auf einem Bauernhof weit weg, bei dem sie sich verstecken können?‘ Mir fiel ein Allgäuer Ehepaar ein, bei dem ich einmal mit meiner Mutter den Urlaub verbracht hatte. ‚Das waren ganz patente Leute. Das wäre vielleicht eine Möglichkeit‘, erwiderte ich. ‚Aber wie soll ich dahinkommen? Es darf niemand mehr ohne Genehmigung mit der Bahn fahren und ich habe bloß jüdische Papiere. Wie soll ich das machen?‘ Mein Chef sagte: ‚Sehr einfach. Jetzt gehen Sie erst einmal in den Keller, suchen sich dort ein Arbeitsbuch von einer meiner Angestellten, die ungefähr in Ihrem Alter ist, machen das Foto weg und kleben ein Bild von sich hinein. Dann schreiben Sie auf meinem Firmenpapier einen Antrag ans Ministerium, daß Sie für meine Firma unter ihrem neuen Namen eine kriegswichtige Reise zu einem unserer Ausweichlager im Allgäu machen, und bitten um eine Reisegenehmigung. Unterschreiben möchte ich das Gesuch selber nicht gerne, aber fälschen Sie ruhig meine Unterschrift, das merkt kein Mensch.‘ Ich habe das getan, holte mir aus dem Keller das Arbeitsbuch einer gewissen Lina Bockmeier, schrieb das Gesuch, fälschte die Unterschrift, die jeder als Fälschung hätte erkennen müssen, weil mir die Hand so sehr zitterte. Aber ich kam damit beim Ministerium durch und erhielt sofort die Genehmigung zu fahren.“ Über ihre Abreise informiert Lola nur die jüdische Arbeitskollegin, die ihr beim Fälschen des Ausweises geholfen hat, und Liesl, bei der sie wohnt. Deren Freund besorgt ihr zwei Kapseln Zyankali für den Notfall. Aus Angst vor Nachforschungen erzählt sie der Mutter nur, daß sie sich in Sicherheit bringen würde.

Am 19. Februar 1945, am gleichen Tag, an dem Lola deportiert werden soll, besteigt sie den Zug nach Immenstadt im Allgäu. „Nach kurzer Zeit kam die Kontrolle, wollte Ausweis und Genehmigung. Ich habe ihnen beides gegeben und gedacht, ein Blinder müßte sehen, daß das Foto im Ausweis ein-

geklebt war. Ich bekam die Papiere ohne jede Beanstandung zurück. Es war mir aber trotzdem so fürchterlich, daß ich nicht wußte, wie mich die Beine noch trugen, als ich in Immenstadt ausgestiegen bin.“
Von Immenstadt läuft sie eineinhalb Stunden lang durch dichtes Schneetreiben nach Beilenberg bei Sonthofen. Sie will das letzte Stück zu Fuß gehen, um keine Spuren zu hinterlassen, um von niemandem gesehen zu werden. Das Bauernhaus der Familie Hartmann findet sie sofort. „Da hat die Bäuerin die Türe aufgemacht und ich sagte: ‚Ich soll Sie von der Lola grüßen.‘ Die Bäuerin fragte, was die Lola jetzt macht und wie es ihr geht. ‚Nicht gut‘, erwiderte ich, ‚ich bin es ja selbst‘. Ich erzählte ihr, was alles passiert war. Dann führte sie mich ins Wohnzimmer, brachte mir etwas zu essen, verfrachtete mich auf das Sofa und sagte: ‚Jetzt wird erst einmal geschlafen und dann reden wir weiter und werden schon irgend etwas finden.‘ Als ich aufwachte, saß Frau Hartmann vor mir. Sie sagte nur: ‚Ich habe schon mit meinem Mann gesprochen. Sie können selbstverständlich dableiben.‘ Das war für mich unbeschreiblich. Wenn sie mir gesagt hätte: ‚Liebes Kind, es tut mir furchtbar leid, ich kann das nicht riskieren. Ich habe das Haus voller Flüchtlinge, jemand könnte etwas merken, wir sind in höchster Lebensgefahr‘, dann hätte ich nichts dagegen sagen können. Ich hätte allerdings nicht gewußt, wohin ich gehen sollte. Wahrscheinlich hätte ich meine Zyankalitabletten eingenommen.“
Die nächsten sechs Wochen verbringt Lola in einem versteckten Dachzimmer, das nur über einen Balkon und eine steile Treppe erreicht werden konnte. „Es gab kein fließendes Wasser und kein Klo. Pepi Hartmann kam mehrmals am Tag, um Essen zu bringen. Sie hat alle übrigen Schwierigkeiten, die durch das Fehlen einer Toilette entstanden sind, mit unwahrscheinlicher Selbstverständlichkeit überbrückt. Es war eine so fürchterliche Zeit, weil ich nicht wußte, ob man mich sucht. Auch die Leute, die mich aufgenommen hatten, waren in der selben Gefahr wie ich, hätte man nach mir gefahndet. Und es soll mir bloß niemand kommen und sagen, die Gefahr wäre in den letzten Kriegsmonaten nicht so groß gewesen. Es gab bis zum allerletzten Moment in unserer Gegend Wahnsinnstaten. So hat die SS ihre ganzen gehorteten Lebensmittel, Zucker und Reis, in die Ostrach geworfen oder die riesige Kemptener Eisenbahnbrücke gesprengt. Sie hat nur zerstört und sie wäre genauso mit Menschenleben umgesprungen. Ich kann mich noch gut an den Ausblick aus meinem winzigen Fenster in der Dachkammer erinnern. Ich sah die Straße, die vom Nachbardorf zu uns heraufführte. Auf dieser Straße mußten sie kommen, wenn sie mich holen wollten. Sobald ich einen Uniformierten auf der Straße sah, blieb mir fast das Herz stehen.“
Ende März geht Lola zu Fuß zum Postamt nach Immenstadt. Dort liegt für Lina Bockmeier postlagernd ein Brief. Eine Arbeitskollegin aus der Münchner Hutfabrik berichtet darin, daß nach Lola nicht gesucht worden war. Jetzt erst traut sich Lola wieder unter Leute. Sie verkehrt als Lina

Bockmeier in der Küche der Hartmanns, lebt mit den 36 anderen Evakuierten in dem Bauernhaus zusammen. Als der einzige Knecht der Hartmanns ins Krankenhaus muß, beginnt sie im Stall mitzuhelfen. Die Städterin trägt mit weißen Söckchen an den Füßen Streu in den Stall, mistet das Vieh und führt es zur Weide. Auf dem Hof lernt Lola einen jungen Soldaten aus Österreich kennen, der zur Mithilfe in der Landwirtschaft tageweise von der Wehrmacht freigestellt worden war. Zum ersten Mal nach Bartels Tod durchlebt Lola wieder eine Beziehung. „Die damalige Zeit verstärkte und intensivierte in mir alle Gefühle, sowohl die der Angst und des Erschrekkens als auch die schönen der menschlichen Begegnungen. So war der junge Vorarlberger für mich nach den Jahren der Beschränkung wie eine strahlende Verkörperung von Jugend, Freiheit und Leben."

Als französische Truppen einmarschieren, ist der Krieg im Allgäu zu Ende. In Sonthofen werden Marokkaner einquartiert. Vor exotischer Kulisse ist Lola vor Naziterror und Verfolgung endgültig sicher. Aus Lina Bockmeier wird wieder Lola Kronheimer. „Ich ging zum Bürgermeister, um eine Aufenthaltsgenehmigung zu erbitten. Mit meiner Geschichte brachte ich ihn in so große Verlegenheit, daß er mich beschwor, sofort nach Hause, nach München, zu fahren. Darauf ging ich zum Landrat. Der ließ mich bleiben, solange wie ich wollte, zumindest bis ich meine echten Papiere zurückbekam." Per Anhalter fährt Lola im Frühsommer nach München, um die Mutter zu besuchen. „Alle meine Freunde waren weg, die Frauen mit den Kindern immer noch evakuiert, die Männer teils in Lagern, teils in anderen Zonen, in die man nicht einreisen konnte. Es war trostlos. Ich wollte sobald wie möglich wieder aufs Land zurück, wo die Welt noch ganz war, wenigstens zum allergrößten Teil. Als ich wieder ins Allgäu kam und mir Hartmanns Kälble nachliefen, war ich restlos glücklich." In dieser Zeit lernt sie Andreas Sinz kennen. Die Sinz haben auch einen Bauernhof in Beilenberg. Lola und Andreas unterhalten sich gerne, sind sich freundschaftlich zugetan. Andreas kommt von da an häufig auf den Hartmann-Hof.

„Im Herbst dachte ich ernsthaft an eine Rückkehr nach München. Pepi Hartmann hatte eine große Vorliebe fürs Kartenschlagen. Sie machte es zum Spaß und ein bißchen des Aberglaubens wegen. Wenn sie mir damals die Karten legte, kam immer öfter ein Reiter mit weißem Roß darin vor. Ich weiß nicht, ob es Absicht oder Zufall war, das weiße Roß kam jedenfalls schon auffallend oft zur Sprache. Andreas hatte ein weißes Pferd. Im Oktober kaufte ich mir die Fahrkarte zur endgültigen Heimreise. Am letzten Abend saßen wir alle noch in Hartmanns Küche beisammen, und als Andreas heimgehen wollte, begleitete ich ihn hinaus. Da bekam ich beim Abschied den ersten Kuß von meinem Mann und so etwas ähnliches wie einen Heiratsantrag. Im November haben wir uns verlobt."

Durch die Heirat mit Andreas bricht Lola mit ihrem früheren Leben in Künstlerkreisen und beendet endgültig ihre Karriere als Pianistin. „Immer wieder habe ich versucht, die Beweggründe für meine Heirat zu erklären.

Vielleicht habe ich damals nicht die richtigen Worte dafür gefunden. Heute weiß ich, daß ich mit aller Kraft und mit allen Mitteln ein ganz normales Leben führen wollte, es konnte gar nicht normal genug sein. Die eigene Erfahrung, wie hart man wenigstens damals für einen einzigen Liter Milch arbeiten mußte, hat mich einerseits bestürzt, mir andererseits maßlos imponiert. Dieses ‚einfache Leben‘ begann für mich sofort nach der Hochzeitsnacht. Ich mußte um fünf in der Früh' aufstehen und erhielt meine erste Lektion im Melken. Das einfache Leben fiel mir nicht leicht. Ich war anfangs immer mittags schon so müde, daß ich die Stunden bis zum Feierabend zählte. Dennoch habe ich es nach den schweren inneren und äußeren Katastrophen wie Krieg und Verfolgung als ein Heilmittel gebraucht, das mir über meine schlimmen Erfahrungen hinweghilft.“
Lolas Entschluß wird in Beilenberg voller Skepsis aufgenommen, in München sind die alten Freunde überrascht. Zunächst versucht sie, die Heirat mit einem Bauern vor Bekannten und Kollegen in der Stadt zu rechtfertigen. Lola startet einen Rundbrief, auf den unterschiedliche Reaktionen folgen: „Ich wurde teils bewundert, teils bemitleidet, teils belächelt. Mein verehrter Lehrer Schmid-Lindner war sogar beleidigt und verärgert, weil er das vermeintliche ‚Über Bord werfen‘ meiner ganzen Vergangenheit als persönliche Kränkung empfand und den Brief für im Ton vergriffen hielt. Er weigerte sich auch, den Brief an die nächste Adresse weiterzusenden. Ich hatte daraufhin keinen Mut mehr, ihn weiterzuschicken, und begnügte mich mit den wenigen positiven Beurteilungen, die ich bekam.“
Vor der Heirat mit Andreas Sinz, die im Januar 1946 stattfindet, fährt Lola nach München, um dort ihre Angelegenheiten zu regeln. Sie trifft alte Bekannte: „Die einzelnen Wiedersehen waren wie Sternstunden. Am bewegendsten war die Begegnung mit meinem früheren Chef aus der Hutfabrik. Er bot mir eine Teilhabe an seiner Fabrik an, weil er meine Heiratspläne absolut nicht ernst nehmen wollte. Erst viel später habe ich erfahren, daß er auch andere jüdische Angestellte vor einer Festnahme bewahrt hatte. Er versteckte sie in seinem Geräteschuppen und versorgte sie mit Lebensmitteln, die er unter großer Gefahr erhamstert hatte.“ Auch Metzmacher kommt in die alte Wohnung der Kronheimers am Bavariaring. Lola hatte ihn gebeten, sie noch vor der Hochzeit zu besuchen. Die Trennung von Metzmacher nach fünfjähriger Zusammenarbeit ist der einzige Punkt, der ihren Entschluß zur Heirat ins Wanken bringen könnte. Weil Metzmacher aber in der britischen Zone Zuzugs- und Spielerlaubnis erhalten hat, ist Lolas künstlerische Mitarbeit bei ihm nicht mehr möglich. Lola schenkt Metzmacher ihren Flügel.
Im Allgäu spürt Lola die Vorbehalte gegen eine Städterin. Vier Monate nach Lola und Andreas will ein anderes Brautpaar heiraten. Im Dorf meinen die Leute, daß der Sinz schon wieder geschieden sei, bis das andere Brautpaar heiraten wird. „Welcher Mut dazu gehört hat, eine Frau zu nehmen, die nicht nur aus der Großstadt war, sondern dazu noch eine politische

Vergangenheit hatte, habe ich erst später ganz begriffen. Man heiratete hier üblicherweise ganz ineinander hinein. Es war in unserem kleinen Dorf schon zweimal vorgekommen, daß zwei Brüder zwei Schwestern genommen haben. Schon eine Braut aus dem Unterland war ein bißchen verdächtig, hatte aber den Vorteil, daß sie äußerst viel und schwer zu arbeiten gewöhnt war. Man beobachtete mich nun sehr genau im Dorf und das forderte mich heraus."

1946 wird Lola als Verfolgte des Naziregimes in einen Ausschuß gewählt, der Flüchtlinge auf Bauernhöfe verteilt. Für die Belegung der Höfe gelten vordergründig politische Kriterien. Lola empfindet diese Form der Entnazifizierung als Farce. Auch die Sinz sind durch ihre Parteizugehörigkeit als Nazibauern belastet. In ihrer neuen Familie kann Lola aber weder Rassenhaß noch Verbrechen gegen die Menschlichkeit ausmachen. „Mein Schwiegervater hatte eine sehr kleine Landwirtschaft, die seine Familie mit vier Kindern nicht ernähren konnte. Er war wie viele Bergbauern gezwungen, in einem Handwerksberuf zu arbeiten. Jahrzehntelang hat er dafür täglich zu Fuß oder mit dem Fahrrad 14 Kilometer zurücklegen müssen. Auch seine drei Söhne ließ er zu Handwerkern ausbilden. Lehrstellen gab es in der Umgebung genug, weil Lehrlinge nur ganz wenig Lohn kosteten. Nach beendeter Lehre fanden sie aber keine Arbeit. Arbeitslosigkeit bei den Bergbauern bedeutete Hunger. Nicht selten gingen die Söhne zum Wildern, um ihrer Mutter endlich wieder ein Stück Fleisch auf den Küchentisch zu legen. Als Hitler kam, versprach er Arbeit und Brot. War es so verwunderlich, daß sich plötzlich alle in die Partei drängten, die ihnen eine so grundlegende Verbesserung aller Lebensbedingungen garantierte? Was kümmerten sie Rassenhaß und verstiegene völkische Ideale? Sie wollten arbeiten, wollten essen, und das glaubten sie, durch eine Mitgliedschaft in der Partei zu erreichen." Lola ärgert die Selbstherrlichkeit von Dorfbürgermeistern und Ausschußmitgliedern, die zwar keine Parteigenossen aber auch keine Antifaschisten waren, und die ihre neu erhaltene Machtposition rücksichtslos auskosteten. Sie greift aktiv in Entnazifizierungsverfahren ein, gibt Erklärungen und Berichte an Spruchkammern und an die amerikanische Besatzungsbehörde ab. Weil sie Hilfe von Menschen bezeugen kann, die sich dadurch unter dem Naziregime in Gefahr begeben haben, sind ihre Aktionen erfolgreich. „Bezeichnenderweise kamen auch einzelne Nazischergen auf die Idee, mich um Hilfe zu bitten. Das aber habe ich strikt abgelehnt."

Nach der Währungsreform 1948 richten die Sinz auf ihrem Bauernhof einfache Ferienzimmer ein. Die alten Bekannten aus der Stadt kommen in die Sommerfrische und zum Winterurlaub. Lola wird wieder mit ihrem früheren Leben konfrontiert. „Ich hielt mich aber immer instinktiv mit einer gewissen inneren Distanz von ihnen fern, weil ich wußte, wie schwer sich Andreas mit ihnen tat und sie sich mit ihm. Glücklicherweise waren einige dabei, mit denen er es erstaunlich gut konnte. Das wurden dann Freundschaften fürs Leben. Trotzdem war er auf meine Vergangenheit irgendwie eifersüchtig. Anrufe waren das rote Tuch für ihn, und ich mußte sie immer bremsen, so gut ich konnte. Immerhin war es aber Andreas, der darauf drängte, daß ich meinen Flügel wieder bekommen sollte. Sein Bruder, der von der britischen Besatzungszone nach Sonthofen übersiedelte, konnte ihn mir mitbringen. Da stand er nun in unserem Bauernhaus und ich ließ mich überreden, darauf zu spielen. Unseren Feriengästen hat es gefallen, für mich aber war es sehr mühsam. Ich habe es nur noch bis zu den Kinderszenen von Schumann gebracht, weil ich die noch einigermaßen in den Fingern hatte. Versuche, die Barcarole von Chopin zu spielen, scheiterten kläglich. Eine zeitlang probierte ich es mit Etüden, um wieder in Schwung zu kommen. Andreas hätte mir auch Zeit zum Üben gelassen, aber ich hatte eine andere, große Hemmung. Wenn ich geübt hätte, hätte man mich auf der Dorfstraße gehört, und die Leute hätten sich gefragt, ob ich nichts anderes zu tun habe. Ich war nie sehr mutig. Eigentlich war ich es immer nur dann, wenn ich es sein mußte, und ich wollte doch unauffällig sein und bleiben. Außerdem merkte ich mehr und mehr, daß ich ein total gestörtes Verhältnis zur Musik bekommen hatte. Mein Lehrer Schmid-Lindner war der festen Überzeugung, daß ich mit Fleiß und eisernem Willen zur Musik zurückfinden könnte. Aber ich wußte es besser. Wer nicht nur Klavierspielen, sondern auch Musik interpretieren will, der braucht dazu einen hohen Grad an innerer Freiheit. Ich hatte die äußere Freiheit und war glücklich darüber, aber ich hatte noch lange nicht die innere Freiheit erlangt. Wie konnte ich sie nach zwölf Jahren Gängelung im Dritten Reich auch haben? Noch Jahrzehnte danach bin ich bei jedem Läuten des Telefons zusammengefahren, weil es in mir die Erinnerung an die anonyme Verfolgung wachrief. Als ich damals einmal Bekannte besuchte, legte meine Freundin eine Schallplatte auf, etwas von Brahms. Sie wollte mir damit eine Freude machen. Ich aber habe angefangen zu weinen. Darauf hat ihr Mann den Plattenspieler abgedreht und ruhig zu meiner Freundin gesagt: ‚Laß gut sein, das ist zu früh.' Dieser jahrelange Mangel an innerer Freiheit hat mir meinen Flügel verleidet. Ich konnte es schlecht ertragen, wenn andere darauf spielten – besonders schlimm war es bei Berufsmusikern –, und schlußendlich habe ich ihn verkauft. Ich fand den Weg nicht mehr zurück."

1946 löst ein anstrengender Alpauftrieb bei Lola eine Fehlgeburt aus. Danach kann sie keine Kinder mehr bekommen. „Meine Schwiegereltern müssen mich anscheinend schon sehr gerne gehabt haben, weil sie mir ihre Enttäuschung darüber nie gezeigt haben. Mein Mann und ich haben im Laufe unserer Ehe drei unehelich geborene Kinder adoptiert. Zuerst einen Buben, zwei Jahre später ein Mädchen und nach einer Pause von neun Jahren ebenfalls ein Mädchen, dessen Vater mein Mann war und das mir selber am ähnlichsten wurde. Kinderwagen besaß ich keinen. Ich hätte auch gar keine Zeit gehabt, damit spazieren zu fahren. Die Kinder wuchsen auf wie andere Kinder auf dem Land. Sie mußten arg mithelfen, aber sie hatten trotzdem eine schöne Jugend, weil der Lebensstandard im Zeichen des Wirtschafts-

wunders ständig anstieg.“ Das Wirtschaftswunder beschert den Sinz die Übernahme des kleinen, alten Kramerladens im Dorf. Sie eröffnen ein modernes Lebensmittelgeschäft. Drei Jahre später richten sie dazu noch eine Jausenstation ein, nach weiteren zwei Jahren eine Gaststätte. Lola wird von der Bäuerin zur Chefin. Sie kümmert sich ums Geschäft, Andreas um den Bauernhof, den er modernisiert. Die Sinz brauchen Mitarbeiter und stellen Arbeitskräfte ein. Zusätzlich vermieten sie Ferienzimmer. „Wenn trotzdem unterm Strich nicht viel für uns herausschaute, lag es an unserer Großzügigkeit, am verhältnismäßig hohen Lebensstandard, an unseren mehr als volkstümlichen Preisen, den zu großen Portionen und an der fehlenden kaufmännischen Ausbildung. Glücklich waren wir aber trotzdem.“
1972 kommt der finanzielle Einbruch. Durch Campingplätze und Ferienwohnungen bleiben die Mittagsgäste weg. Die Gaststätte wird zum Café. Lola bedient die Gäste selbst. Andreas, der für die Landwirtschaft keine Hilfskräfte mehr finden kann, verkleinert seinen Viehbestand. „Anfangs gingen noch unsere Töchter tapfer mit den Bergkühen zur Hochalpe und holten sie im Herbst wieder heim. Dann ging man dazu über, die Tiere zur Alpe zu fahren, obwohl denen der Transport absolut nicht gefiel. Mein Mann und ich arbeiteten zum Schluß ganz allein, er mit seinen nunmehr drei Kühen, ich mit meinem Tagescafé, das ich um 18 Uhr schloß. Die Kinder waren eigene Wege gegangen. Wir haben das Tagescafé im Herbst 1986 aufgegeben und wollten zusammen noch ein paar ruhige Jahre haben. Es sind nur noch drei Monate daraus geworden.“ Am 5. Februar 1987 stirbt Andreas Sinz unerwartet innerhalb von zehn Minuten an einem Herzinfarkt. Lola und Andreas waren 40 Jahre verheiratet gewesen. „Es war ein furchtbarer Schlag für mich. Ich habe lange gebraucht, um mich ans Alleinsein zu gewöhnen. Dann aber habe ich durch die Hilfe der alten Freunde, die noch am Leben waren, zur Musik zurückgefunden. Das war wie ein Wunder. Ich konnte wieder Musik hören. Ich konnte natürlich keine mehr machen, das war vorbei. Aber unbelastet von der Vergangenheit und von den vielen Pflichten als Frau, als Mutter, als Chefin, war die Musik auf einmal wieder da. In diesen letzten Jahren habe ich alles das zurückbekommen, was ich in den 40 Jahren davor teils freiwillig teils unfreiwillig verdrängt und versäumt hatte.“

Grete Weil

Guernica

Es war damals, als Picassos Guernica noch im Museum of Modern Art in New York hing. Ich hatte mich mit Hans, oder wie er jetzt hieß, mit John vor dem Bild verabredet. Wir waren Jugendfreunde und hatten uns seit seiner frühen Emigration nicht mehr gesehen. Daß ich aus meinem Fluchtland Holland fort und nach Deutschland zurückgegangen war, mißbilligt er, was er mir in einem seiner seltenen Briefe mitgeteilt hatte. Ich war nie darauf eingegangen, was hätte ich auch anderes schreiben können als: Es geht Dich nichts an, mische Dich nicht in meine Angelegenheiten. Danach war der Kontakt fast ganz unterbrochen. Jetzt, in New York, hatte ich ihn angerufen. Er, der einst Kunstgeschichte, Geschichte und Philosophie studiert hatte, die ihm gemäßen und vertrauten Fächer, war in den USA Jurist geworden und besaß, wie er mir schriftlich mitteilte, in New York eine gutgehende Anwaltskanzlei, war verheiratet mit einem aus Kalifornien stammenden jüdischen Mädchen und hatte zwei Kinder, Sohn und Tochter.

Der Guernicaraum als Treffpunkt war ein Vorschlag von mir. Zu meiner Verwunderung hatte er nur zögernd zugestimmt, so, als ob er nicht wisse, wo das Bild sich befand.

Ich stehe zur abgesprochenen Zeit vor dem Picasso, den ich mir schon vor zwei Tagen angesehen habe. Und wie vorgestern ist es vor allem das Pferd, das wiehernde, sich in Todesnot aufbäumende Pferd, das mich angreift, erregt.

Nach einer Weile schaue ich mich um, denn ich will nicht, daß Hans sich von hinten an mich heranschleicht. Er kommt zu spät (unpünktlich war er immer). Ich bin unsicher, ob ich ihn erkennen werde nach all den Jahren.

Aber als er wirklich da ist, erkenne ich ihn sofort und er mich auch. Er ist sorgfältig gekleidet, dunkler Nadelstreifenanzug, graue Krawatte und Filzhut, den Schirm hat er, wie sich später herausstellt, an der Garderobe abgegeben. Er bemüht sich, wie ein Mann der Londoner City zu wirken, dabei sieht er wie eh und je sehr jüdisch aus und auch sehr deutsch (ohne daß ich hätte sagen können, worin das Deutsche bestand). Er kommt mit seinem wiegenden Gang (auch den hatte er immer gehabt) auf mich zu, streckt mir beide Hände entgegen und küßt mich auf die Stirn.

Ganz plötzlich erinnere ich mich, daß wir – es muß 1932 gewesen sein – von Frankfurt aus zusammen in Maria Laach gewesen waren und an seinen ausführlichen, sehr guten Vortrag über deutsche Romanik.

Der Vorabdruck aus dem Band „Spätfolgen“ erscheint mit freundlicher Genehmigung des Verlag Nagel & Kimche AG, Zürich/Frauenfeld.

Auf der Rückfahrt waren wir auf der Plattform gestanden und hatten uns darüber unterhalten, ob Hitler an die Macht kommen würde oder nicht. „Ach was, niemals", sagte Hans. „Das ist alles schon lange vorbei" (man hatte es in diesem Augenblick wirklich meinen können, die Wählergunst hatte sich von den Nazis abgewendet), „doch wenn es wider Erwarten wirklich dazu käme, würde unsereinem nichts übrigbleiben als möglichst bald möglichst weit wegzugehen. Nein, davor fürchte ich mich nicht, Kunst gibt es schließlich in allen Ländern und etwas anderes brauche ich nicht."

Als er mich jetzt losläßt, stehen wir eine Weile schweigend betrachtend vor Guernica, bis er mich englisch fragt: „Findest du das schön?" Irritiert von der Frage und auch davon, daß er englisch spricht, antworte ich deutsch: „Schön natürlich nicht. Aber wahr. Ein Aufschrei gegen den Krieg. Und dafür hab ich viel übrig."

Er zuckt die Achseln und nimmt mir meine Handtasche ab, wogegen ich mich sanft und erfolglos wehre. Er trägt sie weiter, wie das ja in diesem Land die Männer oft tun, und führt mich fort durch andere Räume. Bleibt vor diesem und jenem Bild stehen und redet weiter auf englisch auf mich ein. Sagt von viel zu vielen Bildern „terrible" und „awful" und nur von ganz wenigen, daß sie ihm gefallen.

Ich ärgere mich, daß ich nicht herausfinde, was er mag und was nicht. Es sind bei beiden Gruppen abstrakte und nicht abstrakte Bilder, ein Kandinsky, der ihm gefällt, ein anderer, für meine Augen recht verwandter Kandinsky, den er ablehnt. Seine ganze Betrachtungsweise kommt mir rein aus dem Gefühl stammend und etwas chaotisch vor.

Früher habe ich mich auf sein Urteil verlassen können, da war er ein wirklicher Kenner. Da er immer weiter englisch spricht, gebe ich auch meine spärlichen Antworten englisch, bis zu dem Augenblick, in dem ich sage: „Ich glaube, du sprichst besser deutsch als ich englisch." Er schüttelt heftig den Kopf: „Hier in der Öffentlichkeit bin ich nicht bereit, deutsch zu sprechen."

Nun gut, dagegen kann ich nichts machen, nur lächeln über seine Angst, für einen Deutschen gehalten zu werden.

„Es ist schwer mit euch Frauen. Als meine Mutter nach dem Krieg hierherkam, wollte sie auch immer deutsch mit mir reden, das aber habe ich selbstverständlich nicht getan."

Ich bin fassungslos: „Du hast mit deiner doch ziemlich alten Mutter englisch gesprochen?" – „Selbstverständlich. Sie wollte ja hierbleiben und mußte es lernen."

„Deine Mutter war untergetaucht in einem besetzten Land, hat eine Tochter in Auschwitz verloren, sich selbst mit knapper Not gerettet. Und das alles hat sie dir, ihrem einzig übriggebliebenen Kind, auf englisch erzählen müssen?" – „Ja, sicher."

Es wird mir immer unbehaglicher zumute bei diesem Treffen. Nachdem wir draußen im Garten die Skulpturen angesehen haben, bei denen er sich nicht

anders verhält als bei den Bildern, sagt er, daß wir jetzt in ein kleines, nahegelegenes Restaurant zum Lunch gehen wollten.
Wir müssen warten, weil alle Tische besetzt sind, und sitzen ein bißchen unglücklich im Vorraum neben der Kassiererin.
Nach einer Weile kommt ein Mädchen im schwarzen Kleid mit rosa Schürzchen und sagt deutsch: „Sie können jetzt kommen. Ihr Tisch ist frei."
Blaß geworden, auf mich weisend, sagt er: „The lady speaks english." Dabei spricht er Lady wie Leidy aus, gleich dem Tessiner Bergbauern, dem einer meiner Hunde ein Huhn totgebissen hatte und der, wie viele Tessiner eine Zeitlang in den Staaten gewesen, mit Recht annahm, daß wir, eine Freundin und ich, seine unverschämte Geldforderung für seine beste Leghenne besser auf englisch als auf italienisch verstanden.
Erst jetzt ist mir ganz aufgefallen, welch schrecklichen Akzent Hans hat, der immer sprachunbegabt war, und er tut mir von Herzen leid.
Das Mädchen sagt energisch und sicher: „Aber Sie sind Deutsche." Er zischt: „Unverschämtheit" (auf deutsch) und folgt ihr unwillig zu dem freigewordenen Tisch.
Während wir einen ganz ordentlichen Shrimpscocktail löffeln, fragt er mich, Anerkennung heischend: „Ist doch gut, nicht?"
Aber ich bin das hier schon gewohnt, daß alle in Amerika denken, wir würden in Europa an nichts wirklich Gutes kommen.
Dann fragt er mich ohne Interesse, was ich denn so mache, was für Pläne ich habe.
Ich nenne ihm ein paar Buchtitel von mir, meine Geschichten, die in Amerika spielen, hat er gelesen, sagt aber sofort tadelnd: „Du interessierst dich für die Neger hierzulande. Ich hab das längst aufgegeben. Mein Interesse gehört selbstverständlich den Juden."
Noch bevor ich zu dem Selbstverständlich, das ich gar nicht so selbstverständlich finde, etwas sagen kann, redet er völlig unverwartet weiter: „Ich wäre traurig, wenn Judith, meine Tochter, keinen Juden heiraten würde."
Da widerspreche ich doch: „Fändest du es richtig, wenn das Elend, eine Minderheit zu sein, ewig so weiterginge?"
„Ich möchte nicht, daß mein Kind von einer amerikanischen Familie mit Hochmut behandelt würde."
„Von was für Menschen sprichst du eigentlich, John? Ich hoffe doch, daß deine Tochter keinem rassistischen Faschisten in die Hände fallen wird. Übrigens, wie alt ist sie denn?" „Fünfzehn." „Dann hat es ja noch Zeit." Ich bin wirklich erleichtert.
Da sitzen wir uns gegenüber, fast feindselig, fremd. Dabei haben wir eine ähnliche Jugend gehabt, sind beide in einem kultivierten Elternhaus großgeworden, haben studiert, mußten, weil wir Juden sind, Deutschland verlassen, bevor wir zu dem gekommen waren, was wir wirklich wollten.
Nun hat er es besser oder richtiger oder auch mutiger gemacht als ich, ist weit weg nach den USA gegangen, hat den Ozean zwischen sich und Hitler

gewußt, war ungefährdet, hat eine neue Identität gefunden, sich ein neues Leben aufgebaut.
Angestrengt denke ich darüber nach, was trotz allem mit ihm passiert ist. Denn daß etwas mit ihm passiert ist, steht für mich fest. Was ist es? Er hat nicht Nacht für Nacht auf das Fahren der Autos, auf die Tritte der Schaftstiefel gewartet, auf das Klingeln der Polizei an der Tür mitten in der Nacht, auf die Nachricht, wer gestern weggeholt wurde von den Freunden. Er hat keine Briefe mit zittriger Hand aus einem KZ schreiben müssen und auch keine von dort bekommen.
Erst nach dem Krieg hat er erfahren, was Mauthausen war und was Auschwitz. Hat die Namen Sobibor, Treblinka vielleicht bis heute nicht gehört. War nach dem Krieg nicht staatenlos, kein Ausgestoßener, kein displaced people, sondern ein amerikanischer Bürger, im Besitz – wie er und unzählige andere dachten – des besten Passes der Welt, der alle Grenzen aufschloß, denn daß sie in sehr vielen Ländern nicht besonders gern gesehen wurden, haben die Amerikaner, wenn überhaupt, erst sehr spät erkannt.
Er hat nie Lebensmittelkarten gebraucht (zugewiesene oder gefälschte), um zu Brot und Butter zu kommen, hat nie, untergetaucht, mit zwei Menschen, von denen er vollständig abhängig war, die an seinen Nerven rissen, auf einer Speichertreppe, dem einzigen Ort, wo er alleinsein konnte, das niederschreiben müssen, was ihn am tiefsten bewegte, aus dem er hoffte, sich die Zukunft zu gestalten.
Was ist ihm zugestoßen? Ist sein Leben zu glatt verlaufen? Hat das ihn gelähmt?
Wie aus schwerem Traum erwachend, sage ich bittend: „Hans."
„Ich heiße John."
„Verzeihung. Das habe ich einen Augenblick lang vergessen. Aber eigentlich müßte ich daran denken. Du bist so anders geworden."
„Hoffentlich. Der freie Bürger eines freien Landes."
Um das Gespräch nicht ganz einschlafen zu lassen und weil ich weiß, daß ihm früher neben der bildenden Kunst Musik ein dauernder Glücksbringer gewesen war, erzähle ich, daß ich einmal ein Libretto zu einer Oper geschrieben habe.
„Für welchen Komponisten?"
„Hans Werner Henze."
„Kenne ich nicht."
Wieder bin ich verwirrt; es wäre früher ganz ausgeschlossen gewesen, daß er jemanden wie Henze nicht kannte.
Doch fragt er weiter: „Dieser Henze . . . ein Deutscher?"
„Ja, sicher."
„Ein Nazi." Keine Frage, eine Feststellung.
„Kein Nazi."
„Weißt du das bestimmt?"
„Das weiß ich bestimmt."

„Man kann dich belogen haben."
„Er ist 26 geboren."
Offensichtlich nur halb überzeugt zuckt er die Achseln und sagt: „Moderne Musik klingt in meinen Ohren wie das Geschrei zweier Katzen, die sich in Liebe verzehren."
„So modern ist Henzes Musik auch wieder nicht."
„Ist die Oper aufgeführt worden?"
„Ja, oft, auch in den USA."
„Wie heißt sie?"
„Boulevard Solitude."
Er lächelt. „Ein bißchen manieriert."
„Von heute aus gesehen bestimmt. Damals war es anders. Die Uraufführung war 52."
„Wo?"
„In Hannover."
„Warst du dabei?"
Ich nicke und wieder zuckt er die Achseln. „Chacun à son goût. Ehrlich, ich verstehe dich nicht ganz. Daß du in diesem Land herumreisen magst. Schließlich haben die Deutschen deinen Mann umgebracht. Hast du das vergessen?"
„John", sage ich flehend und rutsche auf meinem Stuhl hin und her. An Essen ist sowieso nicht zu denken, ich könnte keinen Bissen hinunterbringen. Ich möchte aufstehen, weglaufen, fort, nur fort. Auf Nimmerwiedersehen. Doch jetzt sagt er befehlend: „Wir wollen zu mir nach Hause. Sobald ich gezahlt habe, nehmen wir ein Taxi."
Nicht ganz das, was ich wollte, aber wahrscheinlich besser als hierzubleiben. Auch, daß er ein Taxi nehmen und nicht selbst fahren will, ist mir angenehm. Früher bin ich oft mit ihm gefahren, in seinem kleinen Opel, und es war jedesmal eine Tortur, weil er überallhin, nur nicht auf die Straße schaute.
‚Zu Hause' eine sehr bürgerlich eingerichtete Wohnung, die aussieht wie frisch aus einem Möbelgeschäft zusammengestellt. Nirgendwo Kunst. Nichts liegt herum, kein einziges Buch, keine Zeitung, eine Tatsache, die mich stets irritiert, wenn ich sie antreffe. Die Hausfrau, offensichtlich gerade vom Friseur gekommen, sehr sportlich und schick gekleidet, begrüßt mich kühl, weder herzlich noch zeigt sie, daß ich sie störe.
„Mein Mann hat mir erzählt, Sie leben in der Schweiz."
„Nein, in Deutschland."
„Oh!", ein angstvoll erschreckter Laut, als wäre aus meiner Handtasche eine Natter gekrochen.
Die Tochter, üppig, geschminkt, parfümiert, ich hätte sie für 18 gehalten, sitzt in einem großen Sessel vor dem Fernsehapparat, den sie, ohne aufzustehen, schnell abstellt.
John greift jetzt erklärend ein und sagt zu seiner Frau: „Doch hat sie ein Haus in der Schweiz." Nicht einmal rot wird er ob seiner Lüge.

Die Frau sagt: „Wir lieben die Schweiz sehr, nicht wahr, John? Wir waren in Zermatt und im Engadin. Wo ist Ihr Haus?“
„Im Tessin.“
„Kenne ich nicht.“
John erklärt das Tessin: „Eine Art Florida von Europa.“
Dann fragt er die Tochter, warum er das tut, wissen die Götter: „Weißt du, wer Picasso ist?“
„Na, irgendein Maler.“
„Er hat ein berühmtes Bild gemalt, das Guernica heißt. Es hängt im Museum of Modern Art.“
„Was bedeutet das: Guernica?“
„Es ist der Name einer kleinen Stadt, die von den Deutschen bombardiert wurde. Viele Kinder fanden dabei den Tod.“
„Jüdische Kinder?“ Sie fragt das mit einer gewissen Gier, ihre großen, sehr schönen Augen – Hansens Augen – leuchten verlangend auf.
„Nein. Die Stadt liegt in Spanien. Spanische, katholische Kinder.“
„Ach so.“ Jähes Erlöschen des Interesses.
„Warum fragst du danach, Daddy? Es kann dir doch gleichgültig sein.“
„Es ist ein großes, weltberühmtes Bild. Wir können es uns ja einmal zusammen ansehen.“
„Du weißt doch, daß ich mir nichts aus Bildern mache.“
„Wenn du nicht willst, dann nicht.“
Die Tochter des Mannes, der einmal gesagt hat: Kunst gibt es schließlich in allen Ländern, und etwas anderes brauche ich nicht.
Die Tochter, die keinen Nichtjuden heiraten soll, ist inzwischen aus ihrem Sessel aufgestanden und sagt muffig: „Ihr habt uns beim Fernsehen unterbrochen. Ich möchte weitersehen.“
„Wie du willst, Darling.“
Der Darling schaltet den Apparat ein und setzt sich wieder in den großen Sessel.
Wir anderen stehen herum, gezwungen, hinzusehen. Es läuft ein Kriegsfilm. Vietnam? Kambodscha? Ich weiß es nicht. Jedenfalls kämpfen junge, attraktive amerikanische Helden gegen Einwohner eines Dschungeldorfes. Ach, was heißt kämpfen? Sie werfen von einem Flugzeug aus Bomben auf das Dorf, das aus strohgedeckten Hütten besteht.
Das Mädchen Judith sitzt weit vorgebeugt, wie mir vorkommt mit lüsternem Gesicht, aber vielleicht ist das auch nur meine Einbildung. Sie schlägt dabei mit der zur Faust geballten Rechten in die flach ausgestreckte Linke und ruft dabei halblaut, anfeuernd: „Guernica, Guernica!“
Ich aber muß sehen, sehen, die Einschläge, das Feuer, das aus den Hütten schlägt, und plötzlich höre ich das Pferd aus Guernica wiehern, schreien in Todesnot. Möchte mir, obwohl ich weiß, daß es nichts helfen würde, die Ohren zuhalten.
Hans schaut jetzt nicht mehr auf den Bildschirm, sondern mit aschgrauem,

verzerrtem Gesicht zu mir. Jedesmal, wenn Judith Guernica ruft, zuckt er zusammen, als hätte sie ihn geschlagen. Plötzlich zuckt sein Mund und er sagt leise auf deutsch, also deutlich nur für mich bestimmt:
„Es gibt keine Kunst mehr."
Und weiter, fast bittend: „Komm mit mir in mein Study."
Bereitwillig stehe ich auf, folge ihm, der vorangeht, und sehe mich in dem großen Raum, den er sein Study nennt und in dem es auch keinen Gegenstand gibt, der irgend etwas mit Kunst zu tun hätte, gegenüber von ihm an einem überdimensionalen Schreibtisch.
Dort legt er den Kopf in die Hände und erschrocken sehe ich, daß ihm Tränen zwischen den Fingern hindurchlaufen.
Wie entschuldigend sagt er: „Judith kann mir nicht verzeihen, daß ich mich vor dem Holocaust in Sicherheit gebracht habe. Sie findet, daß Juden zu leiden haben, und will nicht einsehen, daß ich die Ermordung meiner Schwester hinnahm."
„Was heißt da ‚hinnahm'? Hättest du dich umbringen sollen?"
„Vielleicht ja. Meine Altersgenossen sind wie dein Mann in den Lagern gequält und ermordet worden. Und ich bin stattdessen hier noch einmal zur Universität gegangen, um Jura zu studieren. Sie hat nichts an mir, woran sie sich halten kann."
Nachdem er das atemlos herausgestoßen hat, wiederholt er noch einmal unter Tränen: „Es gibt keine Kunst mehr."
„Natürlich, John, gibt es noch Kunst. Es hat immer Kunst gegeben, solange Menschen existieren. Du hast einmal – es ist sehr lange her – auf der Rückfahrt von Maria Laach nach Frankfurt zu mir gesagt, Kunst gibt es schließlich in allen Ländern und etwas anderes brauche ich nicht."
„Was für ein Gedächtnis du hast, das ist ja furchtbar. Man muß sich vor dir in acht nehmen."
Er wischt sich mit dem Taschentuch die Tränen vom Gesicht.
Ich sollte jetzt fortgehen, was will ich noch hier? Und er würde sicher froh sein, wenn der Zeuge seiner Schwäche nicht mehr vorhanden wäre. Aber jetzt zwingt mich die Neugier auf das, was mit ihm passiert ist, zu bleiben und ihn endlich doch zu fragen:
„Sag, woher kommt es, daß du so viele Bilder nicht magst?"
„Ich? Was meinst du damit?"
„Im Museum hast du von den meisten Bildern gesagt, sie wären schrecklich."
„Sind sie auch. Schrecklich und minderwertig."
„Guernica?"
„Nach 33 gemalt, was man ihm ansieht."
„Picasso hätte es nicht früher malen können. Erst als er unter dem Eindruck des Bombardements stand."
Er schaut strafend zu mir herüber. „Als ob ein solches Bild mit der Realität etwas zu tun hätte. Ein Traum, ein Alptraum. Tatsache ist, daß mit

ganz wenigen Ausnahmen nach 33 nichts wirklich Gutes mehr entstanden ist."

Langsam fange ich an zu begreifen. 33 ist ein Vorhang gefallen. Da war die Welt zu Ende. Seine Welt. Die meine auch.

Trotz allem habe ich sie nach vielen Kämpfen, wenn auch verändert, wiedergefunden.

Jetzt erkenne ich auch: Die wenigen Bilder im Museum, die ihm gefielen, waren alle vor 33 gemalt.

Er lehnt sich zurück und sagt noch einmal, eigensinnig wie ein kleiner Bub, dem man seine Eisenbahn weggenommen hat: „Es gibt keine Kunst mehr", und schaut mich herausfordernd an, ob ich ihm nicht doch zustimme. Ich sage dagegen:

„Bist du Adornos Ansicht, daß es barbarisch sei, nach Auschwitz noch ein Gedicht zu schreiben?"

„Ich weiß nicht", flüstert er.

„Sieh, John, ich glaube, daß Kunst viel mehr mit dem großen Leid zu tun hat als mit dem großen Glück, wenn es das überhaupt gibt."

„Sie können nichts mehr, die Modernen", sagt er stur und setzt erkärend hinzu: „Es ist bestimmt für dich ganz anders als für mich. Ich war ein Liebhaber der Künste, du bist eine Künstlerin."

„Weißt du, John, ich mag dieses Wort nicht besonders gern. Es ist gleichzeitig anmaßend und von einer großen, unangenehmen Bescheidenheit. Sänger sind Künstler, Musiker überhaupt, Tänzer, Maler, Bildhauer. Für all das muß man etwas gelernt haben, das kann nicht jeder. Zum Schreiben genügt ein bißchen Talent und ein funktionierendes Gehirn. Ein bißchen Beobachtungsgabe. Nicht mehr. Außerdem hat das Wort Künstler so einen fatalen Klang nach Bohème, oder: ich kann tun, was ich will, leben, wie ich möchte, was geht mich die Welt an, die anderen Menschen sind mir gleichgültig. Und damit hat das, was ich mache, überhaupt nichts zu tun."

„Eher mit Politik?"

„Ja, John, eher mit Politik. Es ist unsere, derjenigen, die du nicht Künstler, sondern Schreibende, Autoren nennen solltest, es ist unsere verdammte Verantwortung, die Leute aufzuklären, wie es wirklich zugeht auf der Welt und darüber, daß die Menschen Mörder sind."

„Aufklären über Guernica?"

„Über Guernica und Auschwitz und vieles andere."

„Zum Beispiel?"

„Zum Beispiel über abgeworfene Atombomben."

„Von uns abgeworfen."

„Nicht von dir, John, und wie ich hoffe auch nicht mit deiner Billigung. Doch von deinem großen, freien, demokratischen Land."

„God's own country."

„Um das zu akzeptieren, wäre es notwendig, an Gott zu glauben."

„Du glaubst nicht?"

„Nein, John, ich glaube nicht. Habe nie geglaubt. Doch hätte ich es getan, wäre es mir wahrscheinlich nach Auschwitz und Hiroshima vergangen."
Er schüttelt unglücklich, von echter Trauer erfaßt, den Kopf.
„Du wirst ungetröstet sterben."
„Ich werde mit dem sicheren Gefühl sterben, daß es für mich endlich, endlich aus ist, daß ich eingehe ins Nichts, wo es kein Hiroshima, kein Auschwitz und kein Guernica gibt."
„Du nimmst es mir wahrscheinlich übel, daß ich Jurist geworden bin?"
„Nein, John, die Welt braucht keine Soldaten, aber Gesetze und Menschen, die mit den Gesetzen umgehen können, also Juristen. Außerdem: Ich bin eine Juristentochter und eine Juristenschwester. Vater und Bruder gehörten für mich zu den nächsten, den geliebtesten Menschen."
„Warum sagst du, daß die Welt keine Soldaten braucht?"
„Weil ich davon überzeugt bin, John."
„Man muß die Freiheit verteidigen."
„Wer ist ‚man'? was ist ‚müssen'? und was ist die Freiheit? Freiheit für wen? Doch nicht für die Besitzlosen und Unwichtigen? Für wen also ist ‚man', der verteidigt?"
Mein Gott, wohin sind wir geraten? Er schaut mich tieftraurig an: „Du liebst das Leben nicht?"
„Ich habe es sehr geliebt und leidenschaftlich unsere grüne Erde, bevor die Menschen angefangen haben, sie kaputtzumachen. Was bleibt, ist Trauer."
Er schüttelt den Kopf: „Ich liebe das Leben sehr. Und meine Frau und meine Kinder selbstverständlich."
Da ist es wieder, das ‚Selbstverständlich', das ich nicht mag.
Doch diesmal hilft es mir dazu, endlich aufzustehen und fortzugehen. Auch er ist aufgestanden, nimmt meine Hand und drückt sie fest, als er sagt:
„Es hat mich sehr gefreut, dich wiederzusehen. Ich habe nicht viele Menschen, mit denen ich über solche Dinge reden kann. Es waren zwei schöne Stunden."
Ich nicke gedankenlos in seine Richtung, doch daß mich das Wiedersehen gefreut und ich die Stunden mit ihm schön gefunden hätte, bringe ich nicht über die Lippen.
Ohne Frau und Tochter noch einmal zu begegnen, gehe ich hinaus, winke mir auf der Straße ein Taxi heran und fahre zu meinem Hotel.

Viktoria Hertling

Farewell To Yesterday

Lili Körbers Exil in New York zwischen Fiktion und Wirklichkeit

Do you perhaps remember Chekhov's *Cherry Orchard* and the words of the girl as she leaves her mother's mansion sold to pay debts? ‚Farewell, old life; welcome, new life'"?' Mit dieser Frage wendet sich am Ende des unveröffentlichten Romans *Farewell To Yesterday*[1] die ehemalige Konzertpianistin Genia Schicht an ihren Mann Robert, den in New York stellungslosen Wiener Kinderarzt. Seit über zwei Jahren leben die beiden bereits in den Staaten und müssen ihren Lebensunterhalt noch immer ausschließlich mit Gelegenheitsarbeiten verdienen. Genias Frage, ob dem Abschied von Gestern ein vorbehaltloses Willkommen des Heute folgen könne, besaß auch für Lili Körber – die Autorin des Romans – höchste Aktualität, denn sie befand sich seit Juni 1941 im Exil in New York. Gerade noch rechtzeitig hatte Körber durch Vermittlung des *Emergency Rescue Committees* in Marseille eines der Danger-Visen erhalten, wodurch sie sich aus Frankreich retten konnte – einem Land, das ihr seit dem ‚Anschluß' Österreichs Schutz vor Verfolgungen geboten hatte. Als Zufluchtsuchende kannte sie den Emigrantenalltag mit seinen aufreibenden Kämpfen um Aufenthaltsgenehmigungen, gültige Papiere, Arbeitserlaubnis und Transfer von Guthaben, und sie akzeptierte aus Dankbarkeit für ein gerettetes Leben in Manhattan einen dürftigen Lebensstil mit sozialer Deklassierung. Als sich kein Ende der Exilmisere abzeichnete, mag sich Lili Körber wie Adrienne Thomas gefragt haben: „War man ein Überlebter oder Überlebender[2]?" Im Kontext des in New York geschriebenen Romans beantwortet Robert Genias Frage nach Gewinn und Verlust des Exils mit dem Hinweis auf das Alter des Mädchens: „But the girl was seventeen . . . seventeen seems to me rather young", womit er unterstreicht, daß der Verlust der materiellen und kulturellen Existenz für junge Menschen weniger schwerwog als für ältere Emigranten, die den Einschnitt des Exils als weitaus komplizierter, tiefgreifender und existenzgefährdender empfanden.

Genias Frage war zudem insofern bedeutsam, als Lili Körber mit siebzehn Jahren zu Beginn des Ersten Weltkrieges die Heimat ihrer Kindheit in Mos-

---

[1] Lili Körber, Farewell to Yesterday. Unveröffentlichtes Manuskript aus dem Nachlaß. 249 Seiten. Entstanden wahrscheinlich um 1949.

[2] Adrienne Thomas, Reisen Sie ab, Mademoiselle, Amsterdam 1947, S.6.

kau verlassen mußte. Die Familie des wohlhabenden österreichischen Kaufmanns Ignaz Körber und seine aus Polen stammende Frau Jeannette siedelte sich danach in Wien an. Nach einem erfolgreich abgeschlossenen Literaturstudium in Frankfurt lebte Lili Körber ab 1923 hauptsächlich in Wien, wo sie u.a. freischaffende Mitarbeiterin der Wiener Arbeiter-Zeitung wurde. Obwohl Körber später in mehreren Briefen und Interviews in New York jedwede Verbindungen zu linkspolitischen Kreisen leugnete, begannen in diesen Wiener Jahren ihre Verbindungen zu Anna Seghers, Johannes R. Becher, Oskar Maria Graf, Theodor Kramer und Trude Richter[3]. Denn nur so erklären sich die Nachdrucke ihrer unzähligen Feuilletons und Gedichte in Zeitschriften wie der *Roten Fahne* (Wien), *Magazin für Alle, Hamburger Volkszeitung, Rote Fahne* (Berlin) und der *AIZ*. Daß sie außerdem in liberalen Zeitungen und Zeitschriften in Wien und Prag publizierte – ab 1933 auch in Exilpublikationen – beweist ihre politische Differenziertheit. Ihr erster Roman *Eine Frau erlebt den roten Alltag* – im Sommer 1932 bei Rowohlt erschienen – umfaßt ihre persönlichen Eindrücke der Veränderungen im Leben der in den Putilowwerken im damaligen Leningrad arbeitenden Menschen[4].

Als Körber Mitte Januar 1933 von einer Vortragsreise über die Sowjetunion aus Amsterdam nach Wien zurückkehrte, machte sie kurz in Berlin Station, um auf Einladung von Ernst Rowohlt eine Neuauflage ihres Erfolgsbuches zu besprechen. Ihre Beobachtungen während der Machtergreifung, verbunden mit ihren politischen Einsichten der sozialen und kulturellen Voraussetzungen des Faschismus, wurden zum entscheidenden Stimulans für ihren nächsten Roman *Eine Jüdin erlebt das neue Deutschland*[5]. Körber gehörte zu den wenigen Schriftstellern, die bereits Mitte 1933 erkannten, daß sich der Nationalsozialismus konsolidiert hatte und mit einer neuen Regierung innerhalb der nächsten Jahre nicht zu rechnen war. Vor dem Hintergrund der sich vom Sommer 1932 bis April 1933 abspielenden Ereignisse thematisiert Körber die Welt der assimilierten jüdischen Schauspielerin Ruth Gompertz, die am Ende des Romans aus Verzweiflung Selbstmord begeht. Innerhalb weniger Wochen nach der Veröffentlichung war der Roman ver-

---

[3] Trude Richter – die spätere Sekretärin des BPRS in Berlin – war in den frühen zwanziger Jahren eine Studienfreundin Lili Körbers in Frankfurt. In einem Brief vom 17. Juli 1984 berichtet zudem Richter, daß Körber Schriftführerin des Bundes Proletarisch Revolutionärer Schriftsteller (BPRS) in Österreich gewesen sei.

[4] Eine Frau erlebt den roten Alltag, Berlin, 1932. Zur detaillierten Besprechung vgl. Viktoria Hertling, Quer Durch: Von Dwinger bis Kisch. Berichte und Reportagen über die Sowjetunion aus der Epoche der Weimarer Republik, Frankfurt, 1982, S. 87–113.

[5] Eine Jüdin erlebt das neue Deutschland, Wien, 1934. Nachdruck in Zürich. Übersetzungen ins Polnische und Ungarische. Neuausgaben des Romans unter dem Titel der polnischen Übersetzung Die Ehe der Ruth Gompertz, Mannheim, 1984 und 1986 sowie Leipzig, 1988.

griffen, bevor er aufgrund einer gerichtlichen Verfügung in Wien beschlagnahmt werden sollte. Trotz des Nachdrucks des Romans in der Schweiz hatte Körber nunmehr auch den österreichischen Buchmarkt verloren.
Im Frühjahr 1935 erreichte sie eine unerwartete Postsendung aus Osaka mit der Übersetzung ihres *Roten Alltags* ins Japanische. Sofort entschloß sich Körber zum Besuch des damals nur wenigen Journalisten bekannten Landes. Ihre große Reise – 1936 als *Begegnungen im Fernen Osten*[6] in Budapest publiziert – führte sie über Moskau nach Wladiwostok, von dort per Schiff nach Japan und China und zurück mit der Eisenbahn über Sibirien nach Wien. Bei ihren Beschreibungen beschränkt sich Körber nicht nur auf das oberflächlich Exotische, sondern beschreibt neben den geographischen Schönheiten des Landes auch dessen häßliche Schattenseiten. Körbers Aufenthalt in Japan wurde von der Polizei jäh abgebrochen, weil sie sich bei den Feierlichkeiten zum Ersten Mai mit japanischen Arbeitern hatte fotografieren lassen. Körber buchte daraufhin eine Passage nach China, wo sie durch die Revolutionärin Sui-Dachan mit der Wirklichkeit des neuen Chinas bekannt wurde.
Die *Begegnungen* wurden auszugsweise in der *Neuen Weltbühne,* dem *Pariser Tageblatt* und der *Pariser Tageszeitung* veröffentlicht. Körbers zweites Buch über den Fernen Osten *Sato-San: Ein japanischer Held*[7] ist ein satirischer Zeitroman, dessen Protagonist zum Verwechseln ähnliche Züge mit Adolf Hitler trägt. Die Darstellung des fernöstlichen Faschismus sollte als verfremdendes Bild der deutschen Wirklichkeit gelten. Daß Körber ihrer Intention gerecht wurde, beweisen die Versuche einer Zensur des Buches.
Die ersten Hinweise auf ein sich abzeichnendes Exil, das auch die in Wien lebende Autorin Lili Körber treffen könnte, finden sich in den Überlegungen der Ruth Gompertz. Obwohl diese Schauspielerin nicht über die politischen, emotionalen und intellektuellen Ressourcen verfügt, den sozialen Abstieg und das kulturelle Außenseitertum eines Exils in Frankreich zu wagen, drücken ihre Worte die Befürchtungen der Autorin Lili Körber aus: „Was werde ich in Paris anfangen? Lächerlich. Wenn ich Musikerin, Pianistin, meinetwegen Sängerin wäre! Aber ich bin an die Sprache gebunden. Wegfahren, um dort Kellnerin oder Bardame zu sein? Danke schön!“
Körber hatte die zersetzenden Folgen der nationalsozialistischen Kulturpolitik in Deutschland aus erster Hand erfahren, und nach dem Verbot ihres

---

[6] Begegnungen im Fernen Osten, Budapest, 1936). Die englische Übersetzung erschien 1937.

[7] Sato-San: Ein japanischer Held, Wien, 1936. Roman in 36 Fortsetzungen. Volksrecht (Zürich), XLI, Nr. 59–96 (1. März bis 25. April 1939), jeweils auf S. 3–4. Vgl. Viktoria Hertling, „Sato-San: Ein japanischer Held. Lili Körbers satirischer Roman über den aufhaltsamen Aufstieg Adolf Hitlers in Österreich.“ In Die Fremdheit der Literatur, Bd. 6, Akten des VIII. Internationalen Germanisten-Kongresses – Tokyo 1990. München, 1991, S. 90–97.

Romans in Österreich rechnete sie täglich mit der Notwendigkeit, ihr Heimatland verlassen zu müssen. Sie tat das wenige Tage nach dem ‚Anschluß' im März 1938 und flüchtete nach Paris, wo man ihr sofort eine *Carte d'Identité* ausstellte. Damit war sie zwar *en règle,* gleichzeitig aber im Exil. In Paris begann sie umgehend mit der Arbeit an ihrem nächsten Roman, für den sie in Anlehnung an ihre beiden Erfolgsbücher den Titel *Eine Österreicherin erlebt den Anschluß* wählte[8]. Der Roman berichtet vom Leben und der Arbeit der Wiener Verlagsangestellten Agnes und deren jüdischen Freund Fred. Wiederum hält sich Körber eng ans Zeitgeschichtliche: sie schildert die Standpunktlosigkeit der Mitläufer, den Karrierismus der Opportunisten, das Kriechertum der Denunzianten, die politische Ohnmacht der ‚Unpolitischen', aber auch den Widerstand der Sozialdemokraten und Sozialisten. Aus Flugblättern, offiziellen Verlautbarungen, Zeitungsnotizen und Radiosendungen montiert Körber die fiktiven Tagebucheintragungen der Agnes Muth vom 13. Februar bis zum 19. März 1938.

Die Veröffentlichung des Romans sicherte Körber eine bescheidene materielle Existenz, nahm ihr aber keineswegs die Ungewißheit um das Wohlergehen ihrer Familie, ihrer Freunde und ihres noch in Wien verbliebenen, bereits aus Berlin geflüchteten Lebensgefährten Erich Grave. Als dieser im Juli 1938 nach Paris kam, hatten sich die bisher recht großzügigen Aufenthaltsbedingungen verschlechtert, und Körber und Grave mußten nach Lyon umsiedeln. Dort begann das demütigende Schlangestehen auf den Präfekturen und die vielen ‚Gänge nach Canossa' um kleine Lebenserleichterungen. Mit Beginn des Zweiten Weltkrieges wurden zwar alle deutschen Männer zwischen siebzehn und fünfundsechzig interniert, doch die wirkliche Gefährdung begann im Zuge des Waffenstillstandsabkommens vom 22. Juni 1940 und der Aufforderung zur Auslieferung aller Hitlergegner an Deutschland. Erich Grave hatte das Glück, daß der Kommandant des Prestataire Lagers den Internierten mit einem freundlichen *sauve qui veut* die Pforten öffnete.

Körber empfand Frankreich eher als Domizil, denn Sprachprobleme kannte sie nicht. Sie schrieb für französische Zeitungen und erhielt sogar das Angebot, *pour la France* in der Resistance zu arbeiten, was sie allerdings ablehnte. Während dieser Sommermonate lebte Körber in Lyon weitgehend auf Abruf. Trotzdem nahm sie lebhaften Anteil an den politischen Ereignissen des Landes. Ein Anzeichen dafür ist das humoristische Gedicht über die von den Nationalsozialisten geforderte Auslieferung der französischen Flotte in Toulon. Die Haltung der Resistance gegenüber der Kollaboration

[8] Eine Österreicherin erlebt den Anschluß. Roman in 21 Fortsetzungen, geschrieben unter dem Pseudonym Agnes Muth. Volksrecht, Zürich, XLI, Nr. 16–37 (23. April bis 17. September 1938), wöchentliche Beilage „Der Sonntag", jeweils S. 3. Nachdruck, Wien, 1988. Die Übersetzung ins Amerikanische besorgten Viktoria Hertling und Kay Stone als Night Over Vienna, Riverside, 1990.

zeigt Körber anhand des Verhältnisses zwischen der verantwortungsbewußten Charlotte und dem liebestollen Gaston.

Gejagt vom Liebesgotte
Naht sehnsuchtsvoll Gaston.
„Warum so kalt, Charlotte?
Was hast du? Qu'a tu donc?"

Sie dreht die Papillote
Und seufzt: „Mon Dieu, Gaston,
Was wird nur aus der Flotte,
Der Flotte von Toulon?

Des Hitlers wilde Rotte
Sie hat so viel Aplomb,
Er kommt und nimmt die Flotte,
Die Flotte von Toulon.

Pétain, die alte Motte,
Der sagt bestimmt nicht non.
Er liefert aus die Flotte,
Die Flotte von Toulon.

Laval, diese Kokotte,
Der lächelt nur: ‚Allons,
Allons, prenez la flotte,
La Flotte est à Toulon.'"

Drauf sagt Gaston: „Charlotte,
Ca m'est égal au fond,
Je t'aime und nicht die Flotte,
Die Flotte von Toulon.

Es naht dein Lanzelotte
Dein treuer Celadon,
Denk nicht mehr an die Flotte,
Die Flotte von Toulon."

Drauf ruft sie: „Saperlotte!"
Und stampft mit dem talon.
„Das Herz im alten Trotte
Das geht nicht, Herr Gaston.

Die braunen Hottentotten
Entfesseln Rebellion.
Pack ein Deine Clamotten
Zieh an Dein Pantalon!"

Zehntausend wie Charlotte
Trotz tausend wie Gaston,
Versenkten dann die Flotte,
Die Flotte von Toulon[9].

Körber hatte seit Beginn ihres Aufenthalts in Frankreich mit der Notwendigkeit einer Flucht in die USA gerechnet. Die Umstände ihrer Kontakte zum *Emergency Rescue Committee* sind noch nicht geklärt, doch erhielten sie und ihr Mann im Herbst 1940 zwei Visa für gefährdete Antifaschisten. Dazu heißt es am 4. Februar 1941 in einem Brief: „Es ist nämlich möglich und sogar wahrscheinlich, daß wir demnächst doch abreisen. Die Sache ist auf jeden Fall eingeleitet ... nur macht der (amerikanische, V. H.) Konsul entsetzliche Schwierigkeiten und wir versuchen, unser Dossier nach Marseille transferieren zu lassen ... Daß wir auf ewige Zeiten in den USA bleiben, glaube ich nicht ... Aber ich habe noch nie eine kostenlose Reise abgeschlagen[10]." Zwei Monate später, am 10. April 1941, heißt es: „Wir reisen, falls wir das portugiesische und spanische Transitvisum bekommen ... Anfang Mai nach Marseille, dann nach Lissabon. Unsere Schiffskarten sind für den 24. Mai reserviert ... Wir haben so viel zu tun und sind so strapaziert, daß ich für Seele wenig Zeit habe. Auf dem Schiff werde ich dann reichlich Zeit haben, mich über die vielleicht ständige Trennung von allem, was mir lieb ist, zu kränken[11]." In dieser Stimmung aus Weh und Panik nahm Körber Abschied von ihrer geistigen Heimat und der Grundlage ihrer bisherigen Arbeit.
Kurz nach ihrer Ankunft am 23. Juni 1941 erhielten Körber und Grave durch Vertreter amerikanischer Hilfskomitees ein Zimmer – und es ist das Leben in diesem Zimmer der gerade in New York aus Europa Gelandeten –, das Körber in ihrem Roman *Farewell To Yesterday* beschreibt. Da seit 1940 viele Hitlerflüchtlinge aus anderen europäischen Ländern in die USA kamen, wurden die Staaten zum wichtigsten Exilland. Doch aufgrund einer nativistischen Immigrationspolitik wurden ebenso tausende von Antragsstellern an den Konsulaten in Europa abgewiesen. Das hatte eindeutige Auswirkungen auf den Empfang der Exilierten in den USA. Fremdenfeindlichkeit – angefacht durch fanatische Sonntagsprediger wie den Iren Charles E. Coughlin – schufen das antisemitische und antikommunistische Klima, das die Akklimatisierung im Lande erschwerte. Nach der Ankunft in den USA war Körber zwar vor Verhören und Verhaftungen der inzwischen auch in Lyon nach ihr fahndenden Gestapo sicher, doch belastete sie der

[9] Geschichte im Gedicht. Das politische Gedicht der Austro-Amerikanischen Exilautoren des Schicksalsjahres 1938. Hrsg. Mimi Grossberg. New York, 1982, S. 54–55.
[10] Brief aus dem Nachlaß vom 4. Februar 1941.
[11] Brief aus dem Nachlaß vom 10. April 1941.

von vielen Amerikanern so gern gepflegte *small talk.* In Anbetracht der durchstandenen Gefahren waren derartig unverbindliche Unterhaltungen zu schablonenhaft. Im stereotyp hilfsbereiten Umfeld freundlicher Fremder ließ sich über mitgebrachte Ängste kaum sprechen. Die Wunden des Kampfes gegen den Faschismus, die Ermüdung zur Rettung des nackten Lebens, und nun die gutmütige Gleichgültigkeit der sie in den USA Umgebenden raubten Körber die Kräfte.
Mit dem Jahr 1941 wird es still um Körber. Darüber täuscht auch nicht der Abdruck einer ihrer Romane in der New Yorker *Neuen Volkszeitung* hinweg[12]. Die erfolgreiche Schriftstellerin der dreißiger Jahre verfaßt nunmehr nur noch Gelegenheitsarbeiten. Die Autorin, die aufgrund ihres mutigen Schreibens in Wien Publikationsverbot erhielt, war in New York lediglich eine von vielen, denn wer nicht bereits als künstlerische Prominenz in den USA landete, oder unpolitisch war, mußte das harte Brot des Exils essen. Weder weltbekannt noch wohlhabend gehörte Lili Körber zur ‚mittleren Generation' der Schriftsteller, deren Talent im Keim erstickt wurde, weil es sich unter den harten Exilbedingungen nicht behaupten konnte. International war sie zu unbekannt, um mit Übersetzungen ihrer Bücher auf dem amerikanischen Markt erscheinen zu können; zum anderen aber bereits schon zu alt, um sich vorbehaltlos auf neue Produktionsbedingungen einzustellen. Die sozialkritische Reportage und der dokumentarische Roman waren in den USA nicht gefragt, und von heute auf morgen ins seichte Fahrwasser der Unterhaltungsliteratur einzubiegen, entsprach nicht Körbers ästhetischen Prinzipien. Das Exil beraubte sie der Möglichkeit, die literarischen Formen zu verwenden, die bisher Grundlage ihrer künstlerischen Produktion gewesen waren. Der Schmelztiegel USA erwartete neben Dankbarkeit vor allem die Anpassung an den *american way of life.* Dankbarkeit hat Lili Körber stets empfunden, doch Akkulturation hätte Selbstaufgabe bedeutet. Sei es aus Stolz, aus Verletzung oder aus Ignoranz – Körber igelte sich im Kreis sozialdemokratischer Emigranten ein, die im Gegensatz zu den Exilierten um die *Austro-American Tribune* eine sektiererische Politik betrieben. Mögen jüngere Schriftsteller das Exil als Bereicherung empfunden haben, für Körber bedeutete es den Verlust der Karriere.
Lili Körbers unveröffentlichter Roman *Farewell To Yesterday* enthält viel Selbsterlebtes und Selbsterlittenes. Wie zu Beginn ihres Aufenthalts in New York leben die beiden Protagonisten, Genia und Robert Schicht, vom Sommer 1941 bis zum Frühjahr 1943 auf der obersten und damit billigsten Etage eines New Yorker Mietshauses. Als Neuankömmlinge sind die Konzertpianistin und der Kinderarzt nicht wählerisch und sie arbeiten als Haus-

---

[12] Ein Amerikaner in Rußland. Roman in 35 Fortsetzungen. Neue Volkszeitung, New York, XI, Nr. 49, 5. Dezember 1942 bis XII, Nr. 41, 9. Oktober 1943, jeweils S. 5. Nachgedruckt in Arbeiter-Zeitung, Wien, 9. bis 30. November 1949. Nach der 18. Fortsetzung von der damaligen sowjetischen Militärbehörde verboten.

haltshilfe oder als Tellerwäscher. Dabei erweist sich Genia gegenüber ihrem Mann als weitaus mutiger und anpassungsfähiger, denn neben der Berufsarbeit übernimmt sie die Organisation des Haushalts und hilft Robert sogar bei seinen Sprachstudien zur Absolvierung seiner Examen zur medizinischen Approbation in New York. Die Belastung durch Brotarbeit, Haushaltsführung, Akkulturation und als Sprachtutor strapaziert Genias Kräfte bis zur Zerreißprobe. Über zwei Jahre scheint es keinen Ausweg aus der unverschuldeten sozialen Deklassierung und den daraus resultierenden psychologischen Problemen zu geben.

Obwohl Körber dreisprachig aufgewachsen war und sowohl auf russisch, deutsch als auch auf französisch publizierte, verfügte sie über nur geringe Englischkenntnisse. „Mit meinem Englisch steht es sehr faul ... Ich habe nach der Minerva Methode etwa 700 Worte gelernt, die mir zur Lektüre fehlen. Zum Sprechen fehlt mir die Übung," gesteht Körber am 20. Juli 1941[13]. Im Roman ist jedoch Genia die Sprachfertige und Robert empfindet selbst nach zwei Jahren die amerikanische Sprache lediglich als Geräusch. Unter solchen Umständen konnten nur ganz junge Emigranten die Hoffnung hegen, das Amerikanische auch als Schriftsprache beherrschen zu können. Für Körber und viele der Emigranten stand das Amerikanische vornehmlich als Umgangssprache zur Verfügung. Dazu heißt es parodistisch bei Mascha Kaleko: „Wenn unsereins *se lengvitsch* spricht,/So geht er wie auf Eiern./Der Satzbau wackelt, und die *grammar* hinkt./Und wenn ihm etwa ein *ti ehtsch* gelingt,/das ist ein Grund zum Feiern[14]." Doch tragischer als das Radebrechen in der Fremdsprache war die graduelle Korrosion der Muttersprache, die einem ‚Emigranto' Platz machte. „Ich habe gehört, Sie haben einen netten Mann. Kann ich den mal ‚meeten'?" soll Franzi Ascher Nasch 1977 ihre Freundin Lili Körber gefragt haben. Unter dem täglichen Druck der englischen Sprache schrieb Körber um die gleiche Zeit in ihr Tagebuch: „Sehr depresst wegen Gesundheit, Wohnung, Schlaf, Leere. Erledige aber viel dieser Tage.[15]." Was für die Umgangssprache „ein Grund zum Feiern" gewesen sein mag, erwies sich für die deutsche Schriftsprache als verheerend, denn der Verbannung aus dem Heimatland folgte nunmehr die Verstoßung aus der Sprache. Je länger das Exil dauerte, umso brennender wurde das Problem der ‚verlorenen Zunge', das auch Feuchtwanger so dezidiert artikuliert hat[16]. Neben den fehlenden Publikationsmöglichkeiten drohte nun auch ein unwiederbringlicher Sprachverlust.

Warum hat Lili Körber ihren Reportagen über die Sowjetunion, Japan und China kein Buch über die USA folgen lassen? Irmgard Keun spricht von

13 Brief aus dem Nachlaß vom 20. Juli 1941.

14 Verse für Zeitgenossen, Cambridge, 1945, S. 17.

15 Tagebuchblatt o. J. aus dem Nachlaß.

16 Lion Feuchtwanger, „Der Schriftsteller im Exil", in Ein Buch nur für meine Freunde, Frankfurt, 1984, S. 533–538.

der berechtigten Scheu der Emigranten vor der Beschreibung des Exillandes. Denn immerhin galt das ungeschriebene Gesetz, als Emigrant dankbar zu sein und nichts zu kritisieren – soziale Zustände schon gar nicht. Damit hätte man sich selber und anderen das Leben nur unnötig schwer gemacht[17]. Als Ausgestoßene und Betroffene, die ihr Leben in den USA bestenfalls als mittelmäßig empfand, konnte Körber keine Amerika-Reportage schreiben. Doch bevor sich die promovierte Germanistin und erfolgreiche Schriftstellerin 1949 zur praktischen Krankenschwester ausbilden ließ, um so bis zu ihrer Pensionierung ihren Lebensunterhalt zu verdienen, versuchte sie das Unmögliche ... sie schreibt auf englisch. Wenn es sich gelohnt hatte, mit dem Leben davongekommen zu sein, dann durfte sie jetzt nicht aufstecken. „Are you still fond of living?" fragt Robert seine Frau, nachdem sich selbst im dritten Exiljahr ihre soziale Lage nicht verbessert hat. Genia antwortet daraufhin ohne Zögern: „Yes. I want to see the end of this, and perhaps the beginning of something new". Für die kurze Zeitspanne während der Arbeit an ihrem Roman erwacht Körbers Lebensoptimismus. Doch dieses Neue ist für Genia keine Fortsetzung der abgebrochenen Karriere als Konzertpianistin. Die Frau ordnet sich dem Manne unter. Der letzte Satz des Romans „This country-woman of ours, she'll get along in America, mark my words" bezieht sich darum lediglich auf eine durch das Exil aufgezwungene Rolle, die sowohl der Protagonistin als auch der Autorin vormals als total widersinnig erschienen wäre. Traditionelles Rollenverhalten im Sinne des amerikanischen Populargeschmacks der fünfziger Jahre wird der Preis für ein finanziell relativ gesichertes Leben sowohl im Roman als auch im Leben. Robert Schicht schafft die Approbation als Arzt, eröffnet eine Praxis und seine Frau Genia fungiert als Sprechstundenhilfe – Erich Grave arbeitet als Mikrophotograph an der medizinischen Fakultät der Columbia University und seine Frau Lili betreut als praktische Krankenschwester Patienten in Harlem und in der Bronx. Doch selbst mit diesem englischsprachigen Text scheiterte Körber, da sie die feinen Nuancen und Klänge des Amerikanischen nicht nachzuempfinden vermochte. Zudem ist der Versuch, in einer fremden Sprache zu schreiben, subjektiv stets deprimierend, weil die ursprüngliche Sprachmeisterschaft in der Fremdsprache selten nachvollziehbar ist. Somit war die Tür zu ihrer Karriere als Schriftstellerin endgültig zugeschlagen.

Warum hat Körber später überhaupt noch geschrieben? Immerhin gibt es vereinzelte Publikationen in den USA, in Österreich und in der Schweiz. Daß sie sich 1949 der künstlerischen Produktion ihres neuen Heimatlandes anzupassen versuchte, beweist ihre Entschlossenheit, sich schriftstellerisch nicht an die Wand drücken zu lassen. Doch danach schrieb sie hauptsächlich gegen das Vergessensein an: als Therapie bringt Schreiben Erleichterung

---

[17] Wenn wir alle gut wären, Köln, 1983, S. 154–155.

und Ruhe; als Tätigkeit schafft es Hoffnung. Denn daß Körber um ihr Leben schrieb, beweisen die wenigen erhaltenen Tagebuchblätter: „Leben so sinnlos ... sehr depresst ... müde ... Leben hier ekelhaft ... kein Ausweg[18]."

Doch trotz dieser Erfahrungen war Körber nicht gänzlich verbittert. Das erlebte ich anläßlich meines ersten Besuches bei ihr in New York. Durch Zufall hatte ich ihren Namen in einer Anthologie deutschsprachiger Autoren in den USA entdeckt[19]. Auf meinen ersten Brief bekam ich am 20. Mai 1979 postwendend Antwort: „Yes, I am alive and in the same country as you ... übrigens zeichne ich als Schriftstellerin immer nur Lili Körber, wie einst im Mai ... Darf ich fragen, woher Sie mich kennen? Hoffe bald von Ihnen zu hören, bin schrecklich neugierig[20]." Am 23. Juni 1979 stand ich ihr in dem kühlen Treppenhaus des New Yorker Mietshauses 657 in der 171sten Straße zum erstenmal gegenüber. Damals wußte ich nicht, daß sie an diesem Tag vor genau 38 Jahren in New York angekommen war. Die Arme nach mir ausgestreckt, begrüßt sie mich wie eine gute Bekannte. „Wie schön, daß Sie da sind, meine Liebe." Die tiefe und melodische Stimme scheint zu der zierlichen und graziösen Frau im makellos plissierten Seidenkleid nicht zu passen. Sie führt mich in ihre bescheiden eingerichtete Wohnung, deren Tür ihr Mann Erich Grave – wie alle vorsichtigen New Yorker – mit mehreren Sicherheitsschlössern sorgfältig hinter mir verriegelt. Beschwingt bittet mich Lili Körber, im bequemsten Sessel Platz zu nehmen. Sie selbst setzt sich auf die Kante des Sofas und beginnt ohne Umschweife mit dem Gespräch. Sie erzählt mit angespanntem Tempo, und dabei springt die damals bereits Zweiundachtzigjährige mehrmals auf, um – auf einem Schemel stehend – aus dem obersten Fach eines Hochschrankes Briefe, Manuskriptbündel und Fotos zu holen. Daß sie schon unheilbar krank war und dieser Nachmittag sie ungeheuer angestrengt haben muß, kann ich nur ahnen. Offensichtlich empfindet sie meinen Besuch als eine ihr nach vielen Jahren zuteilwerdende Anerkennung. Stolz liest sie mir einen Brief Romain Rollands vom Juni 1933 vor, nachdem dieser ihren Roman *Eine Frau erlebt den roten Alltag* erhalten hatte. „La bataille n'est pas perdue: le feu couve ... Nous sommes le feu." Schlagartig wird mir bewußt, wem ich in dieser bescheiden eingerichteten Emigrantenwohnung im Norden Manhattans gegenübersitze. Noch im Jahr 1966 hatte Körber auf der Rückseite eines Kalenderblattes mit der Verszeile „... nicht Blut, so doch Tinte vergossen" ihr politisches Credo formuliert[21].

Doch Lili Körber starb einen einsamen Emigrantentod in Manhattan. Ihr

---

18 Tagebuchblatt o. J. aus dem Nachlaß.

19 Lisa Kahn, „Lili Körber – Leben und Werk", in Reisegepäck Sprache. Deutschschreibende Schriftstellerinnen in den USA 1938–1978. München, 1979, 66–67.

20 Brief an V. H. vom 20. Mai 1979.

21 Gedicht aus dem Nachlaß. Vgl. ... nicht Blut, so doch Tinte vergossen. Gedichte und Prosa von Lili Körber. Hrsg. Viktoria Hertling. Worms und London, 1992.

Tagebuch, dem sie viele ihrer inneren Kämpfe anvertraut haben mag, hat sie kurz vor ihrem Tod am 11. Oktober 1982 verbrannt. Man kann nur mutmaßen, wie schwierig und schmerzvoll die Zeit der Isolation gewesen sein muß, was auch der Satz ihres ersten Briefes an mich vom 20. Mai 1979 ausdrückt: „Leider habe ich nur schriftlich gekämpft[22]."

Nur schriftlich gekämpft? *Nur* Tinte vergossen? Nein, durch ihre Bücher und Gedichte hat diese Schriftstellerin mit Humor und Temperament, ihrer künstlerischen Phantasie, ihrem sozialpolitischen Engagement und ihrem Mut zur eigenen Meinung der Welt ein hoffnungsvolles Zeichen hinterlassen.

22 Brief an V. H. vom 20. Mai 1979.

Autoren und Mitarbeiter

Haim Dasberg, Arzt und Psychotherapeut, Professor für psycho-soziale Folgen des Holocaust an der Bar-Ilan Universität, Tel Aviv

Leo Eitinger, Professor für Psychiatrie, Oslo

Viktoria Hertling, Professorin für Literaturgeschichte an der University of Nevada, Reno, USA

Hans Keilson, Arzt, Schriftsteller und Psychotherapeut, Bussum, Niederlande

Julia Kertesz lebt in Köln

Hans Landauer, Mitarbeiter des Dokumentationszentrums des österreichischen Widerstandes, Wien

Jutta Neupert, Journalistin in München

Angelika Schardt, Mitarbeiterin des Zentrums für Antisemitismusforschung, Berlin

Gerhard Schoenberner, Publizist, Leiter der Gedenkstätte Haus der Wannsee-Konferenz, Berlin

Lilli Segal, Agrarwissenschaftlerin, lebt in Berlin

Grete Weil, Schriftstellerin, München

Nanda van der Zee, Historikerin, Amsterdam

Jürgen Zarusky, Historiker, Mitarbeiter des Instituts für Zeitgeschichte, München

Julia Kertesz übersetzte ihren Bericht unter Mitarbeit von Therkel Straede aus dem Ungarischen

Maria-Theres Mächler übersetzte den Beitrag von Leo Eitinger aus dem Norwegischen

Betty Wetzel übersetzte den Beitrag von Nanda van der Zee aus dem Holländischen

Eva Kochen (München) las die Korrektur der Fahnen und Umbruchabzüge

Gegen das Vergessen – Taschenbücher über das Dritte Reich

Jan-Pieter Barbian:
Literaturpolitik im Dritten Reich
dtv 4668

Hans Buchheim/ MartinBroszat/Hans-Adolf Jacobsen/ Helmut Krausnick:
Anatomie des SS-Staates
dtv 4637

Martin Broszat:
Der Staat Hitlers
dtv 4009
Nach Hitler
dtv 4474

Dimension des Völkermords
Hrsg. v. Wolfgang Benz
dtv 4690

Karl Dietrich Erdmann:
Deutschland unter der Herrschaft des Nationalsozialismus
dtv 4220

Lothar Gruchmann:
Der Zweite Weltkrieg
dtv 4010

Rudolf Höß:
Kommandant in Auschwitz
Autobiographische Aufzeichnungen
dtv 2908

Ian Kershaw:
Hitlers Macht
dtv 4582

Kurt Meier:
Kreuz und Hakenkreuz
Die evangelische Kirche im Dritten Reich
dtv 4590

Die Rückseite des Hakenkreuzes
Absonderliches aus den Akten des Dritten Reiches
Hrsg. v. Beatrice und Helmut Heiber
dtv 2967

Bernd Rüthers:
Entartetes Recht
dtv 4630

Legenden, Lügen, Vorurteile
Ein Wörterbuch zur Zeitgeschichte
Hrsg. v. Wolfgang Benz
dtv 4666

Die Dachauer Hefte

Heft 1: **Die Befreiung**
dtv 4606

Heft 2: **Sklavenarbeit im KZ**
dtv 4607

Heft 3: **Frauen. Verfolgung und Widerstand**
dtv 4608

Heft 4: **Medizin im NS-Staat**
dtv 4609

Heft 5: **Die vergessenen Lager**
dtv 4634

Heft 6: **Erinnern oder Verweigern**
dtv 4635

Heft 7: **Solidarität und Widerstand**
dtv 4667

Heft 8: **Überleben und Spätfolgen**
dtv 4705

Deutsche Geschichte der neuesten Zeit

Peter Burg:
Der Wiener Kongreß
dtv 4501

Wolfgang Hardtwig:
Vormärz
dtv 4502

Hagen Schulze:
Der Weg zum Nationalstaat
dtv 4503

Michael Stürmer:
Die Reichsgründung
dtv 4504

Wilfried Loth:
Das Kaiserreich
dtv 4505

Richard H. Tilly:
Vom Zollverein zum Industriestaat
dtv 4506

Helga Grebing:
Arbeiterbewegung
dtv 4507

Hermann Glaser:
Bildungsbürgertum und Nationalismus
dtv 4508

Michael Fröhlich:
Imperialismus
dtv 4509

Gunther Mai:
Das Ende des Kaiserreichs
dtv 4510

Klaus Schönhoven:
Reformismus und Radikalismus
dtv 4511

Horst Möller:
Weimar
dtv 4512

Peter Krüger:
Versailles
dtv 4513

Corona Hepp:
Avantgarde
Moderne Kunst, Kulturkritik und Reformbewegungen nach der Jahrhundertwende
dtv 4514

Fritz Blaich:
Der Schwarze Freitag
dtv 4515

Martin Broszat:
Die Machtergreifung
dtv 4516

Norbert Frei:
Der Führerstaat
dtv 4517

Bernd-Jürgen Wendt:
Großdeutschland
dtv 4518

Hermann Graml:
Reichskristallnacht
dtv 4519

Lothar Gruchmann:
Totaler Krieg
dtv 4521

Wolfgang Benz:
Potsdam 1945
dtv 4522
Die Gründung der Bundesrepublik
dtv 4523

Dietrich Staritz:
Die Gründung der DDR
dtv 4524

Kurt Sontheimer:
Die Adenauer-Ära
dtv 4525

Ludolf Herbst:
Option für den Westen
dtv 4527

Peter Bender:
Die »Neue Ostpolitik« und ihre Folgen
Vom Mauerbau bis zur Vereinigung
dtv 4528

Thomas Ellwein:
Krisen und Reformen
Die Bundesrepublik seit den sechziger Jahren
dtv 4529

Helga Haftendorn:
Sicherheit und Stabilität
Außenbeziehungen der Bundesrepublik zwischen Ölkrise und NATO-Doppelbeschluß
dtv 4530